献给每一位积极投身于熵战的经营者

华为熵战

中国式现代化企业管理探索

汤献华 刘宏基 著

人民东方出版传媒
东方出版社

图书在版编目（CIP）数据

华为熵战：中国式现代化企业管理探索 / 汤献华，刘宏基 著. — 北京：东方出版社，2023.1
ISBN 978-7-5207-3223-9

Ⅰ. ①华… Ⅱ. ①汤… ②刘… Ⅲ. ①通信企业—企业管理—研究—深圳 Ⅳ. ① F632.765.3

中国版本图书馆 CIP 数据核字（2022）第 241540 号

华为熵战：中国式现代化企业管理探索
（HUAWEI SHANGZHAN:ZHONGGUOSHI XIANDAIHUA QIYE GUANLI TANSUO）

作　　　者：	汤献华　刘宏基
责任编辑：	贺　方
出　　　版：	东方出版社
发　　　行：	人民东方出版传媒有限公司
地　　　址：	北京市东城区朝阳门内大街 166 号
邮　　　编：	100010
印　　　刷：	北京明恒达印务有限公司
版　　　次：	2023 年 1 月第 1 版
印　　　次：	2023 年 1 月第 1 次印刷
印　　　数：	1—10000 册
开　　　本：	710 毫米 ×1000 毫米　1/16
印　　　张：	20.75
字　　　数：	278 千字
书　　　号：	ISBN 978-7-5207-3223-9
定　　　价：	68.00 元
发行电话：	（010）85924663　85924644　85924641

版权所有，违者必究

如有印装质量问题，我社负责调换，请拨打电话：（010）85924602　85924603

推荐序一
秩序之美

我经常在天空拍摄山川大地与生命，见识过：

大雁之间团结协作，凌空翱翔，不畏艰辛完成长途迁徙的壮观之美；

在马赛马拉大草原，上百万头角马迁徙，如钢铁洪流般滚滚向前的壮阔之美；

在肯尼亚纳纯湖，数十万只火烈鸟展翼天空时的灵动之美；

在博茨瓦纳奥卡万戈三角洲，那狂野、盛大而欢腾生命的鲜活之美；

…………

自然之美，不可穷尽。在诸多美中，我发现了其中的共同之处，那就是都有一种秩序美。

然而20多年的摄影生涯告诉我，自然与生命的秩序之美极易变幻，这强烈地吸引着我去克服各种艰难险阻，用镜头去捕捉那些转瞬即逝的永恒。优秀的企业也有一种秩序美，然而昨天最好的秩序，往往就不适应今天的新局，本书的两位作者将其归因为无所不在的熵增。

熵增是一切美的最大破坏者，企业亦然。企业家存在的最大意义就是在各种动态变换中,带领企业从小规模、低层次的秩序美不断跃升到大规模、高层次的秩序美,其中最核心的就是企业家的持续成长。任正非从43岁开始创业,从几个人发展到近20万人,他从一个实干家、战略家、哲学家到成为企业精神领袖,其间,任正非也有迷茫痛苦以致找不着北的时候,而企业家的迷茫是企业混乱的根源,华为也曾因此有过几次大的战略失误,正是通过长期坚持艰苦奋斗、开放式学习和不断地自我批判才战胜了各种艰难坎坷,实现了升华加冕,华为才得以持续发展。

好利来从1992年开始创业,迄今已走过了30年。前几年发展都很好,但从1998年开始,公司遇到了很大的问题,发展节奏被打乱了,失去了应有的秩序之美,我也迷茫了10年。2009年11月1日,北京60年未遇的一场大雪让我冷静下来并发现了新的极致之美:在纯净的雪地里,黑天鹅天生的优雅、浪漫,令人陶醉。黑天鹅的美深深地打动了我,灵感触动之际,启发我要做出像黑天鹅一样美丽的蛋糕,由此,黑天鹅品牌正式诞生。在自然之美的昭示下,以创立黑天鹅品牌开启新局,树立极致美的新标准,形成"用产品和服务感动顾客,为拼搏者提供平台"的新的核心价值观,培养新人才,一步步塑造新的秩序之美。如今好利来与黑天鹅并驾齐驱,完成了一次巨大的蜕变并不断探索创造甜品的无限可能。

企业是一幅企业家摁动快门、经由长长取景曝光后的作品,企业家的审美观是企业秩序之美的源泉。任正非说他在华为最大的权力是思想权、文化权,他坚信一家企业长治久安的基础,是它的核心价值观被接班人认可,接班人具有自我批判能力。毫无疑问,任正非是当前华为核心价值观的最坚定守护者、捍卫者和践行者,他坚定的信念和必胜的信心所沉淀的精神秩序之美,是华为一切秩序之美的源头。

"春有百花秋有月,夏有凉风冬有雪",这是自然之美。企业也会有春夏秋冬，而其中的所有美好，都来自企业家始终用最耀眼的灵魂去点亮企业星空中那一颗又一颗星星。

好利来董事长兼总裁
国际知名环保摄影家
罗红

推荐序二

活力减熵，激发效能

结缘汤老师，始于好友推荐的他主笔的上一本书：《为心赋能：稻盛和夫的核心密码》。

这本书让我对量子思维、对心上发力、对经营之圣稻盛和夫经营学的底层逻辑有了新的认识。后来，我们在杭州有数次面对面的交流。因为同为理工男和多年的企业经历，我们在咖啡加持下的思维碰撞常常火花闪耀，每次都觉得意犹未尽。汤老师独辟蹊径，用哲科思维来阐释企业的经营管理，让人不仅知其然，更得以知其所以然。

这次，汤老师又带来新作，我得以先睹为快。华为35年持续保持活力的熵战思维让我很受启发，对华为发展过程中遭遇的许多问题我亦感同身受。保融科技是一家做科技服务的知识密集型企业，致力于帮助客户提升财资经营能力和绩效。在经营企业、陪伴客户成长的19年中，我发现企业卓越财效的背后是激发人效，即如何更好地发挥人的体力、脑力和心力的作用。其中，工业时代的流水线作业让体力的生产效能大幅提升，实现了行为减熵；信息时代，管理信息软件让脑力的生产效能成倍增长，重构了智力创造价值模式，实现了知识减熵；接下来的数智时代，将迎来心力开启的算法革命，心法才是最好的算法，为机器注入灵魂，人机一体必将带来指数级效能增长，实现心法减熵。而这一切效能激发都可归因为有效的管理，即人的活力减熵基础之上。

华为的持续成长就是一个很好的证明。任正非认为，人才不是华为的核心竞争力，对人才进行有效管理的能力，才是企业的核心竞争力。他说："我们的员工文化层次很高，很聪明，但如果管理不规范，那么主意越多，人心就越乱，队伍就溃不成军了。不规范的管理将导致公司越大，效率越低，矛盾越多，越来越没有竞争力，最后就破产了。"

华为的"活下去"战略，其本质就是对活力和效能的持续追求，而企业活力减熵的结果就体现在效能，企业宏观的力量来自微观的有序，即如何有效激发每个个体的活力并让这种活力形成有序结构是所有企业面临的最根本挑战。这本书，正是从有效对抗熵增来演绎华为是如何从几个人发展到近20万人、其间遭遇各种艰难险阻，进而实现从无序到有序并持续进化的。

自泰勒的《科学管理原理》一书出版以来，管理百余年的发展历程表明，管理固然有艺术的成分，但基础还是在科学。任正非发现，自然科学与社会科学遵循着同样的规律，对于企业而言，企业发展的自然法则也是熵由低到高，逐步走向混乱并失去发展动力的。熵，这个源于热力学第二定律的概念，被爱因斯坦认为是"科学的第一法则"，是贯穿任正非管理思想的精华。在当今百年未有之大变局加速演进的关键时期，越来越多的企业需要顺应科学规律，升级经营管理的思维模式，提升科学管理水平，而华为的实践探索，就是一个科学定律如何在企业有效应用的典型案例。其基础理论坚实、路径清晰、方法得到验证，读者朋友必然开卷有益。

人类文明的每一次进步都首先源于认知的突破，其中人文与科技打通、哲学思维与科学思维融合而成的哲科思维最具基础性、根本性和革命性。企业经营同样需要哲科思维来引领护航，再辅以数智赋能的技术和手段，就能够在更细微颗粒度的层面、从微观行为中找准提升经营效能的有效抓手,也就是将经营之道(哲科思维、理念、文化)与管理之术(技术工具、方法、系统)穿透,不断助推企业迈上新台阶。

两位作者"付出不亚于任何人的努力"的成果,是在当今科创时代大背景下对中国企业经营思想与方法研究的一次创新探索。

是为序。

浙江保融科技股份有限公司董事长
浙江西湖财资金融科技研究院院长
包恩伟

推荐序三
学华为之本

2013年我还在正和岛工作时，曾经组织过几次企业家参访华为的活动，其中一次请了北京大学的周其仁教授做带队专家。为期两天走进华为进行参观、交流和学习后，大家晚上聚在华为大学旁边的一家西餐厅里总结学习心得。

轮到周其仁教授发言时，他没有直接谈自己的感想，而是抛出了一个问题："任正非作为华为的领军人物，从一位普通的转业军人到驾驭一家世界级企业，他的认知和格局的巨变，是如何发生的？"

周教授的提问给人留下了深刻印象！他没问华为如何成长，而是问任正非如何成长。我猜，他是在提醒大家——不要只顾着羡慕华为今天的成就，只想着来学几招华为先进的方法，而要看到一家企业成长的背后，本质上离不开企业家个人格局和认知的不断突破升级。

企业的成长基于企业家的成长。改革开放几十年，市场经济中的英雄人物如过江之鲫，这些英雄豪杰的经历见多了，你会发现一个规律：如果企业的成长比企业家的成长快，企业和企业家都容易陷入危机；只有企业家的成长比企业的成长快，企业才能一直保持生命活力。任正非就是后者的代表人物。

如果说薛定谔是第一个从熵的角度去理解生命的人，那么华为就是第一家系统地把"反熵增"与企业管理实践结合的公司。任正非把管理科学和自然科学打通，对他来说是个人认知的一个小小突破，对华为公司来说则是企业经营底层逻辑的一次伟大升级。

而《华为熵战》这本书最大的价值，就是把任正非思想的底层逻辑展现给了读者，并运用大量的华为管理实践案例，帮助读者进一步去理解这一底层逻辑。

因此，我并不赞成企业直接去学华为，因为每家企业的组织规模、所属行业、商业模式和发展阶段等都与华为不一样，如果没有对底层逻辑的融会贯通，只是把华为公司的方法论生搬硬套地用在自己身上，将会很难驾驭。就像一个小孩儿，硬要去穿一件大人的漂亮衣裳，不合身、不好看，说不定还会因为尺寸太大而把自己绊倒。

但我赞成企业家学习任正非，尤其是学习任正非如何学习。当年，任正非作为一个大龄创业青年，没有任何现代企业管理的知识和经验，不掌握电子通信业的核心技术，也没有钱，却能在短短的三十几年，把一个只有几个人的小作坊，做成一家拥有十几万高素质人才的世界电子通信业翘楚。华为公司史诗般的业绩成长背后，闪现着任正非在管理哲学道路上艰难探索和突破的身影。

任正非曾经说过，华为公司是几位哲学家领导着一批战略家，带领着一群实干家。哲学家研究的是事物发展和演变的根本规律，战略家负责根据规律去找到现实的最优解，并规划出企业正确的发展路径；实干家则能把最优解变成现实，把发展规划落实成具体的经营业绩。

从任正非的成长经历看，他就是从实干家变成战略家，再从战略家变成哲学家的。任正非喜欢说："华为的最低纲领和最高纲领都是活下去。"我认为这句话在不同时代有不同的内涵——在任正非创业的早期，这就是一句大实话，是实干家的目标；但对于今天的华为来说，"如何活下去"不仅是现实问题，更是哲学问题。任正非把"反熵增"理论引入企业管理，不仅是研究华为如何活下去，更是在思考企业作为一种普遍存在的"社会器官"，其生老病死的根本规律是什么。

实干家喜欢就事论事，战略家善于把握趋势，哲学家却能洞悉本质。我在多年与企业家打交道的过程中发现，但凡善于总结实践规律的人，比"顾事不顾理"的人更容易有成就；但能够跨学科学习和思考，去探索各种规律背后终极规律的人，才能"理通百事通"，成就更大的事业。所以，真正优秀的企业家，都是半个哲学家。

近些年，随着华为成为一家现象级企业，介绍华为的文章和书籍也层出不穷，很多都是用"归纳法"去总结华为的最佳实践，甚至形成各种模型，方便学习者"依葫芦画瓢"，但常会让人感到"知其然，不知其所以然"，读完之后总觉得不过瘾、不解渴。而《华为熵战》是用逻辑严密的"演绎法"，带领读者一步步去发现华为方法论背后的源代码，所以读起来感觉酣畅淋漓，仿佛被打通了"任督二脉"。

过去，华为公司的很多做法会让人感到迷惑，甚至会在社会上引起很大争议，但当你真正把《华为熵战》这本书读完以后，才会恍然大悟："哦！原来是这样的呀！"在书中，两位作者非常形象地用"晾衣绳"来比喻华为的"反熵增"哲学。正是这根不起眼儿的绳子，串起了各种各样华为方法论的漂亮衣裳，让"华为发展中不变的底层逻辑水落石出"。

真的要感谢两位作者，他们用通俗易懂的语言解释了物理学的"熵"，并系统地介绍了很多华为公司如何对付"组织熵"的办法，更是庖丁解牛般解读了任正非的"反熵增"哲学，这不仅让中国的企业管理者们可以更有效地学习华为，也为世界管理学的宝库贡献了一份来自中国的智慧。

伟事达总裁教练、持牌人
《跟道德经学领导力》作者
吴强

推荐序四
选择伟大，创造未来

一家优秀的公司，可以成就一群人。

一家卓越的公司，可以改变一个行业。

一家伟大的公司，可以影响一个时代。

在中国当代企业发展史上，华为与阿里巴巴都是在某种程度上影响了时代的企业。

在阿里巴巴工作期间，我们也曾经与华为团队有过多次面对面的交流与学习，每次交流完之后，我们发现，其实伟大公司的背后越往底层看越趋同，无外乎是对人、业务与文化的深刻洞察与理解，尤其是对事物发展规律的把握。

"幸福的家庭都是相似的，不幸的家庭各有各的不幸"。企业亦然。伟大企业的相似性主要表现在人的潜能得到更大程度的激发，组织更有活力，战略预见性更强、战略解码与执行效率更高，文化更深入人心，有超越利益之上的更高远的追求。

《华为熵战》的两位作者深入企业经营的更底层，发现这其实是企业在对抗无所不在的熵增。华为更是将其作为自身生存发展的最底层逻辑，贯穿在华为经营管理的每一个环节。阿里巴巴也探索出了一套行之有效的"熵战"之法，我们称之为组织能量图，简而言之，就是一张图、一颗心、一场仗。

生成
战略

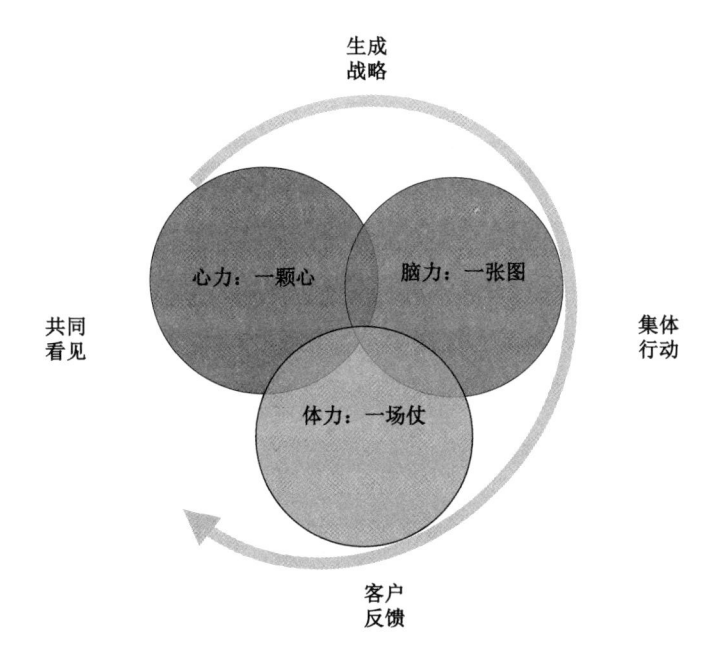

共同
看见

心力：一颗心　　脑力：一张图

集体
行动

体力：一场仗

客户
反馈

何谓"一张图"呢？

企业的使命、愿景通常离普通员工很远，所谓"一张图"就是对上承接使命愿景，是企业战略生成的过程，对下能够让大家清晰看见。这张图既有业务战略图，也有与之匹配的组织地图；既有整体图，也有局部图。最终所有图形成网状立体，牵引集体有序行动：每个人都能在这张图中找到自己的位置，将战略落实到每天、每个人、每件事，就像华为的"力出一孔"形成合力，实现局部和整体协同，现在与未来贯通。

何谓"一颗心"呢？

有了"一张图"，要在现实中变现出结果，关键取决于团队的"一颗心"。"一颗心"主要是指团队共识和相互信任。在企业里，人才固然宝贵，但每个人内心那团火才更关键，这是保证一个人在艰难困苦中坚定前行的最大力量。要点燃一颗心，阿里认为，团队就跟家人一样，管理者不注入心力，团队就产生不了亲情和化学反应。而一颗心的核心，

推荐序四 | 011

就是共同看见。共同看见，在阿里就是对使命、愿景和价值观的强调，就是一群有情有义的人一起去做一件有意义的事，就是因为相信，所以能够看见。

何谓"一场仗"呢？

"一场仗"就是通过一场又一场战役，在战争中学习战争，在战火中才能最快成长。阿里认为，一个团队、一个组织的文化是不可能靠规划出来的，而是通过打仗不断磨砺出来的，阿里相信打胜仗才是最好的团建。就如同"双11"，通过这样大型的战役，让产品得以不断迭代，让系统不断升级，让文化纽带更加牢固。

与汤老师结缘，是我们对中国企业发展之道与团队有效赋能的共同兴趣与热爱。在日益变化的商业环境面前，经营者要把好企业经营之舵，越来越需要回归到企业经营的底层逻辑。汤老师对第一性原理的重视，对现代企业家掌握哲科思维的强调给我留下了深刻印象。这本书的出版，就是一个很好的证明。

愿我们每个人、每个组织都在自己无可逃避的"熵战"中，找到人生与组织的目的与意义，选择伟大，创造光明的未来。

阿里巴巴 O2O 事业部前负责人 / 阿里三板斧创始人
《三板斧：阿里巴巴管理之道》/《战略洞察力》作者
天机（李川）

前言
企业到底是什么

企业到底是什么？

企业是"家"吗？

"家文化""家人"是被不少企业提及的高频词，这是最能唤起人性共鸣的元素。"家"给人一种稳定、踏实和安全感，但遗憾的是面对市场的变幻无常与激烈竞争，企业要持续发展，就必须在坚持客观规律的理性和基于情感的感性之间平衡一个度，有不少经营者往往因为不能把握好这个度而难以为继。

也有人说：企业是船，大家在船上共赴一段旅程，只不过每个人上岸的码头不同。

还有其他说法：

- 企业是"类宗教"组织，得有"教主"和"教规"，需要精神领袖来引领方向，要"教规"来规范大家的行为。
- 企业是"类学校"组织，有"传道、授业、解惑"的功能，要对员工进行持续赋能。
- 企业是"类军队"组织，商场如战场，企业天生具有竞争属性，需要不断打胜仗。

各种说法都有其理,但还是难免"标签化"。是否有更普适、更底层的总结提炼呢?

中国有一家公认的现象级企业——华为。

对企业是什么,华为又是如何认知的呢?

在2017年的华为上海战略务虚会上,华为创始人任正非提出企业发展的基本逻辑:方向要大致正确,组织必须充满活力。这里的"方向"是指产业方向和技术方向。

首先,仅仅根据量子力学的不确定性原理[①]推演:一家企业要完全看清、看准未来发展方向是不可能的,能做到大致正确就已相当了不起。在真实复杂的世界里,非线性作用与涨落无处不在,例外是唯一的不例外,不确定是唯一的确定,这才是科学的态度。实践中,不少曾经的巨无霸企业就倒在了方向大致不正确的路上。

"方向要大致正确",说的是要"做正确的事";组织必须充满活力,是要"把事做正确"。两者的定位是:战略帮助公司明确发展方向,而真正实现目标要靠组织活力。任正非的形象化说法是:"做事业就像舞龙,龙头要抬起来,这就是方向,大致要正确,更重要的是随后龙身要舞动起来,要有力,整个龙才能舞起来、活起来。"

在任正非看来,战略"方向"当然重要,是前提,但组织"活力"是华为实现从无到有、"变现"出最终结果的关键。自1987年成立以来,"活力"几乎成了华为的标签,也是外界特别想探寻的秘密。

华为业务范围覆盖电信运营商、行业 / 企业 / 政府、终端消费者,

---

① 不确定性原理:由著名物理学家海森堡于1927年提出。该原理认为,人不可能同时知道一个粒子的位置和速度,其中一个量越确定,另一个量的不确定程度就越大。海森堡认为,在因果律的陈述中,"若确切地知道现在,就能预见未来",所得出的并不是结论,而是前提。我们无法知道现在的所有细节,这是一件原则性的事情。该原理推翻了简单的、线性的因果关系,这意味着统计性概率论替代了简单的因果决定论,从而推演出不确定性才是世界的本质。

场景复杂、业务多元，需要不同的商业模式和思维方式来支撑。而华为是全球唯一一家把这几种模式成功地在同一平台、同一品牌、相同价值观、同一套人力资源体系下跑通的大型企业。难怪万科某核心高管曾感叹，如果华为来做房地产，也许就没万科什么事了。

对任何一家企业而言，战略往往难以保密，且统计表明全世界90%的组织战略都以失败告终。而活力却具有"偷不走、买不来、拆不开、带不走"的特点。所以，活力——这才是华为在ICT（信息与通信技术）领域成为世界级"全能型"选手的根本原因。

什么是活力？

《现代汉语词典（第7版）》解释为"旺盛的生命力"。

物理学中，"活力"一词由德国数学家莱布尼茨于1695年引入，他认为物体的运动应用质量和速度的平方加以量度，并将这一物理量命名为"活力"。其本质含义就是后来科学界公认的能量之一的"动能"。

而谈到能量，就一定离不开熵。

何谓"熵"？

"熵"来自专门研究"热与冷"问题的热力学。

热力学第一定律告诉我们能量是守恒的，能量可以从一种形式转换为另一种形式。但是，热力学第二定律告诉我们在能量的相互转换过程中，一定会产生一部分本系统不能再利用的能量，也就是其中会有能量"浪费"、活力"衰减"。

比如：蒸汽机热能转化效率最多只能达到27%；普通内燃机在35%左右；生态系统中，每级食物链的能量转化率约为10%~20%；人体的驱动蛋白在利用ATP[①]时能达到60%的非凡效率。

也就是，能量在转换过程中遵循：

---

① ATP：简称三磷酸腺苷，是一种高能磷酸化合物，在细胞中，它能在与ADP（二磷酸腺苷，在生物体内，通常为ATP水解失去一个磷酸根，即断裂一个高能磷酸键，并释放能量后的产物）的相互转化中实现储能和放能，从而保证细胞各项生命活动的能量供应。

能量 = 有用能量 + 无用能量

有用能量是指系统中可以对外做功的能量；无用能量是指系统中不能对外做功的能量。

熵在宏观上是指能量不可用程度的量度，在微观上代表系统中分子运动的混乱程度。人类在对能量转换过程的研究中发现了"熵"的存在，并很快从无生命体延伸至生命体的生死问题，甚至关乎人类的未来。难怪爱因斯坦坚信，熵理论是所有科学的第一法则。

简而言之，熵增定律是一切能量系统运动的基本规律。也就是说，无论个体还是组织，首先都是一个能量转换系统，必然遵循熵增定律。1987年，华为在深圳一栋居民楼内诞生，从几个人起步，发展至今近20万人，在这一过程中，能量积累当然在增加，但也必然面临组织臃肿、层层汇报、决策失速、部门墙厚重、流程复杂、过度制衡效率降低、奋斗精神下降等带来的混乱无序、活力衰减难题，随时面临着死亡的威胁。任正非说："我们研究熵增定律里面的熵死现象，是为了避免华为过早死亡。避免过早死亡就要了解关于死亡的终极理论。"2007年华为"EMT自律宣言"、2011年华为"管理者的18种惰怠行为"、2013年"华为公司改进干部作风的八条要求"、2017年华为员工"十六条军规"等都是在对抗熵增、避免过早死亡的具体举措。

1944年，量子力学奠基者之一薛定谔在《生命是什么》一书中指出：自然万物都趋向从有序到无序，即熵值增加。而生命需要通过不断抵消其生活中产生的正熵，使自己维持在一个稳定而低熵的水平上，生命赖负熵为生。也就是说，每个个体与组织为了维持生命的延续，本质上都必须进行"熵战"——从无序向有序持续进化。恰如稻盛和夫所言："我认为，竭尽全力，付出不亚于任何人的努力，乃是这个世界上所有生物都要承担的、理所当然的义务，没有谁可以逃避这个义务。"这既是每个追求向上向善的生命的切身体会，更是对治熵增定律的最佳实践，甚至，生命的意义就蕴含其中。

如果说有用能量是组织有序的支柱，那么熵则是无序的滥觞。薛定谔认为生命中的活力（负熵因子）即是对抗熵增。企业要生机勃勃、持续发展，只能依靠活力来实现熵减。企业里的每个人都是一个向量，有大小、方向之别，只有形成有序，合力才会更大。其中的挑战在于，企业每长大一圈就要蜕一层皮，一方面企业规模大了，积累的能量固然多了，但另一方面人数增加，混乱也在增加，企业发展就是在有序与无序的永恒博弈中螺旋式上升的。而企业体量越大、结构越精细复杂，建立和维持其有序所需的有用能量就越多，无用能量就越少。因此，激发人的活力，增加有序、减少无序，就是企业家的终极使命。因为归根结底，系统宏观的力量来自微观的有序，每个华为人的生命活力汇集成华为整体发展的力量。所以，任正非说："华为的胜利是人力资源政策的胜利。"其本质就是不断激发个体活力、提升能量，逆熵增做功的结果。

没有高差，就没有瀑布；没有温差，就没有风；没有能量差，就不能做功。这既是自然之道，也是企业经营的深层次规律。

回到企业到底是什么的问题。

每家企业当然可以根据企业家的愿景追求、员工组成结构、所属行业特质等给本企业贴上一个大家一听就懂、容易凝聚共识并通过努力使之不断显化的"标签"，这不会有标准答案。但知其然，更要知其所以然。最基本的是：企业必须首先是一个需要不断激发活力、对抗熵增的有机生命体。研究企业熵问题，掌握熵思维，本质就是从科学角度寻找企业如何对抗死亡的根本方式和方法。对企业到底是什么，华为虽然没有明确的"标签"式提法，但正是因为有比单纯的标签化更深刻的洞见，所以华为核心价值观的三句话和坚持自我批判的纠偏机制都与关乎企业生死问题的反熵增的活力息息相关：以客户为中心指的是活力聚焦、导向客户满意的方向；以奋斗者为本强调的是活力激发；长期艰苦奋斗突显的是活力状态；自我批判讲的是通过反思和提升自我带来活力再唤醒。这些都是决定企业生死的关键"穴位"。华为正是通过艰苦卓绝的探索，不断"按压"、逐步打通这些"穴位"之间相互联系的"经络"并形成了畅通的循环，从而激发出整个组织机体的活力。

由于熵增是永恒的，企业永远都面临着死亡的威胁，置身"熵战"中的任正非与华为到底是如何有效运用反熵增的耗散结构体系来不断实现熵减，推动组织从无序向有序的持续进化，在过去充满惊涛骇浪的35年中始终保持着活力的？

让我们一起来揭开其中的秘密。

目录

理论篇

第1章 熵增定律：生命与非生命的终极定律 / 003

问：为什么要学熵增定律 / 004

  反熵增：华为的"晾衣绳" / 005

  熵增定律：科学第一法则 / 008

释：熵之形 / 013

  个人熵 / 013

  家庭熵 / 022

  企业熵 / 029

解：从无序到有序 / 037

  克劳修斯熵：系统宏观度量 / 037

  玻尔兹曼熵：从宏观到微观 / 038

  进化论与熵增定律的矛盾 / 040

  耗散结构理论：反熵增的要素 / 042

结语：从熵世界观到熵思维 / 047

  开放思维：活下去 / 048

  耗散思维：厚积薄发 / 049

  聚焦思维：力出一孔、利出一孔 / 050

  能级差思维：组织充满活力 / 051

实践篇

第 2 章　开放：一杯咖啡吸收宇宙能量 / 055

开放之道 / 056

  看过世界，才有世界观 / 056

  一杯咖啡对接宇宙智慧 / 060

  自我批判是开放之本 / 066

  向客户而生 / 071

开放之术 / 079

  炸开金字塔塔尖 / 079

  华为蓝军 / 083

  心声社区 / 088

  开放的艺术 / 094

结语：开放是负熵之始 / 101

第 3 章　远离平衡态：以奋斗者为本 / 104

华为职级体系 / 106

华为分钱法 / 109

  短期激励：月薪 / 109

  及时激励：关键节点奖金 + 补贴 / 111

  中期激励：年终奖 / 114

  长期激励：ESOP+TUP +ESOP1 / 118

超长期激励：员工退休留股 / 128

华为分权法 / 130

华为分机会法 / 139

华为分荣誉法 / 144

结语：从价值创造、价值评价、价值分配到价值追求 / 157

第4章 非线性：方向要大致正确 / 159

战略非线性 / 161

从"以技术为中心"到"以客户为中心"转型 / 161

从有线向无线的技术转型 / 166

从国内迈向全球的拓展转型 / 169

从"一棵树"到"三棵树"的商业模式转型 / 172

从"三棵树"向"一片森林"的生态型组织转型 / 174

文化非线性 / 178

创业生存期：口号式文化 / 178

理性成长期：价值主张系统化 / 179

全球化拓展期：文化与国际接轨 / 180

生态孵化期：多成为一，一增益多 / 182

运营非线性 / 185

1996年市场部集体大辞职 / 185

2000年内部创业 / 188

2007年万人大辞职 / 190

结语：企业是企业家专注力的微积分 / 195

第5章 涨落：组织必须充满活力 / 198

人才计划 / 199

全球"抢人" / 199

"天才少年"计划 / 201

  看好"歪瓜裂枣" / 204
  为凤筑巢 / 208
 人才有效管理 / 212
  奋斗、选拔与淘汰 / 212
  人才流动与成长 / 223
  华为大学持续赋能 / 230
 结语：呼唤有集体意识的英雄 / 242

解析篇

第6章　企业家是企业的麦克斯韦妖 / 247
 麦克斯韦妖：从无序到有序的推手 / 248
 任正非：华为的麦克斯韦妖 / 252
  任正非的"胎记" / 252
  任氏吸能器 / 258
  思想权与文化权 / 262
  组织建设 / 269
  攻入无人区 / 276
  任正非的最后一战 / 282
 与熵共生 / 289
 结语：这世界有条路叫"任正非路" / 295

后记　任正非的熵思维与稻盛和夫的量子思维 / 298

致谢 / 302

参考文献 / 304

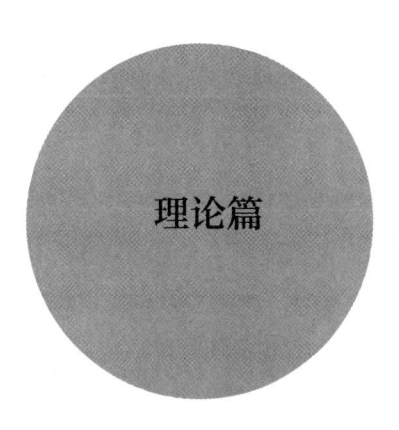

理论篇

第1章
熵增定律：生命与非生命的终极定律

熵理论对于整个自然科学来说是第一法则。在描述世间万物规律的物理定律中，只有热力学第二定律让我确信它永远不会被推翻。

——爱因斯坦

华为成功的奥秘，就是我们很好地应用了热力学第二定律和耗散结构理论。

——任正非

问：为什么要学熵增定律

为什么要学熵增定律？

看看大咖们怎么说。

爱因斯坦说，熵理论对于整个自然科学来说是第一法则。

英国物理学家爱丁顿确信，熵增是宇宙中最高的形而上学定律。

清华大学科学史系主任吴国盛说，如果物理学只能留一条定律，我会留熵增定律。

"现代管理学之父"彼得·德鲁克说，管理要做的只有一件事情，就是如何对抗熵增。在这个过程中，企业的生命力才会增加，而不是默默走向死亡。

亚马逊创始人贝佐斯说，我们要反抗熵。

华为创始人任正非说，我们要不断激活我们的队伍，防止"熵死"。

……

"熵"到底为何方神圣，竟引无数英雄竞折腰？

见自己，见天地，见众生——熵，确实具有如此神奇的魔力！

熵增定律从牢固的科学基础出发，以直抵死亡的生命终局来帮助我们形成以终为始的思维，让我们对人生的目的与意义更容易找到本质洞见，并时刻提醒我们以超越性视角来审视自己与世界的关系：个人成长、家庭幸福、企业兴衰、民族复兴乃至人类的命运……

熵——大有"普天之下，莫非王土"的气质。

反熵增：华为的"晾衣绳"

> 在人性和社会的复杂性面前，经济学已经落后甚至溃败，而熵的理论透过物理学和生命活力，直指人心。
>
> ——《华为之熵 光明之矢》

毫无疑问，华为是一家现象级企业，所以市面上研究华为的书很多，为什么本书还要来凑热闹？因为华为的探索实践很丰富，看华为有多种角度：人力资源、企业文化、研发、营销、从战略到执行、财经、数字化转型等，甚至每个角度都可以写多本书。然而，只有找到一根主线把它们整体串起来才能避免眼花缭乱进而掌握要领。就像晾晒衣物一样，有衬衣、裤子、袜子等，颜色各异，功能不同，样样不可或缺，但只要将其挂上晾衣绳，一切就井然有序、一目了然。

那么，华为的那根"晾衣绳"是什么？

本书的研究结论是：反熵增。

反熵增（熵减），就是华为一切思想和行动的"晾衣绳"，经由这根晾衣绳穿透，华为发展中不变的底层逻辑便水落石出，此时我们再去看任正非在各种情况下的决策，就不再是雾里看花、管中窥豹，而是洞若观火、成竹在胸。也就是说，找到了这根"晾衣绳"，就能更好地"看透"任正非、理解华为，我们也就能从表面纷繁复杂的华为之"what（做了什么）""how（如何做）"中，找到华为之"why（为什么做）"，进而便可举一反三。

任正非在一次与华为首席管理科学家——中国人民大学的黄卫伟教授交流管理问题的时候发现，**自然科学与社会科学有着同样的规律：管理的本质是构建秩序，有序就是熵减，无序即是熵增**。本质上，管理之道与热力学第二定律确有相通之处：企业生命周期演进也是熵由低到高，逐步走向混乱，失去发展动力直至最终走向死亡的。

理通百事通。2012 年，任正非在与 2012 实验室的专家座谈中，第一次在内部提到了熵。他说："我把热力学第二定律从自然科学引入到社会科学中来，意思就是要拉开差距，由数千中坚力量带动 15 万人（2012 年华为员工总人数）的队伍滚滚向前。我们要不断激活我们的队伍，防止'熵死'。我们绝不允许出现组织'黑洞'，这个黑洞就是惰怠，不能让它吞噬了我们的光和热，吞噬了活力。"自此，任正非就把"反熵增"纳入思考华为管理问题时的重要考量：在他看来，熵增定律是宇宙万物运行的基本规律，抓住了这一规律，就能穿透企业管理中的诸多表象迷雾，直击事物的本质。熵思维，自此成为任正非海纳百家思想后形成的独特的思维方式并在华为彻底贯彻。这在全球企业界是一个创举。

实际上，任正非在通过黄卫伟教授特别关注到熵增定律之前，他的管理思想和实践行动就已有不少与反熵增有暗合之处，只不过，那时的他还未将其上升到系统理论高度。正是"熵"，让任正非得以用一个高度贴切的科学术语精练概括出华为的重要管理思路，这可以用任正非多年来苦思冥想的一个问题来表达：**企业如何持续充满活力**？

这不是一个简单的问题，而是关乎企业生死存亡的根本性问题。这不仅仅是任正非之问，也是东西方所有企业家之问。

为什么呢？

富兰克林对某些个体有如下描述："死于 25 岁，葬于 75 岁。"富兰克林这里所谓的"死"是指个体活力褪去、梦想幻灭，肉体虽在，精神已死。但对企业而言，一旦失去活力，就会迅速土崩瓦解。任正非说，一个人再没本事也可能活到 60 岁，但企业如果没能力，可能连 6 天也活不下去。如果一个企业的发展能够顺应自然法则和社会法则，其生命可以达到 600 岁，甚至更长时间。

任正非巨大的阅读量、丰富的实践和似乎永不停歇的思考令他有了能够跨越学科壁垒而又高屋建瓴地洞察事物本质的能力。他笃信：再优秀的人物、再卓越的企业，都必定受熵增定律的支配，都必然面临"死亡"之局。正因如此，"危机感""活下去"始终像紧箍咒一样套在任正非头上。但与一般人不同的是，他用一种理性的思维实现了对生死问题的超越。

任正非首先实现了对自我生死的超越。2019年5月，央视记者董倩曾采访任正非。

董倩：假如谷歌研究出长生不老药，您会吃吗？

任正非：它有，我也不吃，我总要合理地终结，不要赖在人世上，给别人留更多的机会。

任正非还实现了对华为生死问题的超越。2011年，任正非在文章《一江春水向东流》中说："死亡是会到来的，这是历史规律，我们的责任是应不断延长我们的生命。"

任正非笃定并决绝地选择对抗熵增，坚持逆熵增做功，为华为不断引入负熵流，无限减慢熵增的速度。任正非认为，我们对未来的无知是无法解决的问题，但我们可以通过归纳找到方向，并使自己处在合理组织结构及优良的进取状态，以此预防未来。在2013年10月华为干部工作会议上，任正非表示，大公司不是会必然死亡，不一定会惰怠保守的，否则不需要努力成为大公司。企业的生命不是企业家的生命。他在《在理性与平实中存活》一文里表示，华为要建立一系列以客户为中心、以生存为底线的管理体系，而不是依赖于企业家个人的决策制度。这个管理体系在它进行规范运作的时候，企业之魂就不再是企业家，而变成了客户需求。客户是永远存在的，这个魂就是永远存在的。

指明方向，激发活力，对抗熵增，以身作则，做好精神传承，这或许就是企业家自然生命周期的最高意义。为减缓熵增，防止"熵死"（系统熵值达到最大，此时系统最混乱、做功潜力全部耗尽），任正非引领着华为军团，决绝地朝着"光明之矢"的方向飞奔：将华为打造成一台不依赖于企业家个人生命，具备耗散结构，能够不断与外界实现物质、能量和信息交换的开放式活力引擎，通过全面激活人、激活组织，推动华为的持续发展。

熵增定律：科学第一法则

我认为，竭尽全力，付出不亚于任何人的努力，乃是这个世界上所有生物都要承担的、理所当然的义务，没有谁可以逃避这个义务。

——稻盛和夫

全宇宙共同遵守的定律

对自然科学，爱因斯坦的直觉和推理能力无疑都是超一流的。熵理论对于整个自然科学来说是第一法则——这一判断听来简单，但出自爱因斯坦之口，似乎就不那么简单了。

爱因斯坦是量子力学的奠基者之一，还是现代宇宙学的开创者。他发现了质能方程，凭一己之力建立了广义相对论。前者指导人类将利用能源的方式拓展到核能，人类掌控的能量从此有了指数级增长；后者则颠覆了人类的时空观，解释了宇宙的诸多现象，为人类近几十年来的太空远征乃至研究宇宙创生等奠定了理论基础。然而，尽管以上这些理论和牛顿力学、电磁学等都具有伟大意义，爱因斯坦却将熵增定律置于它们之前，这说明了什么？其根本原因就在其基石性与正确性。

宏观世界里，牛顿力学体系中的物质与能量具有不同的特性与表现形式（如气体、液体、固体，以及动能、势能等），需要细分为各种分支学科加以研究，但根本上它们都逃不过熵增定律。

微观世界里，粒子表现出明显的波粒二象性，遵循不确定性原理，可同时既在"此"也在"彼"地"叠加"，甚至还能进行爱因斯坦都难以理解的"鬼魅般的超距作用"（量子纠缠），但它们并不能违反熵增定律下的大势所趋。

宇观世界中，神秘深邃的恒星、行星、黑洞和星云，它们都老老实实地按照熵增定律的"规定"，从生到死，从不逾矩。

以上所有支配这一切的底层规律的发现都源于火的使用，一方面人类从此告别了茹毛饮血的原始生活，是人类从动物界最终分化出来的标志之一。另一方面，正是在对火的使用中，人类有了对"热与冷"的深入研究，从中发现了"熵"的存在，并很快从无生命体延伸至生命体的演化，直至生死问题。

反熵增：生命演化的助推器

熵增定律不仅是物理学的底层定律，也是地球生命的缘起之一。众所周知，原始地球上并无生命，非生命物质（也就是各种原子和无机分子）进行着各种复杂的化学反应，最终产生了地球上所有生命的始祖：一种"蛋白质+RNA"的聚合体，科学家将其命名为LUCA[①]。

从LUCA到真核生物、原核生物和古细菌，再到简单的多细胞生物，乃至后续的复杂演化，结构的优化同时伴随着结构的复杂化带来了更多底层竞争优势。例如，真核细胞的内膜系统和胞吞，多细胞生物的细胞分化与协作，螯肢动物打败了原始的奇虾，这些都说明，具有结构优势的物种能在食物链中占据更好的生态位，然而维持越发复杂的结构也带来了更多"反熵增"的需求。正如伯特兰·罗素所说，每一个生物体都

---

① LUCA（The Last Universal Common Ancestor），所有物种在分化之前最后的一个共同祖先。被认为是生命起源早期存在并具备基本细胞形态的生命形式。

仿佛是一个帝国主义者，竭尽全力要把它所处的环境转化到它自身以及后代身上去。在这个掠夺能源以取得不断进化的过程中，地球上的每一个生命都在耗费着能量，它让能量经过自身系统，使其中一部分的能量不能再做功。

如果跳出单纯的个体生物演化，为了更好地活下来，自然演化之手使得很多动物趋向于从单体生存变为种群生存，不同的生物个体开始承担不同的职能，这也就意味着一个个"社会"开始出现。而这一个个"社会"必然形成一定的组织结构，一定的组织结构也就意味着维持它需要"反熵增"，这是超越单纯个体维度的"反熵增"。从自然科学到社会科学，"反熵增"仍旧无处不在地发挥着作用。

总之，从生命到文明，人类能逆流而上创造出今日之光景在很大程度上有赖于熵增定律的"逼迫"——没有熵增定律迫使人类做出改变、走出舒适区，激发内在活力、不断演化出复杂结构（含个体与组织），我们哪能超越一般动物而取得傲立地球的结果。原来，事物总是物极必反，熵增定律早已将对抗它的力量写进所有生物的基因里，而人之所以成为万物之灵，正是因为人拥有超越所有生物的强大的"反熵增"能力。从这个意义而言，熵增定律已不再局限于自然科学，而是进入了人文社会科学领域：**熵增定律，既是自然科学第一法则，也是人文社会科学的核心法则**。当人类的认知升级到这一步的时候，其结果是极具震撼性的，所以，美国未来学家杰里米·里夫金等人的《熵：一种新的世界观》一书一出版就在全世界引起了巨大轰动。

熵之魅影

人类为了更好地认识世界，找到人与人之间共同的交流语言，共同创造一个更美好的世界，就必然需要测量，而测量就需要基准。比如：度量长度用"米"，度量质量用"克"，而度量一个系统混乱无序程度的就是"熵"。熵值越高，表明系统越混乱，对外做功的能力就越小。

熵增定律，简而言之就是一个封闭系统（包括生命和非生命）的发展趋势必然从有序走向无序，最终导致无用能量越来越多，直至有用能量全部消失。当有用能量全部消失，对有机生命体而言就是死亡，对组织而言就是崩溃，事情就会向越来越糟糕的方向发展。

简单举几个例子吧。

[生活]

· 长时间不用的东西，再用的时候会变得很不好用。

· 房间通常会越住越乱，且找到某样东西的时间会大大增加。

· 下次用耳机的时候，耳机线总缠绕在一起。

[身体]

· 生活作息不规律，不锻炼，暴饮暴食，肥胖、脂肪肝等各种慢性病就会接踵而至。

· 癌症是由于某些原因，致使体内某一部分的混乱度大幅度增加，以致破坏了细胞再生时基因的有序遗传，细胞无控制地生长，进一步破坏人体内环境的秩序，直到"熵死"到来。

[学习或工作]

· 散漫容易，专注很难。

· 放弃容易，坚持很难。

· 懈怠容易，自律很难。

[情绪及思想]

· 患得患失、气量狭小、内耗、情绪化的人易患病。

· 不喜欢深度思考的人，思维层次浅而散乱，就难以形成坚定的信念。

熵，就像影子一样与我们随行，无法摆脱，无论是个人、家庭还是组织。但万物皆有两面性，好与坏总是共存。熵增定律看似无情，却同时为我们指出了一个关于意义的真相，而这个真相，就蕴藏在我们每个人自己身上。

释：熵之形

熵增定律在近几十年内，已广泛应用于生物学、气象学、天文学和天体物理学等领域。值得一提的是，从 20 世纪 60 年代以后，熵增定律又在人文社会科学中获得了广泛应用。因此，可以从广义上进行这样的描述：每一个系统都将无可避免地自发、且不可逆地由有序转变为无序，即熵增。有人主张把熵的概念从原来的热力学领域渗透到人类的全部精神文明和物质文明中去。总之，现代科学、现代技术、现代生活无不与熵密切相关。因为，熵增是一切能量系统运动的基本规律，凡是与能量有关的系统都必然遵循熵增定律。甚至，用诺贝尔化学奖获得者弗雷德里克·索迪的话来说，热力学定律最终控制着政治制度的兴盛与衰亡、国家的自由与奴役、商务与实业的命脉、贫困与富裕的起源以及人类总的物质福利。

熵就是系统失序程度的量度。用通俗易懂的话说，系统熵高，意味着"混乱"和"分散"；熵低，则意味着"整齐"和"集中"。熵增与熵减本质对应的是系统的无序与有序，而这几乎是适用于一切事物的。

个人熵

个人熵是指一个人的想法、念头或行为混乱程度的量度。

"心流"理论提出者、著名心理学家米哈里·契克森米哈赖建立了一个概念：精神熵。精神熵是指人的内在秩序混乱、精神能量存在大量无意义的消耗的现象。

精神熵的增加会导致一系列的负面情绪，如焦虑、恐惧、愤怒、抑郁、怀疑、自卑、空虚等，最初的表现是，人的注意力无法集中，对事物进行判断和操作的效率大打折扣，而最终的结果就是人格的自我解体。具体表现为长期情绪低落、兴趣减退、快感缺乏，不知活着的目的和意义是什么。

个人熵涵盖了精神熵。因为意识决定行为，所以精神熵是个人熵的核心。人的精神、意识就像大脑的"操作系统"，脑组织重量只占身体的2%，但却会耗费20%以上的能量。失眠的人白天身心疲惫，就是精神熵增的结果。员工个人熵之于企业的意义，首先是个人价值观与企业核心价值观的匹配程度，这是许多企业在招聘新人时特别重视的"入口关"。

早期，任正非要亲自参与华为的人才招聘。据华为前高级副总裁周劲回忆，1993年年初，那时华为还在通过摆摊来招人。一天他刚到华强北人才市场准备去应聘，一进去就看到一个中年男人（后来才知是任正非）在那里大声吆喝："大家快来看呀，到我们公司来。"周劲说他为什么坚定要去华为，就是被亲眼所见的真实故事感染了。当时有一个女孩和任正非沟通之后，任正非说："那我就要你了，你来华为工作吧。"那女孩说："我还在北京，我要回北京，一个月之后拿到毕业证才能过来。"任正非说："没问题，没问题，我们等你。"后来任正非又问："那你回北京有没有路费呀？"女孩说："有的，应该没问题。"然后任正非说："你等一下。"于是就开始掏口袋，掏了很久也没掏出钱来，就把旁边的一个华为员工抓过来，让他把钱全部掏出来，掏出了几百块钱就塞给了那个女孩。周劲就想，这是一家什么公司呀？真牛。那时一般工资也才一百来块钱，想想觉得很不一般，就觉得这家公司很有意思。当时看到这一幕，整个人才市场来应聘的很多人都鼓掌了。后来任正非休息去了，另外一个主管来负责招聘，大家都把简历递给了华为，不一会儿他就收到了很多简历。面试官说："你们排队慢慢来，一个个审。"后面任正非过来说："都快12点了，怎么还这么多人，要不这样吧，你们也不要排队了。"他找来一个员工，要他去外面租一辆大巴，把大家统统拉到公司去。于是一大群人就坐着大巴来到了华为，任正非事先打了电话让人准备快餐，等到达公司的时候，大家就先吃饭，吃完之后再开始应聘。应聘人员挤了好几间办公室。

后来，华为的人才招聘更多地采用了国际通行的STAR（应聘者在什么背景，面临什么问题和挑战，采取了何种行动，取得了什么结果）面试法。

请举例说明，你如何解决与父母之间发生过的一次重大冲突和矛盾？（事情的起因和背景是怎样的？事情的发展中你有什么感受？你是怎么想、怎么做的？结果如何？）

这是华为在面试应届毕业生时问得比较多的一个问题。首先，这个问题很"接地气"，年轻人大部分都与父母有过冲突。其次，这个问题的回答不外乎两个角度：一是以自我为中心，把问题归结于父母不理解自己；二是事后能够站在父母的角度，思考为何会发生冲突，进而理解父母的行为。显然，后者的价值观更适配华为的人才需求，因为华为的核心价值观之一是"以客户为中心"，其中就包含着"客户就是衣食父母"的内涵。

请举例说明，你是如何解决与室友之间发生的重大冲突或矛盾的？
你觉得一个年轻人应该是什么样子的？
如果受到不公平对待，你会怎么办？
如果不得不和一个你不喜欢的人在一起工作，你会怎么做？
…………

这些都是华为在招聘应届毕业生时经常问的问题，这些开放性问题考核的就是应聘者的思维方式、价值观。华为的校园招聘一般安排在每年的 11 月，应聘者需要过五关斩六将才能拿到华为的 offer。这时，很多学生往往还需待在学校完成学业、准备毕业答辩等。当然，能够拿到华为 offer 的毕业生一般也会被其他企业争抢。为了能更好地管理还未入职的新人所带来的风险，华为会指定一位导师每月至少与新人进行一次电话沟通，了解其思想状况、毕业论文进展等。如果这位新人已下定决心加入华为，导师就会给他布置一些小课题、列一些阅读书单等，帮助他为进入华为做准备。

新人报到后，首先面对的就是华为大学举办的新员工大队培训。集中培训时间约为一周，军训拉练贯穿始终，教官高标准的要求塑造了新人的组织性、纪律性和集体主义意识。其间重点学习华为的核心价值观：通过让新员工阅读任正非写的《致新员工书》和阿尔伯特·哈伯德的《把信送给加西亚》，为其注入企业文化和执行力；通过让新员工看任正非推荐的电影是《那山那人那狗》，意在强调敬业精神。2019 年后，学习播放比较多的是《上甘岭》，通过读《黄沙百战穿金甲》《枪林弹雨中成长》《下一个倒下的会不会是华为》等图书并让员工写读后感，意在传递危机感。全体新人分组辩论"干一行、爱一行"还是"爱一行、干一行"，最后以华为某位高层现场回答新人提问结束。

接下来是产品知识培训，然后进入岗位实习，这是新人入职培训的延续，时间通常为 3~6 个月。这时新员工要在华为导师的带领下在一线"真刀真枪"的环境中锻炼和提高自己。华为对导师的选拔有两个条件：第一，绩效必须好；第二，要充分认可华为文化。为保证质量，一名导师一般不能同时带超过两名学生。在华为，导师不仅要负责指导新人的工作，包括职业化行为的规范落地，而且还要定期与新人进行沟通，了解他们的思想状况，帮助他们解决食宿上的困难，甚至还包括个人情感疏导。华为导师辅导新人时比较创新的做法是新人的每日三问，即要求新人每天必须向导师提三个问题，导师在某个时间段集中给新人面对面解答。此做法一是引导新人基于实践积极主动思考问题；二是帮助新人克服遇到问题不敢问的毛病；三是在解答新人各式各样的问题过程中，导师也能得到提高。

接下来是入职三个月左右时的预答辩以及入职六个月时的正式答辩。答辩时，一般由新人的直属上司、部门内的另一位管理者、华为大学相关人员、人力资源部专员、导师共五人组成，重点围绕新人的工作态度、作业能力和工作绩效进行评价，答辩结果分为 A、B+、B、C、D 共 5 个等级，答辩结果将直接决定新人的职级（如 13A、14C 等）与相应的薪资。华为非常重视入职培训，这是新人们的华为"成人礼"，是华为核心价值观与员工个人价值观不断碰撞、磨合，入脑、入心、入行的过程。正是抓好了新人的入职赋能，扣好了衣服的第一颗"纽扣"，后边就顺了，效率就更高了，华为的新员工往往在一年内就有高产出，这远远快于同行。多年来，华为 10 万名研发员工的平均年龄只有 27 岁左右，这一方面保证了队伍的活力，同时也极大地降低了研发成本。

新人转正后，并不意味着万事大吉，华为实行的是全员导师制。任正非认为，华为最大的浪费是经验的浪费，在华为不仅新员工，所有员工都有自己的导师。华为员工只要在岗一天，就需要别人的帮助，就能找到求助系统。精神赋能与卓有成效的方法论并行贯穿在华为员工职业生涯始终。简言之，企业核心价值观最终要变成员工的职业化行为，才能最大限度地降低个人熵。在华为浓浓的企业文化场域里，在全面推行职业化管理进程中，华为几乎为所有岗位都制定了职业行为规范，比如，华为司机岗的职业行为标准如下：

①司机个个西装革履，戴着白手套。车里一尘不染，空气清新。
②对任何客户，他们早早打开车门，一手扶着车门，另一手扶着车顶上沿，说："您好！请当心。"

第 1 章　熵增定律：生命与非生命的终极定律　｜　017

③不开快车，精力集中，行车时不打电话，不会猛踩刹车和油门，车速平稳。

④情绪始终平稳，不急不躁。如果您有兴趣，他会得体地向您介绍深圳，介绍华为，解说专业。

⑤车上的客户在相互交谈时不插话。

⑥车上一般播放着悠扬的轻音乐。

⑦客户去游玩，他们在车里静静地等待。

……

久而久之，这种长期形成的职业化素养就在如下场景中自如呈现：每当客户经理与客户吃完饭，陪同客户走出餐厅时，客户经理会拨打司机的电话，不用接听，司机就知道客户快要出门了，便将车子从附近缓缓地开过来，客户到达门口，车子也刚好停下来，司机会下车开门。整个过程一气呵成，无缝衔接，给客户留下极其深刻的印象。华为常务监事陈黎芳说，她在华为多年，跟客户打交道无数，客户对华为的接待无人不服。

华为实行的是思想和业务双导师制。很简单，在企业里，正能量不去占领员工的思想阵地，负能量就会去占领，个人熵就会剧增，产出必然降低。在任正非心中，作为思想导师，自身必须具备艰苦奋斗的精神和做事严谨的态度。华为发展早期，内部思想导师缺乏，他因此安排华为前人力资源部长陈珠芳去"两弹一星"基地等机构物色了约30位退休老专家挂在华为荣誉部，这是华为第一批思想导师。当时的华为还没完全步入正轨，年轻人居多，受的挫折少，工作缺乏严谨性，很容易自我膨胀，这些老专家丰富的阅历和严谨的科研精神以及及时的挫折教育发挥了很大作用，一方面是深层次了解疏导员工的心理状态，另一方面也了解团队的组织氛围及主要领导人的管理状态，这纳入了对管理者的考核，帮助华为干部快速成长。

随着华为干部领导力的提升，华为要求所有干部都能做员工的思想导师，能够根据部下的业务与思想成熟度给予相应帮助。为保证导师制落实到位，华为以补助的形式给导师每月300元的"导师费"，这个费用主要是导师用来请新人吃饭的，在边吃边聊的轻松氛围中拉近彼此距离，解决新人的困惑。华为还定期评选"优秀导师"，被评为"优秀导师"者可得到500元的奖励。更重要的是，华为把"导师制"上升到培养接班人的高度，并形成了相应的制度：没有担任过导师的员工，不得提拔为行政干部；不能继续担任导师的员工，不能再晋升。

为牵引员工持续进步，华为建立起任职资格管理体系。其目的是规范人才的培养和选拔，树立有效培训和自我学习的标杆，以明确的资格标准引导员工不断学习、不断改进，获得持续性发展，激励员工不断提高能力，以此胜任职位。比如，华为对财经人员有一个"三下两见"的要求：三下，即下站点、下仓库、下项目组；两见，即见客户、见分包商。只有这样做，财经人员才能真正了解业务场景，对业务提出更有针对性的改进建议，实现从"算账"走向"经营"，创造出更多价值。这些都沉淀在财经人员的任职资格体系之中。

在具体行为层面，华为员工早期要每天写工作日报，录入系统，由主管领导审批，公司不定期检视，形成闭环。任正非认为，一家没有记录的公司，迟早要垮掉。工作日报遵循持续改善的PDCA循环，目的就是纲举目张，统领全天工作。再加上第二天的计划，极大地增强了员工行为的有序性。华为工作日报框架表见图1-1。

早期，华为的副总裁每周要写周报，公司要抽查中高级干部的周报。高级干部的周报要对下级公开，用于员工安排自己的计划。这样既能避免个人英雄主义，也能防止干部当甩手掌柜。按照周报规定，中高层干部亲自执行的工作约占40%，监督执行的占40%，领导意义的占20%，亲自执行的范围包括：①第一次预算；②培训；③客户接待；④流程优化；⑤接班人培养；⑥优秀员工识别划分。

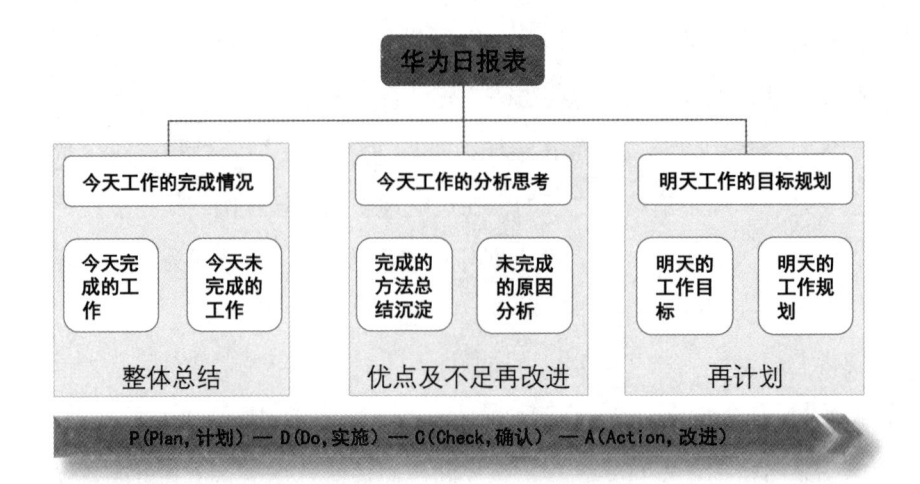

```
                          ┌─────────────┐
                          │  华为日报表  │
                          └─────────────┘
              ┌──────────────────┼──────────────────┐
    ┌──────────────────┐ ┌──────────────────┐ ┌──────────────────┐
    │ 今天工作的完成情况 │ │ 今天工作的分析思考 │ │ 明天工作的目标规划 │
    └──────────────────┘ └──────────────────┘ └──────────────────┘
     ┌────────┬────────┐  ┌────────┬────────┐  ┌────────┬────────┐
     │今天完成 │今天未  │  │完成的  │未完成  │  │明天的  │明天的  │
     │的工作   │完成的  │  │方法总  │的原因  │  │工作目  │工作规  │
     │         │工作    │  │结沉淀  │分析    │  │标      │划      │
     └────────┴────────┘  └────────┴────────┘  └────────┴────────┘
          整体总结             优点及不足再改进         再计划
```

P（Plan，计划）— D（Do，实施）— C（Check，确认）— A（Action，改进）

图 1-1　华为工作日报框架表

现在，随着管理越来越成熟，华为的日报制度做了一些调整。任正非说，当年要求写日志，是因为市场人员很分散，管理体系跟不上，所以通过写日志来看看一个远在天涯海角的人是不是在真正做事，做的事是否对公司有益。随着代表处的组织建设越来越完善，我们不强调写日报，而强调要写案例、写认识。

为使工作有方向，保证员工集中注意力，降低个人熵，华为每年上至总裁，下至员工，每个人都要签署自己岗位的 PBC（Personal Business Commitment，个人绩效承诺），主要包括 KPI（Key Performance Indicators，关键绩效指标）、关键任务（支撑 KPI 完成的关键事件）、组织管理与个人发展等，以此牵引员工的价值创造。

随着公司规模扩大，部门也越来越多，华为发现 KPI 这种指标体系无法覆盖所有组织，对于工作确定性很强的部门，它很有效；但对于工作不确定性很大的部门，如预研和基础研究部门效果就很差。于是华为又引入了 OKR（Objectives and Key Results，目标与关键结果）体系。华为的 OKR 体系既有从下到上的指标和关键结果，体现员工的工作主动性和对不确定性的进展认识，又包括从上到下的指标和关键结果，以体现组织意志。现在华为2012实验室和产品解决方案体系中大概有2万多人在使用OKR体系。

华为每半年进行一次绩效评价，每年进行一次"劳动态度"（含敬业精神、奉献精神、责任心和团队精神）考评，通过横向评比，进行员工的绩效排名，并以此为依据，进行价值分配。即便对于那些排名位于前10%评级为A的员工，华为也时刻提醒他们绝不能骄傲自满，要不断进行以下五问：

①我还能做得更好吗？我是否真正付出了比别人更大的努力？
②换了别人是不是会比我做得更好？
③我是不是站在前人的肩膀上才能获得成功？
④我有独特贡献吗？我的独特贡献对公司的增量拓展做出成绩了吗？
⑤在成功的过程中我和团队的能力提升了吗？

对华为人的精神熵增，任正非始终保持高度警觉，甚至将其上升到关乎华为生死存亡的高度。他说："没有什么能阻挡我们前进的步伐，唯有我们内部的惰怠与腐败。要杜绝腐败，惰怠是一种最广泛、最有害的腐败，人人皆有可能为之，不要以为与己无关。置公司于死地就是这种成功以后的惰怠。"华为因此专门列出了"安于现状、明哲保身、推卸责任、唯上、报喜不报忧、发现问题不找根因"等18种惰怠行为并首先从干部开始检视。对干部，华为始终如一地强调责任感、使命感来激扬其高远，通过明确的腐败、惰怠行为来兜住底线，以不断加深对华为核心价值观的理解；同时通过每年的自律宣言、工作作风宣誓，例行的民主生活会等自我批判的方式来实现个人熵减。本书的作者之一的汤献华在与许多华为员工的交流中发现，华为人整体都很简单，绝大多数人的体会是：在华为只需要关注客户，专心做事就行，自然有专业同事会替自己考虑待遇和发展问题，其他的都不用担心。正是因为一手抓思想，一手建流程体系抓职业化行为，两手都在抓，两手都很硬，华为才逐步构建起强大而高效的管理系统，极大地降低了员工的个人熵。

与精神熵相对，米哈里·契克森米哈赖还提出了精神负熵的概念。所谓的精神负熵是指人的内心达到和谐有序的状态，坚持对自己及自己所做的事的信念，不在意外界的评判，精神能量便因此能够方向一致地汇聚为一股力量强大的洪流。此时，人能够专注地、带着愉快的心情去处理事务，并在其中体验到成长的无穷乐趣。米哈里·契克森米哈赖将这股洪流称为"心流"。他认为，当一个人在生活大小事务中都能保持精神负熵、创造心流时，这个人就拥有了幸福的人生。

任正非说，人生攒满了回忆就是幸福。然而所有值得品味的回忆都是个人熵减、全身心投入的结果。

家庭熵

家庭熵是指一个家庭全体成员的想法和行为混乱程度的量度，也即家庭成员耗费精力在相互不理解、指责、抱怨，甚至争吵等不创造价值的事情上的量度。

因为华为是一家高科技企业，正如马克思所说："在科学的入口处，正像在地狱的入口处一样。"其要求是高于一般企业的。同时华为业务已拓展至170多个国家和地区，服务全球30多亿人，必须保证全程全网全天候7×24小时通信不中断。因此，华为员工承受的压力就更大，陪伴家人的时间就会少，中间难免会产生一些矛盾。

2019年5月20日，美国"实体清单"生效后没几天，一位华为员工家属给自己在华为工作的老公写了一封信。

做好大后方[1]

亲爱的老公：

近来一切都好吧？近期你给家里打电话的次数比之前少了，是不是工作很忙？怕你担心家里的事情，所以给你写这封信，给你念叨下家里的情况。最近看到华为所处的国际环境，我作为华为员工家属，心情久久不能平静，义愤填膺又心潮澎湃。

我是一个普通人，不会用专业的理论来评论政治。我只知道我们没有退路，我们必须奋力拼搏，向世界第一前进。作为华为员工家属，作为你的大后方，我唯一能做的就是自己咬牙扛下你后方这面大旗，让你没有任何后顾之忧地全力投入工作。

今年老大要上初中了，我费尽周折，联系好了一所重点中学，离家也比较近；老二也快要上幼儿园了，我也已经联系好了市里最好的幼儿园，我会尽最大的能力让孩子在一个安全、优越、高质量的环境中成长。

咱爸妈的身体虽然都有些毛病，但我会督促他们正常用药，该检查的时候带他们去医院检查。前几天母亲节我还带妈去商场买了件品牌衣服，她一个劲儿地说好看，喜欢，就是太贵了，我说："妈，只要您喜欢就不贵。"老妈像个孩子一样乐得合不拢嘴，逢人就高兴地说，这是母亲节儿媳妇给买的，一块儿跳舞的老太太们都羡慕她。

这一刻我觉得自己是幸福的、富有的，能把老的、小的都照顾得周到、开心，就是我最大的成就。而且我在工作上也不认输，工作兢兢业业，踏实肯干，连续多年被市里评为优秀工作者。我是一名妇联干部，我深知一个女人在一个家庭中的重要作用，所以我不断要求自己加强学习，与时俱进，这样才能跟得上前进的步伐，才能让一个家庭和谐、幸福。

所以，老公请你放心，虽然工作、生活一肩挑，但我向你保证，我

---

[1] 引自心声社区（https://xinsheng.huawei.com/next/#/detail?tid=4304551）。

一定、也必须要扛起这面大旗，保你后方无忧，助你一臂之力。

我相信我老公是最棒的，你永远是我心中崇拜的偶像，你聪明、勤奋，在我的头脑里没有你解决不了的问题，哈哈。你从咱们老大呱呱落地就去了华为，现在整整十二年了。十二年里你基本奋战在海外，我为我老公在华为工作而骄傲，能在华为战斗的都是好样的，老公我崇拜你。

你的每一个成绩，每一块奖牌我都当宝贝一样收藏着。你总是说军功章上有你的一半也有我的一半，我想说，这是应该的，我爱你，更欣赏你和你们这一群艰苦奋斗、以客户为中心的华为人。正是有你们的辛苦付出，"华为致力于把数字世界带入每个人、每个家庭、每个组织，构建万物互联的智能世界"的伟大愿景才能得以实现。是华为改变了我们小家庭的生活条件，每当身边有人问起你在华为工作，他们都投来羡慕的眼光。作为华为家属，我感到无比自豪，所以我感恩有你，感恩我们与华为同在。

今天我们的华为遇到了这场硬仗，我们不做孬种、不做逃兵，用青春、用热血打赢这场战役，铸就华为美好的明天。

想说的话还有很多，老公你们不是一个人在作战，千千万万个大后方都在支持你们，今天在此我想由衷地向奋战在一线的科研工作者和其他华为员工，送上我最深深的敬意。过去战争年代大后方向战争前线送军粮、送衣裳，今天我作为战争后方家属，也特别想献上自己的一份心意，表达一份对华为战士的谢意。

家里老人、孩子都挺好的，在中东热土炎热干燥的工作环境里，请一定保重身体，兢兢业业做好本职工作，为公司贡献更大的价值，也期待你们捷报频传、再创新辉煌！

勿念。

永远爱你的妻子

2019.5.20

在美国连续三年打压之下，2021年，一万多名奔赴海外的华为员工仍坚守在全球各个阵地。时任华为轮值董事长郭平在2022年《前行不辍，未来可期》的新年致辞中指出：燧石受到的敲打越尖利，发出的光就越璀璨。并向默默支持华为的广大员工家属敬礼，向征战海外的华为奋斗者家属奉上专属新春"家礼"。家属们在心声社区表达了支持和理解[1]。

木林森（父亲）：儿子，春节你又毅然坚守岗位，我们很欣慰，家里一切安好，你在远方的日子里有了跨海视频，让我感觉仿佛你就在眼前。华为的关怀深入心扉，传统节日常收到应景礼物，邻居们非常羡慕。华为的伟大世人历历在目，你就职华为是我们的骄傲。希望你工作中任劳任怨，不遗余力地发挥自己的智慧，你就是块发光的金子。

天天（儿子）：爸爸，今天我拿到了你们公司寄来的新年礼物，我想把蜂蜜送给妈妈，大米送给舅舅，橄榄油送给小姨，奶粉送给奶奶，红灯笼的茶杯送给林老师，可以吗？你在国外好吗？我很想你。你要按时吃饭，戴好口罩，保重身体，我们都盼着你早点回来。

陌上天晴（母亲）：儿子远在杜塞，每逢佳节倍思亲，春节与中秋是我们最想念孩子的时候。虽然不能团聚，但是孩子能为通信事业献一份力，我们全家都是支持他的。华为公司给我们邮寄的礼物很用心，四海一家，四海皆春，每一样礼物都是带着感情的，感谢华为。

…………

不仅仅是公司层面的关怀，在疫情期间，华为某海外地区部洞察到华为员工另一半的父母也需要关怀，于是地区部代表华为给华为员

---

[1] 引自心声社区（https://xinsheng.huawei.com/cn/index.php?app=forum&mod=Detail&act=index&id=7125591&search_result=1）。

工的丈母娘家或婆婆家也寄一份新春"家礼"。通过"千里送鹅毛，礼轻情意重"的情感表达，有效的降低了家庭熵。华为人常常调侃，华为人的家属为华为的成功做出了巨大牺牲。在相当程度上，这也是ICT（information and communications technology，信息与通信技术）行业快速迭代的本质决定的。

"如果我聪明的话，不进入电信领域，也许我的人生意义会更大。如果我去养猪的话，现在可能是中国的养猪大王了。猪很听话，猪的进步很慢；电信的进步速度太快，我实在累得跑不动了。"这是任正非的感慨。他还说，当我们拖着疲惫的身体回到家里时，面对陌生的家人，一句话也说不出来，因为对客户说得太多了。在他们最需要陪伴的时候，我们生命的时间，完全被为生存而战绞杀了。

1995年，任正非发现父亲任摩逊就要离开他了，才想起父亲一生都没给他这个儿子提出过哪怕任何一个小小的要求。他从没给父亲买过一套衣服，从没给父亲买过食品。父亲在世的时候，穿的还是多少年前花100元买的西装。入殓的时候，任正非临时脱下自己的西装给父亲穿上。2001年，任正非的母亲遭遇车祸，他费尽周折从国外出差赶回老家，刚刚见上一面母亲就撒手人寰，这使任正非的人生灰暗到极点。据他后来描述：那几个月，晚上无法入眠，在床上哭，哭到凌晨三四点钟，哭累了，才能睡两三个小时。据《华为基本法》起草者之一、中国人民大学教授彭剑锋透露："这件事对任正非打击极大，在老任看来，企业做这么大，关键时刻，连母亲都照顾不了，他非常痛苦。"在任正非办公桌上放着一个大白搪瓷缸子，几个地方还掉了瓷，这是他平常喝水用的。他说，这是我母亲给我的，睹物思人，任正非对此非常珍惜。

"回顾我的工作历程，扪心自问，我无愧于事业，无愧于员工，无愧于朋友，唯一有愧的是父母，没条件时没有照顾他们，有条件时也没有时间照顾他们。"这是任正非的遗憾。

工作与生活很难平衡，这往往就是真实的生活。随着企业的发展，华为也在尽量想办法解决和优化。以下是华为前员工韩工亲身经历的故事[①]。

"你是华为的功臣！你的情况属于病退，公司可以为你保留全部的股票！"这是2008年1月18日中午，任正非请已办完离职手续、曾任职于全球无线产品销售部的韩工吃饭时对他说的一句话。

韩工于1996年加入华为，2001年响应公司号召，奔赴海外工作。从酷热的南非到冰雪覆盖的北欧，在海外长期的艰苦奋斗，使他不幸患病，需要治疗和休养。

谢绝了领导的挽留，2008年1月14日，韩工办完了全部的离职手续，快速地交接了工作。然后，他给一起工作、奋斗过的领导、同事们发了告别邮件。最后，想到自己12年来在华为真的是学到了非常多做人、做事的道理和实用的知识与技能，饮水思源，他还给任正非写了一封表达谢意的邮件。而后，他带着几分不舍的心情离开了华为。

辞职几天后，韩工突然收到全球销售部领导丁少华发来的短信，说任总要请他吃饭。

听了任正非的话，韩工说："感谢任总提出为我保留公司股票的建议，但由于我没有到退休年龄，同时病情也还没到发展到重疾的程度，按公司的规定是不应该保留公司股票的。我不能要！不要因我而破例。我之前是为公司做了一些贡献，但公司已经给了我很多，因此不需要保留我的股票。"

任正非听后说："你对公司的文件理解有误，你的情况符合保留股票的条件！华为绝不是在大家能够干活儿的时候让大家拼命地干活儿，而在大家不能干的时候就一脚踢开的企业。你对华为是有贡献的，现在你的身体不行了，需要这些股票作为未来看病治疗的保障！华为的文化是'天道酬勤'，华为保留你的股票是应该的！"

[①] 来源：微信公众号：华为蓝血研究，作者：韩工。

2008年2月5日，华为人力资源部发布通告，韩工全部股票得到保留。

如何让战斗力下降的员工有合理的退出通道，让新陈代谢得以正常进行，而又不像纯资本驱动的西方企业那样冷冰冰地抛下老弱病残？2004年，华为推出一项制度：在华为连续工作8年、年龄45岁以上，就可申请提前退休。获批提前退休的员工可以全部或部分保留华为的股票，只要签订并履行一份包含某些限制性条款的协议，就可继续享有股票的分红。只要华为不倒，遵守约定，他们的生活就有基本的保障。为保障员工在全球工作和生活无后顾之忧，华为从2005年起实行员工保险保障和福利制度变革，还为员工家属购买商业医疗保险，华为海外员工的住宿环境、食堂饭菜也越来越好。此外，随着海外常驻时间的增加，华为员工个人系统内每隔几个月就会自动增加探亲往返机票配额，还有家属随任计划和补贴。经常深入经营一线的任正非还为保障员工安全做出许多细节性安排：

如果遇到土匪就缴枪不杀，这是公司的一贯指示，很多年前就提倡。我希望大家在关键时刻不要把金钱看得太重，出门在外口袋里不要忘了带一二百美元，抢劫者什么都抢不到，也会恼羞成怒的。

比如西非区域，我们要把公共区域（如食堂等）的消毒做起来，宿舍可以安装紫外灯。员工出门的时候，把紫外灯开着，晚上回去就关了。紫外线可以杀菌，还会杀死埃博拉病毒。

再比如你们工程上山，那里有毒蛇，你能不能请个向导，回来写个白条，让代表处报销，代表处不报销你就写信写到我这里。明明知道上山有危险，我找个向导带一下路，然后帮着打打周边的蛇，这个钱为什么不给报销？

这里的蚊子咬你们很厉害，公司就专门买了美军的灭蚊器。

....

俗话说，爱兵如子，胜乃可全。企业之间的竞争既是市场竞争，也是人文关怀的竞争，这是中华民族生生不息几千年的宝贵经验，是构建中国式现代化企业管理的重要底色，绝不可轻易丢弃。爱兵切，才能用兵狠，铁军是领袖对士兵关怀而产生的。队伍对外的坚韧，是对内的柔和而建造的。任正非奉行的"我若贪生怕死，何来让你们去英勇奋斗"的以身作则加上华为这些贴心举措与机制保障，都大大地减少了家庭熵增，让员工及其家属感受到了关怀。有企业家曾与本书的作者之一汤献华交流，他想不通为什么企业还要去关心员工的家事。其中的科学道理就在于员工的家庭熵高，就会导致员工个人熵高，能量被无谓消耗，最终必然会影响到工作结果。

企业熵

企业熵是指企业全体员工的想法和行为混乱程度的量度。

拯救破产重建的日本航空的意识改革负责人，有"稻盛哲学传教士"之称的大田嘉仁说，企业就是全体员工的意识集合体。企业管理的挑战就在于，一百人一起走一步往往比一个人走一百步更难。其根本原因是，随着人数的增加，大家的想法、思维方式、对工作的理解往往都不一样，企业熵就会剧增。彼得·德鲁克认为，企业中的每一个成员的努力必须全部都朝着一个方向，他们的贡献必须互相衔接形成整体。

"你们企业的价值观没价值！"和企业家熟络后，本书的作者之一汤献华常常直言不讳。

"为什么这么说？"企业家对此颇为不服。

"你们的价值观还挂在墙上，员工内心并不真正认同，还没有影响到一线员工的言行"，本书的作者之一汤献华随后举出若干观察到的案例。

　　管理的本质是构建秩序，有序则熵减少，无序即熵增加。员工的言行是企业熵值高低的最直观体现。以下是华为在高速成长过程中发生的一个故事①。

　　"华为质量水平不行，而且华为工程师太骄傲，不够谦逊。"审核不合格！

　　这是2008年7月，当时全球排名第12、日本第二大电信运营商KDDI对华为生产现场第一次审核后的结论。事前，华为工程师认为KDDI的审核应该很容易过，因为华为人早已身经百战，已经通过了英国电信和沃达丰等国际顶级运营商的认证。

　　第一次审核，KDDI的认证工程师福田非常生气地给华为丢下93个不合格项回了日本。KDDI的其他专家也对华为太过乐观的态度提出了质疑和批评，告诫华为不要做"井底之蛙"。

　　拿到不合格的结果，华为人的第一反应是震惊，第二反应是争论，有人说，我们在质量方面已经做得很不错了，早已达到了行业规范，福田这是吹毛求疵！那段时间华为各部门都很难接受这个"不合格"的结果，每天对于福田提出的问题争论不休。

　　原来，作为那次审核的主审员，福田随身携带了三大法宝（手电筒、放大镜、照相机）和白手套，白手套用来抹灰尘，放大镜用来看焊点的质量，手电筒用来照亮设备和料箱的灰尘，照相机用来拍实物图片。他检查的细致程度和严谨性让华为人觉得不可理喻。

　　最后，经过激烈讨论，大家认为福田是真诚、认真的，不然不会检查得这么细。华为在质量上要有更高的进取心，要迎难而上，不能退缩，不能放弃，要更上一层楼。

---

① 引自心声社区（https://xinsheng.huawei.com/next/#/detail?tid=6782513）。

接下来的 4 个月时间，大家抛开分歧和异议，以 KDDI 的要求为标准，坚持以客户的眼光来改进现场，投入大量资源对设备、现场进行了优化改造，准备迎接第二次审核。

第二次审核是在 2008 年 12 月，市场部和日本代表处费了九牛二虎之力才把福田等人重新请来，因为福田不愿意来，说上次华为的工程师太喜欢争论条文和标准，封闭且自满。

审核完毕，福田又列出 57 个问题项。但华为人很高兴，因为审核的结果是通过！

2009 年 10 月，KDDI 给了华为第一份合同，但并未完全信任。2009 年 11 月，KDDI 专家第三次来到华为，派出 8 名专家在生产线现场看华为生产全过程。从原材料分料到成品最后装箱，KDDI 的专家都要亲眼看到、检查过才放心。这为期 8 天的生产全过程检查，对华为来说是第一次，从员工到高层都在现场，一丝不苟，全程投入，用真诚和努力感动了 KDDI，使 KDDI 终于对华为产生了信任感。最后，虽然 KDDI 又提出问题项及建议 24 个，但华为生产过程质量控制系统终于得到认可。

面对 KDDI 的"苛刻"，华为人是空喊"以客户为中心"的口号还是匍匐下身段来以行践言？最终，他们的选择是以行动来践行核心价值观。通过 KDDI 的三次审核，华为人对到底是选择"故步自封、孤芳自赏"导致熵增，还是"开放进取"来积极实现熵减，从而获取订单有了更深的体会。

KDDI 是日本"经营之圣"稻盛和夫第二次创业时创办的公司。华为每年要采购稻盛和夫第一次创业时成长起来的京瓷数亿美元的零部件，将其用于基站等通信设备的制造上。此次和 KDDI 的牵手，华为与稻盛和夫创办的两家公司之间都建立了联系，成为互为客户的关系，这意味着彼此价值理念和能量级的高度匹配与契合。

"你们根本不了解稻盛和夫！华为拥有世界一流的数学家，但是稻盛和夫的京瓷拥有全球一流的化学家与物理学家，我们赶不上他。我自愧不如，只能追随。"这是任正非对市面上许多脱离京瓷的产品去空讲稻盛哲学的"专家"的棒喝。任正非说："我读过很多书，我喜欢稻盛和夫的书，但不知哪本书影响了我，思想是怎么生成的。"两位经营大师惺惺相惜并经常见面交流，无一例外，他们都是企业熵减的大师。

但罗马肯定不是一天就能建成的，企业每长大一圈就会蜕一层皮，企业成长的过程就是不断对抗熵增的过程。

1997年，公司内部的思想混乱，对于公司往何处去，不得要领。这是任正非在《一江春水向东流》一文中对当时华为不断熵增状况的描述。其起因是，华为在1996年，因业务迅猛发展，团队从上一年的800人增长到了2400人。人多了想法就多，混乱程度翻倍[①]。当时公司已经出现了思想混乱的局面，不得不下"市场部集体大辞职"等猛药。为了统一思想，从1995年9月起，华为就发起了"华为兴亡，我的责任"的企业文化大讨论，同时还制订了14条的《华为人行为准则（暂行稿）》。在一次会议上，任正非提出："华为也要有自己的基本法。"事后看，这是华为发展进程中进行企业熵减的重大里程碑。在专家的帮助下，经过充分讨论，历时近三年，八易其稿，《华为基本法》终于审定通过。它确立了华为的价值共识，开启了华为的主动变革阶段，其作用体现在：

① 树立起华为要成为世界级企业的梦想；
② 划出边界，确立华为发展的核心原则；
③ 建立华为人的心灵契约、共同承诺与价值共识；
④ 为IBM导入流程变革做了思想松土准备。

---

① 根据玻尔兹曼统计熵公式：$S=k\log W$，$S_2/S_1=k\log 2400/k\log 800=3.38/2.903=1.16$倍。

任正非说，基本法通过之时，就是基本法作废之日。任正非的意思是，经过团队深入讨论，逐渐达成了共识，基本法已融入了员工的血液，讨论的过程就是实现思想熵减的过程。

公司在意志适当集中以后，就必须产生必要的制度来支撑。任正非意识到，基本法的制定者中，不论是人大教授还是华为管理层，都没管理过大企业，基本法这种管理大纲无法扮演操作细则和流程的角色。为了进一步将华为虚的、飘在天上的思想的"云"（经营哲学、理念、核心价值观等）转化为华为实实在在的"雨"（政策、制度、机制等），再通过畅通无阻的"河道"（流程体系、IT系统等）导向需要的地方去浇灌大地，以持续不断地产粮食，华为需要再找老师，用金钱来购买外部负熵流，缩短成长时间。彼时，华为由于缺乏科学的治理体系与流程架构，还处于"游击队"状态，仅就产品开发而言，项目能否成功，主要靠"个人英雄"和运气，成功经验无法复制。当时的主要矛盾表现在市场部门随便答应客户要求，研发部门手忙脚乱疲于应付，产品被反复修改，华为的产品版本一度达1000多个，管理混乱，效率极低。IBM顾问对当时的华为的评价是："华为没有时间一次性将事情做好，却总有时间将事情一做再做。"

企业缩小规模就会失去竞争力，扩大规模而不能有效管理，也会很快死亡。只有不断加强管理与服务，在这条不归路上，才有生存的基础。任正非下定决心，不管付出多大代价，花费多少时间，一定要把公司的管理理顺。经过考察，任正非决定邀请经历过重生的IBM帮助华为搭建科学化的流程体系。都说条条大路通罗马，但总有一条是最近的，那条最近的路就是紧紧围绕价值创造逻辑，从客户需求端到客户满意端去的端到端（E2E，End to End）流程化组织体系。具体而言，华为将公司的主干业务流分成三大体系。

① **集成产品开发**（IPD，Integrated Product Development）。IPD的本

质就是从机会到商业变现，是一套跨部门合作的从市场需求分析、产品立项、开发、制造直到上市的并行的产品开发理念与模式，是具体落地华为"以客户为中心"核心价值观的端到端产品开发流程体系。

②从线索到回款（LTC，Lead to Cash）。LTC流程是从营销视角建立的"发现销售线索—培育线索—将线索转化为订单—管理订单执行／回款"的面向客户的端到端流程管理体系。

③从问题到解决（ITR，Issue to Resolution）。ITR就是售后服务。产品有了问题，公司就要快速解决。ITR就是面向所有客户服务问题，从请求、处理直到解决、关闭的端到端流程体系。

流程代表着业务流向，是企业最佳作业实践的总结。这种总结可以来自企业自身，也可能来自业界标杆。按科学的流程做事可以帮助企业员工像最优秀的人那样高效有序地工作，大幅提高工作效率。历经20多年，华为按照复杂问题简单化、简单问题规范化、规范问题标准化、标准问题流程化、流程问题IT化的原则，一步步打通三大主业务流，再加上ISC（集成供应链）、IFS（集成财经）等使能与支撑类流程体系。华为将众多个体从"布朗运动"纳入管理的"堤坝"中，把发散的能量导向同一个方向，形成合力，变成一个比较有序的运动，有效实现了企业熵减，塑造起华为"质量好、服务好、运作成本低"这三大成功法宝。见图1-2。

从"游击队"到"正规军"的改变过程是痛苦的，从IPD导入开始，任正非就下了削足适履、坚定不移穿"美国鞋"的死命令，制订了"先僵化、后优化、再固化"（僵化是照葫芦画瓢，优化是自己有实践心得后再改进，固化是例行化、规范化和IT化）的变革路径，其本质就是不给准备走科学管理道路的华为人在规律面前以任何投机取巧的借口。除了表明变革决心、鼓舞士气、提供资源、推动达成共识外，他还时不时会关心给IBM顾问付费的细节，其间也发生了不少小插曲。IBM顾问是按小时收费的，当时共分三档，最低300美元/小时，中等500

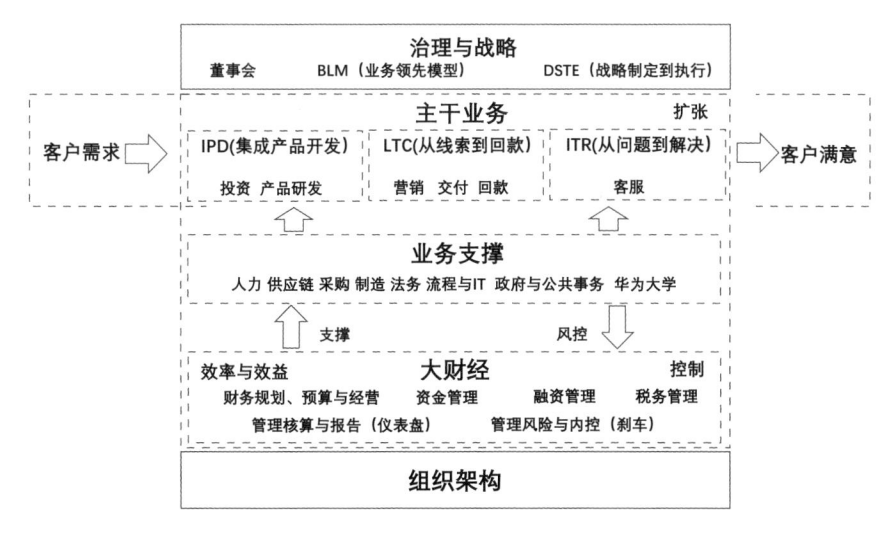

```
                    治理与战略
        董事会    BLM（业务领先模型）    DSTE（战略制定到执行）

                     主干业务                          扩张
客户需求→  IPD(集成产品开发)  LTC(从线索到回款)  ITR(从问题到解决)  →客户满意
            投资 产品研发      营销 交付 回款         客服

                     业务支撑
        人力 供应链 采购 制造 法务 流程与IT 政府与公共事务 华为大学
              支撑                          风控

                      大财经                          控制
        效率与效益
        财务规划、预算与经营   资金管理   融资管理   税务管理
        管理核算与报告（仪表盘）      管理风险与内控（刹车）

                     组织架构
```

图 1-2　华为端到端流程体系

美元/小时，最高 680 美元/小时，而任正非当时的工资才 5000 元/月。既然华为出了这么多钱，大家当然希望顾问能不停地工作。于是，即使顾问们上厕所，也有华为员工为他们计时。顾问们上下午都要喝杯咖啡休息一下，当时华为的国际化才刚刚开始，还不清楚这是国际惯例，还以为这是顾问专门与大家作对，甚至有人试图破坏咖啡机。任正非知道后就骂大家傻："你付快一点，人家就告诉你的是 30 年的经验；你付慢一点，人家告诉你的可能就是 3 年的经验。"任正非告诫干部们，先进的思想和服务，不是砍价能获得的。他说："提供咨询服务的老师，不是简单的供应商和客户的关系。""我应该设法让老师悉心多教我一些才是。"后来，华为员工积极去给顾问拎包，工作之余主动请顾问老师吃饭。那些压箱底儿的实践智慧，往往都是在这种私下场合吐露的，而且常常无法用文字表达出来。

方向要大致正确，组织必须充满活力，管理要有效率，这是华为实现企业熵减的路标。华为坚定不移要成为世界级企业的伟大梦想；公司上下对战略聚焦点和核心价值主张达成共识；基于核心价值观营造组织活力；而组织活力要导向有序形成高效率，就对构建科学的管理体系提出了明确要求。以产品开发为例，华为从小作坊的模式走向规模化、流程化，做到可管理、可重复的模式，各项运营指标得以逐年改善：自2003年正式全面推行IPD后，经过5年的实践，项目平均研发周期缩短50%，产品故障率减少95%，客户满意度持续提升。华为蜕了一层又一层皮，摆脱了产品开发对"个人英雄"的依赖，实现了从偶然到必然。

时任轮值CEO徐直军在2012年接受《财富》杂志专访时说，7万多人的研发队伍，还能有序地开展工作，这是我们1999年与IBM合作进行产品开发变革取得的成果。广大研发人员不断优化研发流程，不断优化组织结构，不断提升研发能力，从来没有停过。现在别说7万人的研发队伍，即使再加7万人，也能够有序地运作，确保把产品做出来，并且做出来的产品是稳定的、能达到质量要求的，这是华为多年来管理体系和研发流程优化的结果。如今，即便在美国连续3年的打压之下，华为内部秩序依然不乱，这进一步证明了华为持续进行企业熵减的成效。

"一个企业长治久安的基础，是它的核心价值观被接班人认可，同时接班人要具有自我批判能力。"这是企业熵中的精神熵减。

"产品发展的路标是客户需求导向，企业管理的目标是流程化组织建设。"这是牵引员工职业化的行为熵减。

"没有《华为基本法》，华为会崩溃；没有IBM，就没有华为的全球化。"任正非如是说。子在川上曰，逝者如斯夫。任正非认为华为最好的状态就像河水一样流动不息，企业家无为而治。管理就像长江一样，我们修好堤坝，让水自由流动。晚上我睡觉，但水还在流。水流到海里面，蒸发成水汽，雪落在喜马拉雅山，又化成水，流到长江，循环往复。

任正非希望在自己离开后，华为的事业依然能够蒸蒸日上，他描述的是一个能够不断进行企业熵减的结构。

解：从无序到有序

自从普罗米修斯冒着生命危险，从太阳神阿波罗那里为人类盗来天火，冰冷的世界就变成了有烟火气的人间。人类在取火和用火过程中发现了冷、热现象；更进一步，人类在生产实践的迫切需求下为发明制造大型、高效热机就诞生了热力学。正是在对热力学越来越知其所以然的过程中，人类不仅实现了第一次工业革命，更重要的是发现了"熵"的存在，人类甚至进而洞见了万事万物死亡的真相。

克劳修斯熵：系统宏观度量

熵（entropy）的概念由德国物理学家克劳修斯于1865年提出。熵在希腊语源中意为"内在"，即"一个系统内在性质的改变"，在公式中用 S 表示。1923年，德国科学家普朗克来中国讲学用到"entropy"这个词，胡刚复教授翻译时灵机一动，将这个既复杂又深邃的概念译为熵。由于它本身是热量与温度之商，恰合克劳修斯公式的原意，而且这个概念与火(象征着热)有关，故在汉字"商"的左边加上火字旁构成"熵"。有人建议译成"能趋疲"，意思虽很明确，但却远不及"熵"的简洁并让人着迷。

克劳修斯熵的提出使热力学第二定律摆脱了纯语言描述，有了量化的数学形式，即

$$dS = dQ/T$$

公式中，dS 为熵增，dQ 为熵增过程中系统吸收的热量，T 为热力学温度。该公式是能量在空间中分布均匀程度的量度，标志着热量能够转化为功的潜力：系统的熵值越小，它所处的状态就越有序，能量分布就越不均匀，意味着做功潜力就越大，活力越强；系统的熵值越大，它所处的状态就越无序，能量在系统中分布就越均匀，做功潜力就越小，活力就越弱。

克劳修斯熵公式表明，两台热功转换效率不同的内燃机，其他条件都一样，其内部结构决定了能量转换效率的高低。同构到企业，企业的内部结构，比如顶层设计、价值观、组织结构、流程、机制、人才持续赋能等是决定企业熵值高低即组织效能的决定性因素。

克劳修斯推导出一个重要结论：封闭系统中，熵不可能减少，即 $dS \geq 0$，这证明了自然界中的自发过程总是朝着熵增加（系统中不能做功的无用能量增加）的方向进行。熵是这样一个量，它在有耗散的情况下不停地增长，当进一步做功的潜力被耗尽后，熵就达到了最大值，这意味着系统的毁灭。从此，"熵"便成了一个神秘而忧伤的存在。当它与时间联系在一起，就是时光荏苒，犹如白驹过隙且永不回头；当它与生命联系在一起时，则如一根针，戳破了人类长生不老的美梦。

玻尔兹曼熵：从宏观到微观

克劳修斯熵只停留在系统的宏观层面，并未完全阐述清楚其物理意义。而对熵做了更深入研究，从而使其超出热力学范畴，成为一个跨领域基本概念的是奥地利物理学家玻尔兹曼。他认为：仅从宏观状态对一个系统来描述熵是非常不完善的，系统的同一个宏观状态常常对应非常多的微观状态，而这些微观状态是粗略的宏观描述不能加以区别的。深入研究后，他有了石破天惊的发现：

$$S=k\log W$$

公式中，S是宏观系统熵值，k为玻尔兹曼常数[①]，W是粒子可能的微观状态总数。W越大，系统就越混乱无序。也就是说，一个宏观系统的熵就是该系统所有可能的微观状态的统计之和。由此得到熵的微观意义：熵是系统内分子热运动无序性的一种量度，即如果微观上分子热运动无序性增大，宏观上熵就增大。玻尔兹曼让熵在宏观与微观之间架起了桥梁，这是一个伟大的创举。

玻尔兹曼熵公式同构到企业，企业的员工数量越多，就需要越大的能量来维持有序。特别是在企业新员工大量增加或者在企业并购整合时表现得尤为明显。如果不注入新的能量、把握不好方向和节奏，企业就会急剧失序甚至崩溃。

不过玻尔兹曼实在太过超前，在他1877年运用统计力学方法提出该公式时，当时的科学界对世界到底是不是由原子构成都尚无定论。而玻尔兹曼认为，世界由分子和原子构成，这在今天是大家都知道的基本常识，但在当时却不是共识，那时存在着世界构成的原子说和唯能说之争，而原子说是玻尔兹曼熵公式的根基，原子说如果不成立，则该公式就是无本之木。遗憾的是，当时大部分科学家都没站在他这一边。后来玻尔兹曼自己的结局居然演进成了对玻尔兹曼熵公式的一种证明：多年的争论严重地损害了他的精神健康，如果把他的精神系统比作一个孤立系统的话，依照熵增原理，其心理混乱是一个不可逆过程，他的个人熵一直在向极大值发展，而他又没有办法从系统外部获得帮助以减少其混

[①] 1900年，普朗克为玻尔兹曼公式引进了比例系数k（也称玻尔兹曼常数），其物理意义是单个气体分子的平均动能随热力学温度变化的系数，其值为1.38×10^{-23}J/K。玻尔兹曼运用统计概念，只考察分子运动排列的概率，通过测量宏观系统的温度，借助玻尔兹曼常数，就可通过测量宏观物理量来计算微观物理量。

第1章 熵增定律：生命与非生命的终极定律

乱程度，当时支持他的只有助手普朗克，而普朗克当年还人微言轻，对他的帮助微乎其微，最终精神系统的混乱程度到了他无法忍受的地步，1906 年，玻尔兹曼自杀于奥地利的杜伊诺。

西方哲学历来有"我是谁、我从哪里来、我要到哪里去"的经典三问，如果有人以此质问玻尔兹曼，很可能会是这样的：

"你从哪里来？"

"从熵的涨落中来。"

"你要到哪里去？"

"往反熵增方向而去。"

周围几乎无人异议。

"你是谁？"

"由一堆原子组成的低熵生命体。"

周围立即响起一片群嘲、质疑和强烈反对声，玻尔兹曼精神熵剧增……

正是因为有玻尔兹曼从宏观深入微观的创举，熵增定律才得以延伸到生命科学甚至是社会科学领域。但正如古希腊神话中普罗米修斯为人类盗来了天火，从此世间有了光明，自己却受尽折磨，玻尔兹曼穷其心智为人类研究"火"背后的所以然，自己却付出了生命代价，但终有一天他还是把阳光送进了人们心中，这或许就是人类的先知在科学时代对人类的另类救赎吧。

进化论与熵增定律的矛盾

无论是克劳修斯熵还是玻尔兹曼熵，似乎都有一种不可逆的发展趋势：系统从有序趋于无序，在熵增达到极大值时归于沉寂。这样的现象比比皆是：人生易老，覆水难收，破镜不重圆，死灰不复燃……然而，这个世界生机勃勃的生命现象却似乎是个例外：生物从低级向高级演化，候鸟秋去春来，鱼的逆流而上，心脏按节拍起搏……

达尔文的进化论与熵增定律是同一历史时期内的两个重大科学发现。在一个熵增加的世界中，一切本该朝向混乱无序的状态发展，却为什么会演化出高度有序的生命？当然，两者研究的对象有区别：进化论研究的是生命系统的演化，而熵增定律研究的是热力学系统的演化。两者研究对象不同，本不应产生矛盾，但在系统的最基本、最微观的层次上，并无本质区别，因为两个系统最基础的结构都是能量运动。因此，从宏观表象上看，可以认为两者存在退化与进化的矛盾。

难道生命真的存在一种特殊的机制可以抵抗熵增吗？1943年，薛定谔在"生命是什么"的演讲中创造性地提出生命以负熵为生，一语道破天机。

一个生命有机体，在不断地增加着它的熵——或者可以说是在增加正熵——并趋于接近熵的最大值的危险状态，那就是死亡，要摆脱死亡，就是说要活着，唯一的办法就是从环境里不断汲取负熵，我们马上就会明白负熵是十分积极的东西，有机体就是赖负熵（代表有序性）为生的。

能否把熵增定律与进化论相统一呢？难道热力学第二定律就只能解释从有序向无序的不可逆发展，不能解释从无序向有序的演化吗？普里戈金在自组织现象的基础上，概括了物理的、化学的、生物的等各种远离平衡态的系统，在一定条件下经过演化出现的有序结构及其共同规律，创立了耗散结构理论，实现了生命界和无生命界的大统一，熵增定律与进化论终于握手言和。

耗散结构理论：反熵增的要素

1977 年，普里戈金获得诺贝尔化学奖，颁奖词是：普里戈金创立的理论，打破了化学、生物学领域和社会科学领域之间的隔绝，使之建立起新的联系。他的著作还以行文优雅明畅而著称，使他获得了"热力学诗人"的美称。

1969 年，普里戈金正式提出了耗散结构理论：一个远离平衡的开放系统（不管是力学的、物理的、化学的、生物的乃至社会经济系统），通过不断地与外界交换物质和能量，在系统内部某个参量的变化达到阈值时，经过涨落，系统可能发生突变，由原来的混乱无序状态转变为一种在时间上、空间上或功能上的有序状态。这种在远离平衡的非线性区域形成的新的稳定宏观有序结构，由于需要不断与外界交换物质或能量才能维持，因此被称为"耗散结构"。

普里戈金说："生命是耗散体系。"

形成耗散结构需要满足四个必要条件，其中开放系统是边界条件，远离平衡态是状态条件，非线性作用是迁移的实施途径，涨落是迁移机制。

开放系统

开放系统是一种能够与外界自由地进行物质、能量和信息交换的系统。开放系统能在与外界进行的物质、能量和信息的交换中不断获得负熵流，使系统向有序方向发展。对开放系统而言，熵的变化分为两部分（见图 1-3）：一部分是系统本身由于自然的不可逆过程引起的熵增，即熵产生 d_iS，这一项永远是正的；另一部分是系统与外界交换物质、能量和信息引起的熵流 d_eS。

图 1-3 开放系统的熵变

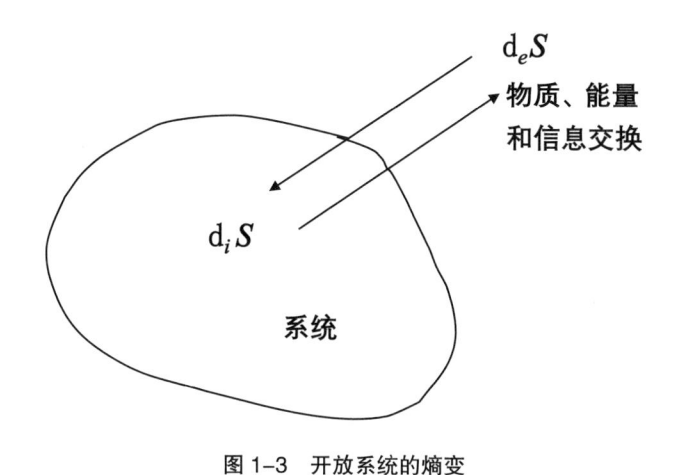

即对任一系统，熵的表达式为：$dS = d_iS + d_eS$

公式中，dS 是系统的总熵，其值可正、可负、可为零。d_iS 是由体系内部的不可逆过程产生的熵增量，$d_iS > 0$，就是说，系统内部产生的熵恒大于零，一切自然过程必然熵增。d_eS 是系统从环境中获取的熵，其值可正、可负，也可以是零。也就是说，系统总熵的正负取决于 d_eS，当 $d_eS < 0$ 且 $|d_eS| > |d_iS|$ 时，则 $dS < 0$，即系统总熵为负，系统就呈有序状态。这样，普里戈金在不违反热力学第二定律的条件下，通过引入负熵流来抵消熵增，说明了开放系统可能从混沌无序状态向新的有序状态转化，从而一举将熵增定律和进化论统一了起来。

任正非说，华为长期坚持开放政策，是从来不会动摇的，不管在什么情况下，都要坚持开放不动摇。不开放就不能吸收外界的能量，就不能使自己壮大。一个封闭系统，能量会耗尽，一定会死亡的。

开放系统在华为体现为不断坚持自我批判，从客户需求到客户满意的端到端流程体系；建立"蓝军组织"和"心声社区"；"炸开金字塔塔尖"的高端人才吸引与全球能力中心布局；"一杯咖啡吸收宇宙能量"的开放式学习等。华为因而获得了源源不断的负熵流。

远离平衡态

远离平衡态是指系统内可测的物理性质极不均匀的状态,其最大的特点是活力、演化与发展。

普里戈金指出,在平衡态①和近平衡态②线性区,系统总的倾向是趋于无序或趋于平衡;而系统只有远离平衡态的非线性区时,在较大的波动和涨落作用下,才有可能形成新的有序结构,系统才有可能在不与热力学第二定律发生冲突的情况下向有序组织和多功能方向演化。他因此提出了"非平衡是有序之源"的著名论断。

远离平衡态在华为体现为通过"分好钱、分好权、分好机会、分好荣誉",从而拉开差距,营造"比学赶帮超"的氛围,建立起以奋斗者为本和长期坚持艰苦奋斗的价值分配导向,使企业处于远离平衡态状态,从而为形成新的有序结构奠定基础。

非线性作用

如果一个系统的输出和输入成正比,则它是线性的;反之则是非线性的。对于一个非线性系统,哪怕是一个微小的扰动,都可能造成演变结果的巨大差异,比如著名的"蝴蝶效应"。同构到企业系统,企业内外各要素之间也存在着非线性作用。这些作用使各要素之间产生相干效应和协调动作,从而产生放大效应。由于非线性方程必然存在多个解,从而使系统可能演化发展出几种不同的结果,这就产生了演进的多样性和复杂性。

非线性作用在华为体现为:无论是在战略、文化或者运营管理上,即便在结果不确定、方向大致正确的情况下,通过投放范弗里特弹药

---

① 平衡态:指系统内各处可测的宏观物理性质均匀的状态。
② 近平衡态:指系统处于离平衡态不远的线性区域。

量[1]形成多梯队饱和攻击，厚积薄发，不断积蓄新的发展势能，以便蝴蝶的翅膀一旦扇动，就及时抓住"机会窗"，获得非线性作用下的高收益（包括物质与精神），推动华为跃上新台阶。

涨落

涨落是指系统的某个变量对平均态的偏离。在远离平衡态的系统中，涨落是系统由不稳定状态到形成新的稳定有序状态的杠杆，对推动耗散结构演进起着积极的建设性作用。当系统处于远离平衡态时，随机的小涨落可以通过非线性作用而被迅速放大，形成系统整体上的"巨涨落"，从而导致系统发生突变，形成一种新的稳定有序状态。

"通过涨落导致有序"是耗散结构的另一个重要结论。普里戈金认为系统结构决定系统功能，稳定有序的结构具有很强的新陈代谢、抗干扰、自组织、自复制、自繁殖能力，功能也反作用于结构。结构和功能是涨落的动力，同时，涨落对两者也有巨大的推动作用。三者相互作用，决定了耗散的时空结构（见图1-4）。

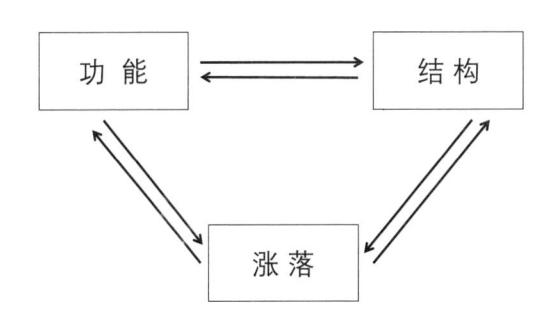

图1-4 系统功能、结构与涨落的关系

---

[1] 范弗里特弹药量：朝鲜战争的历史名词，意指不计成本地投入庞大的弹药量进行密集轰炸和炮击。

如果说玻尔兹曼架起了从宏观深入微观的桥梁，为把热力学推演到更广泛的社会科学打下了理论基础，那么，普里戈金的伟大贡献则在于发现了全新的现象和结构，如今它们已在各个领域中得到了广泛应用。正如《第三次浪潮》一书作者阿尔文·托夫勒所说，普里戈金和他的布鲁塞尔学派的工作可能很好地代表了下一次的科学革命。因为他们的工作不但与自然，而且与社会开始了新的对话。

任正非认为，任何一个组织只要没有新陈代谢，生命就会停止。如果我们顾全每位功臣的历史，那么就会葬送公司的前途。

涨落在华为体现为：不断引入新鲜血液，持续提高人才密度，用好"歪瓜裂枣"，避免单基因思维，通过人才尤其是干部的循环流动、持续赋能，不断消除沉淀层，使组织始终充满形成新的有序结构所必需的涨落活力。

结语：从熵世界观到熵思维

人类进入科学时代以来，世界观以前所未有的速度不断得到拓展升级：牛顿带给了我们对世界初始的理性认知；爱因斯坦带给了我们对世界宏大广阔性的认识；量子力学让我们对世界有了微观洞察；最后，普里戈金非平衡的科学思想真正把我们拉回到了复杂、具体的真实世界。这真是一个漫长的旅程。

在真实复杂的世界中，从远古时代开始，人类就有一种猜想：热是生命之源。正是对生命的热爱，引起了人们对热的本质的进一步思索。随着一个又一个关于热的谜底被揭开，其应用从单纯的"热与冷"延伸到"有用与无用、价值与垃圾、秩序与混乱、开始与结束、盛与衰、生与死"等广泛领域，这背后都是熵增定律在起作用。鉴于熵增定律的普适性、正确性和深刻性，杰里米·里夫金等将"熵"拓展到"一种新的世界观"。熵世界观给人类带来了新的认知：

· 要从牛顿世界观"征服自然的人"转变为"自然中的人"。
· 生命不能在自己的混乱环境中长久生存，生物体把自己维护得很好，但却把环境弄乱了，它通过让系统的熵增加来使自己的熵变低。
· 经济过程的阶段越多，能量浪费也就越多。
· 信息夹杂着各种各样的噪声扑面而来，许多虚假、错误信息以垃圾的形式集聚起来，越积越多，混乱现象日益严重，我们便越发感到焦虑不安，各种症状增加了，正如有形垃圾会损害人体健康一样。

············

熵一方面代表着衰败、混乱甚至是死亡，另一方面它也代表着生命展开过程中的希望与意义。究竟怎样玩这场游戏，取决于每个人、每个组织在与环境互动时，秉持着怎样的价值观和思维方式。天体物理学家卡尔·萨根说，科学超出了知识本身，它是一种思维方式。从熵增定律到熵世界观再到熵思维，这是人类认知升级的符合逻辑的演进过程，也是包括任正非在内的深度学习者和率先实践者勇于与熵共舞、持续保持活力的关键。概括而言，熵思维主要包含了四大思维方式并在华为得到充分体现。

开放思维：活下去

开放思维对乔布斯而言是"Stay hungry, Stay foolish（求知若饥，虚心若愚）"；对贝佐斯而言是"Day 1[①]"；对任正非而言是"活下去"。

"活下去"是华为的最低纲领，也是最高纲领。为了活下去，最简单也是最有效的办法就是开放式学习。2013年4月，任正非给信息安全部门报告的批示是："宁可不安全，也要开放。"任正非坚持，开放是企业进化的前提，只有开放，保持空杯，才能学习吸纳外部信息，才不会使自己成为商业丛林发展中的孤岛，才有机会改变、迭代和进化成始终适应时代的先进企业。

基于"活下去"的本能与执念，华为形成了"长期保持饥饿状态，不谋求赚大钱"的商业模式。任正非从延续2000多年的都江堰水利工程得到"深淘滩、低作堰"的启发。同构到华为内就是强化管理、挖

[①] Day 1：贝佐斯小时候读到《熵：一种新的世界观》一书时十分震撼，创业后他将"Day 1"确立为公司核心文化：就是事业开始的第一天，处于创业启动状态，满是迷茫和压力，但充满创造力和颠覆思想。贝佐斯在1998年亚马逊致股东的信中指出：我们一定要反抗熵增。"Day 1"就是逆熵增做功的最好状态。

掘潜力，其衡量方法就是将人均效益指标与业界最佳直接对标。比如1998年时华为：微软=1:9，2005年时华为：爱立信=1:3。甚至各业务单元都有自己的对标标杆，比如精益生产对标丰田，安全对标杜邦，精密制造对标博世，智能制造对标西门子……正是在对标中让大家看到差距，从而放下争论、开放思维、坚持自我批判，通过"炸开金字塔塔尖"和"一杯咖啡吸收宇宙能量"，贴近客户共建联合创新中心，整合全球智力资源，学习美军的组织与作战模式、学习苹果的商业模式与生态链构建方式、学习三星的核心器件研发与供应链掌控力、学习谷歌的军团作战模式、学习海底捞的服务、学习小米的互联网营销、学习OPPO和vivo的线下店布局……华为在学习中缩短差距，在学习中达成团队共识，在学习中获得新的能量与信息，在学习中找到未来的方向。

耗散思维：厚积薄发

耗散是指能量从某种初态转化为某种终态的过程，简而言之就是指要舍得投入、敢于投入，厚积薄发，积蓄新的发展势能。比如华为的研发投入长期高于利润的2倍以上。

任正非说，什么是耗散结构？你每天去跑步，就是耗散结构。为什么呢？你身体的能量多了，通过跑步耗散了，就变成肌肉了，肥胖病也不会有了，身材也苗条了，这就是最简单的耗散结构。我们要通过把潜在的能量耗散掉，从而形成新的势能。

华为的耗散思维主要体现在用今天的钱构筑明天的核心竞争力，不断将财务资本转化为人力资本、技术资本、流程资本。2003—2008年，华为在大规模打开欧洲市场的前期、中期，在明知中标概率极小甚至在还没有进入客户供应商短名单的情况下，华为仍坚持认真投标，积极参与客户的各种技术测试，以欧洲市场的高标准来做足各种准备。

华为为此坚定地投入了约 8 亿美元的市场松土费。正是通过这种真刀真枪的前端客户需求拉动后端，逐项卷积提升后端的产品品质以及生产制造、服务、财务融资等各项能力，华为高效培养出了一支强大的队伍，后续不仅大举进入欧洲市场，而且借此建立起覆盖全球的卓越业务体系。

聚焦思维：力出一孔、利出一孔

耗散与聚焦看似矛盾，实则是成就事业的一体两面，缺一不可。能量耗散如果不聚焦就是混乱和浪费。先瞄准，再开枪。《华为基本法》第 23 条明确规定："我们坚持'压强原则'，在成功关键因素和选定的战略生长点上，以超过主要竞争对手的强度配置资源，要么不做，要做，就极大地集中人力、物力和财力，实现重点突破。"

在研发层面，华为的聚焦策略是：在距离我们目标 20 亿光年的地方，投一颗"芝麻"；距离目标 2 万公里的地方，投一个"苹果"；距离目标几千公里的地方，投一个"西瓜"；距离目标 5 公里的地方，我们投"范弗里特弹药量"，扑上去、撕开这个口子，纵向发展，横向扩张，产品就领先世界了。比如，没有海思芯片这个"备胎"，2019 年 5 月 16 日就是华为的"末日"（当天美国元器件供应商对华为断供）。2004 年，华为成立全资子公司海思半导体，2009 年发布首款手机通用 AP（应用处理器）海思 K3V1，目标客户是中低端厂商；2012 年发布四核 A9 架构的海思 K3V2，这款芯片因设计不成熟导致性能差、发热高而饱受诟病；2014 年发布麒麟 910T 和麒麟 920，后频率增强型号麒麟 925 搭载于华为 Mate7，成就了国产"高端"手机的名号；2015—2019 年，从麒麟 930 到麒麟 990，海思逐渐成长到与高通并驾齐驱，并在美国再度升级制裁的 2020 年拿出了麒麟 9000 而超过了高通。当前，受制造环节限制，海思虽暂时不再发布麒麟手机处理器，但厚积薄发的经验仍可在其他领域延续：昇腾（AI 处理器）、鲲鹏（服务器处理器）、巴龙系列（通信基带芯片）等。历经近 20 年的超长聚焦坚持，华为构筑起了强大的芯片研发能力。

在客户层面，2005 年，华为聚焦制订了运营商 Top50 计划，到 2012 年，实现了全球 Top50 运营商中 47 强的准入，剩余 3 强正是美国的三大运营商。

任正非时刻提醒团队，要把公司的能力削得尖尖的，才能形成突破，切忌把公司的能力拉得平平的，否则什么城墙都攻不破。一方面坚持不在非战略机会上消耗战略竞争力量，另一方面对看准的战略方向，华为坚定不移地加大投入。华为的战略预算通常单列并奉行"节约不归己"原则。简而言之，华为能量投放的方向是：对外聚焦客户需求，坚持每年将销售收入的 15% 左右投入研发，不断为顾客创造价值；对内聚焦"以奋斗者为本"，绝不让雷锋吃亏，奋斗者定当得到合理回报。

能级差思维：组织充满活力

能级差是量子力学奠基人之一尼尔斯·玻尔窥探到的原子内部能量运行的核心秘密，也是自然万物能量运行的根本基础。能级差在现象上表现为没有高差就没有瀑布；没有温差就没有风；没有能量差就不能做功，就是死水一潭。

在宏观上，华为靠研发的持续高投入获得技术与平台的领先优势，这种优势带来产品的高附加值；在市场上通过大规模席卷式营销在最短时间内获得规模经济的正反馈良性循环，推动华为高速发展。

在中观上，以管理变革为例：一般企业的管理变革成功率很低，为什么华为却很高？其原因就在能级差。华为将变革视为一种投资和事业来管理，在很长一段时间将每年销售收入的约 1.4% 投入到咨询变革项目中。投资就需要追求投入产出比，就需要有人为此承担责任。对于每个大型变革项目，华为都会成立三级变革机构：变革指导委员会、变革项目管理办公室、变革项目组。华为变革项目组成员采用的是"顾问+业务精英+种子"的模式。除了与顾问直接对话的业务精英（管理者/技术专家），华为还从各业务部门选出悟性高的年轻员工作为种子参与进来，而且数量庞大。也就是说，华为是让"得势"的人推动变革，而不像一般公司把能量不足的"闲置"人员放到变革项目组中。变革是通过影响人的思想进而改变人的行为和做事习惯的，这本就不易，而且常常会动很多人的"奶酪"，涉及各利益相关方许多显性和隐性的博弈，没有强大的能量是根本推不动的。在华为，变革指导委员会是领导决策机构，负责决定方向，相当于船长；变革项目管理办公室是过程管理机构，是开船的，相当于大副；变革项目组是处理基础事务的，相当于水手。船长、大副和水手齐心协力，通过三级能量差逆熵增做功，保证了华为300多亿元的咨询费没打水漂，而且往往能够青出于蓝而胜于蓝，用金钱买到了成长时间。得益于管理变革，华为的内部运营效率每年提升3%～5%。

在微观人才吸引上，华为通过提高薪酬福利待遇、提供全球化平台与机会，以超越竞争对手的成长速度来构建外部能级差，吸引全球优秀人才。早在20世纪90年代，华为发布招聘广告的通栏标题就是：我们不是外资企业，但是我们为人才提供超过外资企业的待遇。薪酬领先战略让华为在国内确保"舀到最上层的那瓢油"，在海外吸引到优秀人才；在内部，华为通过用好物质与精神两个驱动力来形成内部能级差。其中，物质激励基于价值创造，精神激励导向持续奋斗，激发活力。

思想通过开放而实现博采众长，行为经由极致专注而实现力出一孔，从而彰显出华为蓬勃的生命活力。我们接下来打开华为实践之门，一窥堂奥。

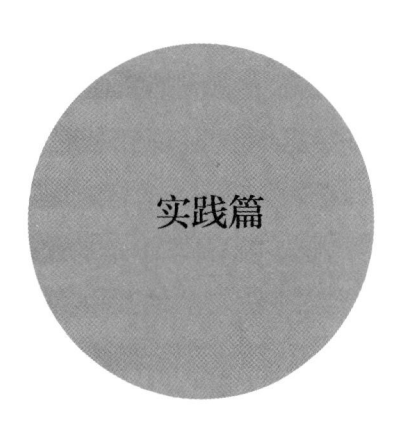

实践篇

第 2 章

开放：一杯咖啡吸收宇宙能量

自然万物都趋向从有序到无序，即熵值增加。而生命需要通过不断抵消其生活中产生的正熵，使自己维持在一个稳定而低熵的水平上。生命赖负熵为生。

——薛定谔

全球最顶尖的企业家，我要一个个地去拜访。因为只有跟比你水平高的人打交道，你才能感受到压力，你才进步得快，你只有永远谦虚地做学生，才能学到东西。

——任正非

开放之道

看过世界，才有世界观

1974年，任正非第一次接触到计算机知识，聆听了刚访问过美国的中国科学家吴几康所做的关于计算机及其应用前景的学术报告。"两个小时下来，我一句话也没听懂。"后来，任正非自学了电子技术，这场报告某种程度上改变了具有强烈危机意识的任正非的命运。

1993年年初，在深圳蛇口的小礼堂里，华为召开了1992年年终总结大会，全体员工参加。会议开始后，任正非第一个发言。他坐在用几张桌子搭成的简陋的主席台上，双眼饱含深情地环视台下一张张年轻的面孔，哽咽地说了一句："我们终于活下来了！"就泪流满面再也说不下去，双手不停地抹着泪水。现场每个人无不为之动容。一个堂堂的中年男人和一群年龄只有他一半的年轻人，一起奔波在市场、生产一线，为了企业的生存什么都干过，其中的艰辛、酸甜苦辣与所承载的委屈可见一斑。

在2019年8月接受全球媒体采访时，任正非回顾起这段创业经历：刚刚创业的时候我们人少，都是用公共汽车来运货。没人帮助，就得自己背，背20米左右堆在那里，再去背20米，这样一小段一小段地往前挪，因为要堆在看得见的地方，否则丢了怎么办？

1992年，凭着自主开发的第一款空分交换机HJD48，华为实现销售额首次突破1亿元，利润超过1000万元。自主研发的决策证明是正确的、有效的，华为终于摆脱被供货商"卡脖子"的命运。虽技术含量不算高，但毕竟有了自主产品，华为下一步何去何从？是分钱享受还是继续投入新产品开发，成了摆在任正非这匹"头狼"面前的首要课题。1992年11月，任正非带着华为常务副总裁郑宝用、郭平等4人，怀揣5万美元现金第一次去美国。访问后，任正非写下了《赴美考察散记》一文。

在参观德州仪器和IBM等企业的大型园区时，任正非一行感到无比惊讶和震撼，见识到什么才是国际化大公司。在拉斯维加斯参观了国际电脑展，任正非感悟到如果不出去看一看，闭门造车，不仅不可能赶上别人，而且可能从时代的列车上摔下来。如果不拼命发展技术，最终会丢失全部市场。任正非一行在硅谷的感受最深，认识到华为科研方法还十分落后，研究管理水平十分低下，效率还远远赶不上美国。值得庆幸的一点是，华为员工的个人素质并不比美国公司的差，他们进而认识到华为通过聚集优秀人才、提高人才密度的政策是正确的，尽管它暂时增加了生产成本，但要赶上美国，就必须改善管理。很快，华为就在硅谷设立了办事处，建立起与世界最前沿技术与人才富集区的连接。

第一次美国之行使任正非更深刻地认识到了教育与科技相辅相成的重要性。他说，越繁荣越发展科技，越发展科技越重视教育，越重视教育越人才辈出，越人才辈出经济越繁荣，美国已走入一个良性循环。这也许就是他后来不断呼吁要重视教育的原因。尽管看到了巨大差距，但任正非依然信心满满，他认为，唯有踏踏实实地面对自己的弱点，未来才会充满希望。对于此次美国之行，任正非的另一个体会是，在美国，最大的问题是吃不惯，美国人吃得十分简单。这也许就是其后华为走向全球市场，他坚持要从中国派厨师、分外重视当地食堂建设的原因。

认真看过了世界，就会有新的世界观。1993年，虽面临着无数挑战，但是华为仍以破釜沉舟的决心投入C&C08数字程控交换机的研发，甚至一度困窘到靠借高利贷维持。在最艰难的时刻，任正非站在5楼的窗户边对员工说："研发成功，我们华为继续发展；研发失败，我只有从楼上跳下去，你们还能另谋生路。"在场的人无不动容。现在回头看，如果不是任正非当时的孤注一掷,华为就会像当年数百家同行一样被淘汰出局,早就湮没在历史的尘埃之中。

1998年2月20日,第63期《华为人》刊出任正非撰写的文章《我们向美国人民学习什么》。1997年圣诞节前一周,任正非带领一批高管访问了美国休斯公司、IBM、惠普、贝尔实验室。如果说1992年那次美国之行还有点走马观花,这次,他们则是拿着放大镜要仔细看清楚美国高科技企业到底是怎么做管理的。

为什么会有这次美国之行?彼时,华为经过1996年的市场部集体大辞职的整训运动,士气高涨,从农村市场一步步打入了城市市场,1997年实现销售收入同比增长58%,达到了41亿元。但由于缺乏科学的产品研发流程和决策机制,龙头一乱,供应链、制造、市场之间就成了一团乱麻。但华为此前为什么还能高速发展呢?在一位从外企跳槽到华为工作的高管看来:华为在相当长的一段时间里管理混乱,到处打乱仗,看不出章法,但它有国外一些公司所缺乏的精神。只要有人对客户拍了胸脯,就会有一堆人为之拼命,结果就成功了,乱拳打死老师傅,国外一些公司就缺了华为这股劲儿。虽然发展过程中熵增很快,但队伍的活力对冲了部分熵增。具有强烈危机意识的任正非认识到,这种严重依赖"救火队长"的模式不可持续,随着规模的进一步扩张,如果没有科学的管理体系,华为将很快崩溃。任正非急需找到解决方案。

这次美国之行,IBM给任正非一行留下的印象最为深刻。因为到1993年,IBM此前已连续3年、累计亏损超过160亿美元。到1997年,"空降兵"郭士纳历时5年,使IBM销售额增长100亿美元,达到750亿美元,股票市值增长了4倍,将IBM这头僵死的大象从巨亏的泥潭中拯救了出来。郭士纳亲自接待了任正非一行,他向任正非分享了"制造业的4条基本规律",让任正非耳目一新。

- 从事制造业,产品技术必须领先。

- 必须建立客户导向型营销体系。
- 未来的企业不仅要卖产品,还要卖服务。
- 在电子消费领域,企业只有聚焦核心产品,才能具有规模优势。

更关键的是,郭士纳在IBM管理变革中坚守的"以客户价值为导向,追求顾客满意度"的价值主张与任正非的理念高度契合。IBM的成功转型对任正非一行产生了深刻触动:企业规模小就会失去竞争力;扩大了规模,但管理不善,很快就会面临死亡。参观完4家公司,面对圣诞期间美国的万家灯火,任正非一行却无心欣赏,他们待在酒店里,一关就是3天,形成了100多页的讨论简报,思考如何将科学的管理体系在华为落地生根。今天回头看,1997年的那次美国之行是华为发展史上的一个重要里程碑。此后,历经十余年,花费近20亿美元,华为引进了IBM的流程管理体系并借鉴其战略管理思想,极大地提高了管理效率和思考维度。任正非说,拿来主义是个好东西,国外已经成功的管理思想、技术,我们为什么要拒绝呢?先僵化、后优化、再固化,这是华为必须经历的过程。

正如未来学家凯文·凯利说:"所有的公司都难逃一死,所有的城市都近乎不朽。"二者的差别是:企业多是封闭系统,都想做出一个有围墙的花园。而城市是个开放系统,是不断进化的,因而可以保持活力。即便只是一条商业街,商户不知换了多少遍,但这条街却能一直繁荣。30多年来,开放的任正非走遍了全世界,与全球数百位政商巨子、学者、科学家、艺术家乃至于寺院中的僧侣等各色人物有过无数交流,这使得他成为中国最卓越的企业思想家之一。开放式学习还让任正非变得"年轻",2014年6月,70岁的任正非第一次接受国内媒体采访,现场有记者问任正非:"你如何考虑退休的事情?"任正非不等记者的话说完,就说:"你觉得我已经老了吗?我先跟你讲一讲我两个朋友的故事,一位是美国AIG的创始人格林伯格,他到深圳来看我,都88岁了还在工作，准备 3 年后交班，他每天早晨做 50 个俯卧撑，晚上再做 50 个俯卧撑。还有一位是马世民——大宗商品巨头嘉能可的主席，2012 年 9 月 7 日在伦敦的办公楼里请我吃饭。他指着外面一座全玻璃幕墙的大厦，让我看。大厦两个月前正式揭幕，叫碎片大厦，高 300 多米，马世民说为庆祝自己 72 岁的生日，三天前，他用绳索从那上面溜了下来。"当时，任正非还说，去年（2013 年）在他 69 岁的时候，还带着一帮人在他老家贵州自驾游开快车开得不亦乐乎。

不仅是自己，同时任正非还鼓励和要求华为高层、专家，要敢于以一杯咖啡，与牛人撞击思想。地球村就是一个开放式大学，处处有学问。华为顾问，近距离观察任正非 20 多年的吴春波对任正非有个评价：读万卷书，行万里路，与万人谈，干一件事。

任正非在华为第四届持股员工代表会上说："我们向一切先进学习，努力追赶美国，我们一定要最先将红旗插上'上甘岭'。初生牛犊不怕虎，超越美国不是梦，何不潇洒走一回呢？"这是看过世界之后的自信。

一杯咖啡对接宇宙智慧

为什么是咖啡？一是咖啡代表一种世界文化，代表着华为走向全球；二是咖啡使脑细胞更活跃。在融洽的氛围中，端杯与牛人喝咖啡意味着在清醒、高能量的状态下实现智慧碰撞，从而更容易激发出火花，点亮未知的世界。2022 年 4 月 30 日，华为创建的以科学和技术交流为主要目的的黄大年茶思屋[①]科技网站正式上线运营，向全社会开放。在

---

① 黄大年茶思屋：黄大年是国际知名战略科学家、中国著名的地球物理学家。他回国后在其办公室对面，将杂物间改建成一间"茶思屋"，成为大家智慧碰撞的"造梦空间"。受其启发，与华为本有的开放式学习创新基因相结合，华为在一些著名大学附近建设线下"黄大年茶思屋"，为内外部专家开放交流提供良好的环境。同时，聚焦学术领域的"探索、牵引、开放、思辨"原则，华为还发布了线上"黄大年茶思屋"（www.chaspark.net），可以全天候、跨领域、跨院校，随时随地无缝交流以激发创新火花。华为还将一些难题发布到"黄大年茶思屋"悬赏，科学家可以来揭榜解题，并拿到相应的奖金。

任正非看来，无论是茶还是咖啡，都代表着开放，代表着打开自己的边界，与外界不断进行物质、能量和信息的交换，从而实现熵减。

2013年，华为在销售收入上超越爱立信，成为行业第一，逐步攻入了无人区。未来的路该如何走？任正非的心情也许恰如信息论奠基人克劳德·香农所言："我们可能控制未来，但对未来一无所知。"他坦言："未来信息社会是什么，我说不清楚。""信息技术前30年积累的能量，将在后30年爆发，这个洪水会不会把华为冲得无影无踪，还不好说。"

虽有担心和茫然，但超一流人物总有超越恐惧的坚定信念。任正非表示："华为既要握有主航道，又要车轮滚滚，'一杯咖啡吸收宇宙能量'。只有坚决攻进无人区，才没有利益冲突和矛盾。我们是公正地扩张，借力的规则是有利于这个世界共同发展的，大公司不会反对我们，小公司望尘莫及，说也没用。只有坚决攻进无人区，才没有竞争对手，我们可以自由飞翔。什么是无人区？第一，没人给你指明前进的道路与方向；第二，没有规则，也不知道哪里是陷阱，完全进入一个新的探索领域。过去华为都是跟随别人，我们节省了很多开路费。走到今天，我们必须自己来开路了。"同时熟读历史的任正非也深知，大体量公司一旦走错路，就很难回来。

2016年5月，在与公司Fellow（华为内部意为"领军人物"，是华为技术领域的最高荣誉称号，享受总裁级待遇）的座谈会上，任正非说，这个时期充满了巨大的机会，没有方向、没有实力的奋斗是不能产生价值的。没有正确的假设，就没有正确的方向；没有正确的方向，就没有正确的思想；没有正确的思想，就没有正确的理论；没有正确的理论，就不会有正确的战略。因此，对攻入无人区的华为来说，最关键的是要找到对未来的正确"假设"。

那么，正确"假设"到底从哪里来？

任正非相信，从人类文明的结晶中，可以找到解决世界问题的钥匙。面对未来技术世界的不可知，就像在黑暗中需要灯塔。总结人类社会发展的历程，任正非认为，华为的社会功能定位和本质是商业组织，更关注短期目标的实现，看问题不会那么长远，因此不可避免地存在现实主义的局限性，"我们的视角可能只是5~10年的未来""物理学的尽头是数学，数学的尽头是哲学，哲学的尽头是神学。"任正非开玩笑说，"未来也许只有神才知道"，但知道未来的"神"不在教堂，而在大学。2017年10月，在访问加拿大多伦多大学等学校时，任正非说："基础研究是把钱变成知识。华为和高校的合作，就是通过资助获得、知晓知识。"任正非强调，华为和教授们的合作是只求"为我所知"，不求"为我所有"，不限制他们的人身和学术自由，不占有他们的论文、专利，即便华为投钱了，但如果将来要用到教授们的知识产权，华为还要另外付费。

2022年7月18日，埃隆·马斯克回忆了一段历史："2009年，加州理工学院和麻省理工学院毕业的土耳其籍学者阿里坎发表了一篇论文，解决了信息论中的一个基本问题，从而实现了更快、更准确的数据传输。由于无法在美国获得学术任命或资金来解决这个看似深奥的问题，他回到了自己的祖国。回到土耳其后，阿里坎转向了中国。事实证明，阿里坎的洞察力是从4G电信网络飞跃到更快的5G移动互联网服务所需的突破。4年后，中国的国家电信冠军华为利用阿里坎的发现发明了相关的5G技术。如今，华为拥有与阿里坎解决方案相关的三分之二以上的专利，是其最接近的竞争对手的10倍。"马斯克总结说："美国如果善待一个土耳其移民，历史可能改写，美国可能就会成为5G领导者。"

"5G极化码之父"阿里坎在回忆与华为的合作时说："我们互相交谈，交换意见。""这对我来说是最好的合作模式。我保持独立，他们做他们想做的事。"曾经阿里坎带着极化码去找高通和希捷，结果是"没有一家美国公司对它真正感兴趣"。阿里坎因没能激起美国公司的兴趣而自责。他说："我是一个学者，不知道如何推广一个想法。虽然后来这些公司也参与了极化码的开发，并获得了自己的专利，但它们没有像华为那样有魄力。"

2020年7月，任正非在访问复旦大学等高校时谈道，华为之所以要搞基础研究，是因为信息技术的发展速度太快了，传统的产学研模式赶不上市场需求的发展速度。高校有远期理想，负责看方向，而华为的基础研究比较贴近当下的实用化需求，给高校带去客户需求以及行业所面临的难题，这种合作是双赢的，也使华为早一些知晓世界的发展动向，缩短商品化的时间，就能领先行业，获得更好的机会。

基于此，华为专门成立了战略研究院，实施开放战略，拿着大量的钱，向全世界多所著名大学、与华为产品理念同方向的全世界"最强大脑"喝咖啡，交换能量、获取智慧。自2021年11月起，更进一步，华为陆续把产业发展中的挑战难题向全社会发布，挑战难题的领域包括华为的"三丫坡会战""太平洋会战""珠峰会战""算力会战""华为云难题""HarmonyOS""军团难题"等，这些难题兼具商业价值和科学价值，揭榜人不唯名、只唯才，高校的专家教授都可以来揭榜攻关。

华为董事、科学家咨询委员会主任徐文伟指出，一方面，高校、科研机构、企业战略对标，共同发布产业愿景挑战和发掘"下一跳"技术，共同定义"大问题"，构建战略协同；另一方面，通过"愿景假设+应用研究"双轮驱动，共同推进科研和人才与世界同步，围绕基础理论、先进技术、交叉领域开展联合研究。在华为内部有从事基础研究的数学家700多人、物理学家800多人、化学家120多人以及相应的产品研发平台，来解析、承接这些教授的思想，把它们转化为产品的应用。也就是进入无人区以后，华为通过资助全世界与华为同向的顶级科学家，在前方形成一束光来照亮未知，找准"假设"，华为近万名基础研究人员加上数万名产品开发人员形成千万道光来照耀大地，再加上每年约200亿美元的研发经费投入形成强大的消化能力，华为有信心即便将来出现颠覆性的"黑天鹅"，这些"黑天鹅"也是从华为的"咖啡杯"中飞出的。

2019年，在被问及与华为的合作时，阿里坎说："我跟华为之间不是直接合作的关系，是华为的科学家以及他们的研发团队挑选了我们这一项技术，并进行了多年的研发。如果没有他们坚持不懈地努力工作，就不会将我这个理论最后变成一个真正的产品，如果没有他们的努力，极化码也就没有办法成为5G标准的一部分。"华为首席5G科学家童文表示，当时对于极化码只是知道一些理论成果，而后华为做了非常多的试验和试用研究，除了保证性能必须是最优的之外，还要考虑到实用性、可用性、可行性，因为必须用到几十亿元的设备上，必须达到各方面的要求，这样才能保证技术让最终的消费者受益。

不仅是高校，华为还广泛与各种论坛、行业协会、标准化组织交流。华为人频频与各路牛人"喝咖啡"，因为他们知道，对于新领域来说，成本主要是在试错上，通过和科学家以及科研组织合作，知道哪些路是走不通的，这本身就减少了大量的试错成本。

对技术系统的封闭，任正非有天生的警觉。他认识到华为的主航道就是要攻克大信息流量的疏导，而大数据领域最大的困难就是发热，硬件工程、电子工艺最大的问题就是散热。有位专家曾预言，未来50%的能源将被消耗在芯片上，散热和发热机理也可能是电子技术最核心的竞争力。任正非在一次与很多教授"喝咖啡"时，教授们说散热问题完全可以用数学解决。可是任正非发现华为的散热研究部门居然不跟别人合作，自己闷着头干能做出什么水平呢？热导属于航天技术，为什么不能跟有名的航天研究所合作呢？他当即批评了相关人员。打开认知边界之后，华为的散热技术也得到了极大提高。任正非相信，只要有保守思想的人，说话吞吞吐吐，就很难吸收别人的能量改进自己。华为有一项规定：公司的高管和高级专家，到外面去和"牛人"每喝一次咖啡，就奖励1000美元。他说："当日本樱花盛开的时候，去请法国科学家到樱花树下和日本科学家喝酒；当法国薰衣草盛开的时候，去请日本科学家坐在薰衣草地上去品尝法国的红酒，把世界同方向科学家卷进来，产生更大的能量，就可能碰撞出新的'火花'，从而赶上时代步伐。"为此，华为每年为公司Fellow级专家提供10万美元的会议预算。

不仅在技术体系方面，华为在市场体系方面也坚持开放战略。即便华为已拥有了不亚于高通的芯片设计能力，而且成本比对方低得多，华为仍然采用了"1+1"政策，即一半用华为自己的芯片，另一半购买美国的芯片，这样使得美国公司的利益也得到保障。华为做芯片的目的，不是要替代别人形成一个封闭的系统，而是要提高自己对未来技术的理解能力。即便对资本的逐利性有天然的警觉，但在美国强行切断芯片供应链的情况下，华为借用旗下的哈勃投资，目前正式进入私募基金行业，其目的就是以开放应对制裁。通过特定对象募集更多资金，哈勃投资就能去投资数量更多、范围更广泛的半导体企业，解决一些根本性的技术问题，突破物理学、材料学的基础研究和精密制造，扩大自身的半导体产业布局，从而增强自身的半导体实力。

早在2012年，华为就以董事会决议的形式明确要长远坚持开放的策略，在任何情况下，都要坚持开放不动摇。不开放就不能吸收外界的能量，不能使自己壮大。同时必须以批判的思维来正确对待自己，否则开放就无法持续。

"我们为什么要强调开放？因为这个世界太大了，太平洋这个管道太粗了，未来没有一个国家能垄断这个世界，不开放就是死路一条。"任正非说，"开放以后我们什么优势都没有了，没有优势了就逼着我们自己必须努力，结果反而我们会有优势。"

华为到底要什么？任正非说，夏威夷在大洋中，离任何大陆都超过3000公里，这个区域的生态系统是相对封闭、比较脆弱的，目前只有2万多种物种。哥斯达黎加与大陆之间没有间隔，生态开放、多样，生物之间共生共荣，这个地方新物种引入的速度，是夏威夷生态的10倍。目前，哥斯达黎加的物种有50多万种，是夏威夷的25倍，全球生物多样性排名前列。而华为要建设的，就是哥斯达黎加式的开放的、繁荣的生态系统。

自我批判是开放之本

为什么"自我批判"很难？因为人活一张脸，树活一张皮。人都好面子，这是人性，尤其是知识分子表现更甚，人际关系的复杂性常常就来自爱面子，而且面子还往往会遮盖事物的真相，所以自我批判极其重要。这是打开自我封闭边界，引入负熵流，实现熵减的必由之路，是一切开放的根本和前提，可以说是一个人或组织开放彻底性的终极证明。虽然逆人性，但幸运的是人类因为有自我意识，有自知和自我管理能力，因而总有少量的人可以跨越自省的门槛，实现自我超越和重塑。任正非就是其中的少数人之一，他提醒所有华为人，只有"不要脸，才会进步"。

乔布斯告诫人们不要和太好面子、太努力证明自己正确、太过于解释的人一起工作。对人性有深刻洞察的稻盛和夫对此亦有深刻的认知，他感悟道："人的心灵就像庭园，这庭园不会是空白，如果放任不管，就会杂草丛生，满庭荒芜。"他找到耕耘自己心灵庭园的工具是"每日反省"，结果长出的是满庭芬芳，塑造出深沉厚重的人格。

关于自我批判与如何面对他人的批评，任正非有一个三段论：

①触及自己的灵魂是最痛苦的。必须自己批判自己。

②别人革自己的命，比自己革自己的命还要困难。要允许别人批评。

③面子是无能者维护自己的盾牌。优秀的儿女，追求的是真理，而不是面子。只有"不要脸"的人，才会成为成功的人。要脱胎换骨成为真人。

任正非说："自我批判的目的是不断进步、不断改进，而不是停留和沉溺于自我否定。"为了鼓励大家坚持自我批判，在华为大学后备干部的毕业证上，任正非写上了一句话：只有有牺牲精神的人才有可能最终成长为将军；只有长期坚持自我批判的人才会有广阔的胸怀。

30多年来，任正非在华为讲得最多的，第一是华为"以客户为中心、以奋斗者为本、长期艰苦奋斗"的核心价值观，第二就是坚持自我批判。其中，自我批判是核心价值观落地的"护法神器"，是一种纠偏机制。任正非的逻辑简单而质朴：公司要活下去只有超越；要超越必须首先超越自我，超越的必要条件是及时去除一些错误；要去除这些错误，首先要敢于自我批判。因此，公司没有自我批判，就会裹足不前，最终的结局就是加速熵死。

1998年3月，在《华为基本法》定稿之时，任正非就提出要在华为门口立一块石碑，上书："一个企业长治久安的基础是接班人承认公司的核心价值观，并具有自我批判的能力。"

华为的自我批判坚持以下原理原则：

自我批判的总目标： 不为批判而批判，也不为全面否定而批判，而是为优化和建设而批判，总目标是提升公司整体核心竞争力。

自我批判的方向： 一切围绕捍卫核心价值观展开，不论任何人与部门，只要违背了"以客户为中心、以奋斗者为本、长期艰苦奋斗"，就会成为自我批判的对象。

自我批判的原则： 一是不要求每个人都参与；二是更多地进行自我批判，少或者不要批判别人；三是强调实事求是；四是不搞无限上纲、无情打击，把握适度。简而言之，自我批判就是"三讲三不讲"，即：讲自己，不（少）讲别人；讲主观，不讲客观；讲问题，不讲成绩。

自我批判的方式： 民主生活会、整风大会、心得体会交流会等。

对于自我批判的重要性，在2008年的讲话《从泥坑里爬起来的人就是圣人》中，任正非这样描述：

·没有自我批判，我们就不会认真听清客户的需求，就不会密切关注并学习同行的优点，就会陷入以自我为中心，必将被快速多变、竞争激烈的市场环境所淘汰；

·没有自我批判，我们面对一次次的生存危机，就不能深刻自我反省，自我激励，用生命的微光点燃团队的士气，照亮前进的方向；

·没有自我批判，就会故步自封，不能虚心吸收外来的先进东西，就不能打破游击队、土八路的局限和习性，把自己提升到全球化大公司的管理境界；

·没有自我批判，我们就不能保持内敛务实的文化作风，就会因为取得的一些成绩而少年得志、忘乎所以，掉入前进道路上遍布的泥坑陷阱中；

·没有自我批判，就不能剔除组织、流程中的无效成分，建立起一个优质的管理体系，降低运作成本；没有自我批判，各级干部不讲真话，听不进批评意见，不学习不进步，就无法保证做出正确决策和切实执行。

如何让自我批判成为可持续的行动？如何找准自我批判的靶心？如何找到让大家普遍接受的自我批判的切入口？华为找到一个有效的途径，就是将来自他人的批判转化为个人或组织的自我批判。比如，外部客户的直接投诉，内部员工包括离职员工提出的不满，由内外部某种事件或观点引发的讨论等。

各部门例行的民主生活会是华为自我批判的机制化落地方式，一般在季度例会时进行。各部门一把手是民主生活会的第一责任人，人力资源主管是组织责任人，道德遵从办公室主任是监督责任人。华为的民主生活会以自我批评为主，批评他人为辅。自我批评是要刺刀见红的，挠痒痒难以过关，其目的就是让人清醒地认识自己，把缺点和不足暴露在阳光下，大家把心里话讲出来，反而就舒坦了，内心有了阳光才会温暖。对重要的自我批判活动，所涉及的部门要形成整改行动方案并在内网公开，接受全体员工的监督，形成闭环。在华为的干部管理政策中，只有具备自我批判精神的人才能得到提拔和重用。如今华为的许多干部犯了错误会发自内心地写检讨，然后发表在《管理优化》报或心声社区上，华为人对此早已习以为常。

任正非说，自己对未来没信心，自己没有意志，自己没有坚强地努力，这才是真正杀死自己的最大杀手。稻盛和夫也发表过类似的感悟。他曾在内部高层干部哲学学习会中谈道，说到底，企业就是由人组成的集体。为了使这个集体不是乌合之众，而是一个生命体，那么该集体的领导，也就是经营者必须得到员工的信任和尊敬，否则就没有员工会为完成经营者所制定的目标而不畏艰难地勤奋努力。为了成为这样一位被所有员工真心尊敬的经营者，就必须为提升自身的人格而付出不懈的努力。

组织为什么会出现疲劳？华为认为：一是因为消极惰怠，这主要体现在经过奋斗，已经解决了温饱，认为可以享福，不思进取了；二是积极的惰性，因为过往的成功，认为自己已经是成功与真理的代表，从而执着于过去形成的心智模式、战略决策和思维方法，以为沿着过去的路径，还一定会成功。

这两个问题都会导致熵增，那么华为该如何实现熵减呢？

2018年3月，华为蓝军在华为人力资源2.0总纲第二期研讨班上梳理汇总出了学员反馈的对任正非的批判意见（意见共10条，外界称为"任正非的十宗罪"）。任正非收到后，马上就贴了出来，华为全体员工均可"评头品足"。任正非表示，我要细细品味其中的缘由，只为能够在以后的管理工作中更少犯错。现摘其要点如下：

· 任总不能基于汇报内容、汇报效果好坏否定或肯定汇报人员，这样就形成了汇报与受益挂钩的风气，而一线的价值贡献者和行动者未必有机会展示，这导致干部越来越空心化，越来越不懂业务，容易瞎指挥、瞎决策，导致错误和效率低下。

· 华为的人才金字塔左边是管理干部，右边是专家，但客观来说，金字塔右边是有所坍塌的。原来任总的导向是做管理者，管理者做不好才去做专家，但专家哪有那么好做。华为现在不缺管理者，缺的是专家。但我们在价值分配上，专家远低于管理者，这是事实，也是现状。

· 在规章具体执行过程中，存在任总过于强势、指导过深、过细、过急的问题，而 HR 执行机械化、僵硬化，不敢从专业视角提出意见，没有体现应有的专业力量。

· 不要过早否定新的事物（VR/AR、人工智能、自动驾驶等），对新事物要抱着开放的心态，"让子弹先飞一会儿"。

· 任总的一些管理思想、要求只适用于运营商业务，不适用于其他业务。任总的很多话，要加定语"运营商直销业务"，盲目要求其他业务适配不合适。

············

当这些"批判"被已从华为退休近 10 年的华为前党委书记陈珠芳看到后，她有三点感慨。

第一，华为还有一批不怕打压，敢于说出自己意见的忠诚员工。

第二，管理者有很宽广的胸怀，敢于把"家丑"公之于众，在心声社区里广泛传播。

第三，只要华为人的自我批判精神能够代代相传，下一个倒下的肯定不是华为。

毋庸讳言，企业自我批判文化的建设必然需要一把手的以身作则、率先垂范。任正非对此无疑是冷静和清醒的，他不仅是自我批判的倡导者，实际上也是自我批判的践行者。任正非说，想听好话的干部，迟早会听到华为的丧钟。功劳簿的反面可能写着的是墓志铭，我们只有丢掉功劳簿，才不会过早地看到自己的墓志铭。任正非要求各级干部一定要团结那些批评了自己甚至是批评错了的人，否则就会变成一言堂，报喜不报忧，不承担责任，不说真话，看领导脸色，掩盖事实真相。这样下去，华为就没有希望。为什么封建王朝没有希望？就是因为统治者说了算，臣子报喜不报忧。一个组织没有自我批判，怎么能不垮呢？

坚持自我批判的本质就是坚持开放，打开小我的边界，实现和外界的物质、能量和信息的交换，这是个体和组织广义上的新陈代谢。

向客户而生

2001年7月，《华为人》报上拟刊登一篇文章，题目是《为客户服务是华为存在的理由》。任正非审稿时加上了"唯一"两字，变为《为客户服务是华为存在的唯一理由》。他认为华为命中注定是为客户而存在的，没有了客户，华为就没有任何存在的理由。

然而，经营企业之难就体现在"百人行一步"往往比"一人行百步"更难。如何从任正非的一人知、一人行到全员知、全员行？华为也一样，在核心价值观从墙上落到地上的过程中，不可避免会碰撞出很多故事。

·有一年，任正非去新疆办事处视察。当时的新疆办主任，是一位刚从一线提拔起来的新官，对任正非不是很了解。为表达对老板的重视，他租了一辆加长林肯去机场接机。任正非刚下飞机，一看到轿车，人就炸了，"浪费，浪费，纯属浪费"，然后指着主任的鼻子就开始骂："为什么你还要亲自来迎接？你应该待的地方是客户办公室，而不是陪我坐在车里。客户才是你的衣食父母，你应该把时间放在客户身上！"

·2002年，世界著名电信运营商英国电信对华为进行认证，曾询问当时主管供应链的华为副总裁，为保证客户满意，华为在供应链管理上有什么关键的考核指标。这位副总裁非常自豪地回答："及时发货率。"对方听后使劲儿摇了摇头说："对于我们这些客户而言，从来就不会关心所谓的及时发货率，我们只关心及时到货率。你们的指标完成了，而我们的货可能还在海上漂着呢。"话音刚落，在场的华为前董事长孙亚芳已羞愧难当。作为一家口口声声标榜自己以客户为中心的企业，居然也会设计出如此"自私"的考核指标。华为人逐渐明白，标榜"以客户为中心"容易，真正做到其实极其困难。

·曾经，华为内部在选择供应商时到底如何设计质量和成本两个指标的权重而争吵不休，问题的本质是相关部门在争夺供应商选择的决定权。反复争论的结果是大家通过提高一个维度思考，跳出部门利益之外，坚持以终为始、客户导向。也就是核心客户如何选择与评价华为，华为就如何选择与评价供应商。即如果客户选择与评价华为的权重分配为质量50%、成本30%、交期20%，那么华为也按照这个权重来选择与评价供应商，只有这样才能让客户满意，才是真正践行"以客户为中心"的价值观。

·一次客户到访华为，客户反映空调温度偏低。因空调控制开关坏了，现场服务员打电话给工程部来修，结果两小时没人来，生生地把客户冻感冒了。事后，工程部负责人被撤职，职级下降一级，公司对工程部进行了通报批评。

　…………

任正非总是不厌其烦地向华为人宣导：最好的干部是什么样的人呢？眼睛老盯着客户，忙于做事，会一天盯着做事的干部才是好干部，而不是那种会"做人"的干部。从传统的"官本位""我本位"到"客本位"的转变必然触及灵魂深处的变革，而且稍不注意，就会退转。

2009年，在全球市场，华为一路高歌猛进，以超过300亿美元的全年销售额创新纪录，跃居世界通信领域第二位。客户多了，公司往往就开始傲慢了。2011年1月28日，第232期《华为人》头版登出《我们还是以客户为中心吗?!——马电CEO投诉始末》，文章篇幅2万多字，把沉浸在业绩高速增长的满足中、准备欢度春节的11万华为人一下打入了冰窟。事情是这样的——2010年8月5日，一封来自马来西亚电信CEO的电子邮件发到了时任华为董事长孙亚芳的邮箱里。

尊敬的孙亚芳女士、主席：

今天距我们上次会面已经 6 个月了，在上次的会谈中，我们针对国家宽带项目，特别是 IPTV（交互式网络电视）部署向华为请求做特殊保障。

非常感激您的大力支持。但非常遗憾，华为的表现并没有达到我对于一个国际大公司的专业标准的期望。过去几个月里，多个问题引起我们管理团队的高度关注和忧虑。

（1）合同履约符合度（产品规格匹配）和交付问题：在合同履约过程中，设备与我们在合同中定义的、测试中的效果不一致……

（2）缺乏专业的项目管理：经过申诉，我们刚刚看到华为在跨项目协同方面的一些努力与起色，但是在网络中，仍然存在大量缺乏风险评估的孤立变更……

（3）缺乏合同中要求的优秀专家资源……

…………

这显然是一封酝酿已久的正式投诉信，礼貌的用词下面透露出的是失望与愤怒。客户的这封投诉信已静静地躺在邮箱中 5 天了，没有得到任何人的回复，客户的愤怒在进一步积聚，悲剧在进一步延续。8 月 10 日，孙亚芳从国外回来。看完邮件后，孙亚芳意识到："客户把邮件写到这个程度的话，实际上是到了他们的底线了！"

孙亚芳立即抓起电话打给项目相关负责人。

徐文伟："我们正在处理，看这个邮件怎么回，您等着吧。"

王胜利："孙总，我回国探亲了，探亲期间爷爷病重，我现在在老家。"

邓飚："孙总，我们的问题今天已经全部解决了，不是我们的问题。"

姚福海："孙总，我爸爸腿摔了，我回家看看。我已经派了我的助手 Leroy 和地区部主管交付的万学军去了解情况。"

刘江峰："我和马来西亚代表处一起来抓一下，姚福海一周后要来马来西亚支持。"

……………

至此，客户投诉信发出 5 天，没有一个能代表公司的人来推动问题解决。"客户发出投诉信后，各级主管关注的焦点不是解决问题，而是如何回复邮件，这是严重的本末倒置。"孙亚芳在 8 月 15 日的马电反思会上如此总结。时任华为人力资源部总裁李杰说："一般遇到这种投诉时，我们以前的做法是第一时间赶到现场，在现场往往更利于发现和解决问题，并与客户面对面沟通。"

随着企业的发展，华为的客户意识开始淡化，孙亚芳亲自出马了。

8 月 17 日，拜访客户之前，在事前的华为内部沟通中，孙亚芳希望了解客户关注什么，是否还有自己不知道的或者被隐瞒的事情。

刘江峰很有把握地回答说："主席是不会过问此事的，以前主席跟你写信压根儿不提项目，所以去拜访一下就可以了。"

8 月 18 日，孙亚芳拜访马来西亚电信主席。意料之外，马来西亚电信主席单独将孙亚芳请到办公室，对方表达了他对这个项目的焦虑："我们可不能在这个事情上砸了，首相也在关注这件事，做不好对我们公司的影响就太大了！"

事实上，在此次拜访中，孙亚芳发现马电主席对项目了解得非常多，他把问题都一一列了出来。让孙亚芳感到特别不舒服的是，很多东西她要从客户的嘴里才能知道实情，而华为自己的人却在拼命捂盖子。

在这个项目中，华为人犯了太多的低级错误。

· 交接遗漏，导致2000块不符合客户要求的电路板错发给客户，而合格电路板却躺在自家库房里睡大觉，且在孙亚芳亲自追查下各级领导都不了解实情，一时难以找到错因。

· 把客户当猎物，为了拿下合同，会调动一切资源与炮火，集中优势兵力扑上去。然而一旦合同到手，重视程度就大大减轻。

· 孙亚芳亲自和客户高层开会寻找解决方案时，华为马来西亚市场代表却在发短信。

· 底层员工们觉得自己人微言轻，很多人选择"不在其位，不谋其政"，造成了"知道的人不关心，关心的人不知道"的现象。

· 部门墙厚重，连领导都在推脱责任，而不是聚焦解决问题，客户服务意识淡薄，保护自己成了一种风气。

客户当时的反应是："当初我们认为选择华为是对了，现在看起来是错了。"甚至马来西亚电信一位即将退休的副总沮丧地说："你们的错误葬送了我的职业生涯。"

知耻而后勇，潜藏在华为人骨子里的客户基因还没有完全异化。事实证明，华为人在"以客户为中心"价值观的感召下，在关键时刻一次次地做出了正确的选择。

2010年8月15日，徐文伟在马来西亚一线召开包括李杰、姚福海、丁耘、刘江峰等一线部门领导的反思会；8月中旬，各路人马齐聚马来西亚；8月23日，华为专门组建针对马来西亚重大交付项目的技术团队。至此，原来面临各种资源短缺与呼唤支援不灵而焦虑不安的马来西亚一线员工暂时舒了一口气，因为根据以往的经验：任何项目，只要公司重视，没有拿不下来的。最终，项目实现顺利交付。

"马电事件"发生在华为在高速成长中的"青春期"，但自然规律是：每长大一圈就要蜕一层皮。"文化教员"任正非选择毫无保留地将华为

"蜕皮"过程中的不足之处公之于众。在刮骨疗伤的"炼狱"中,地区部、代表处和马来西亚项目组培养出了一大批干部,其中积累下来的经验以及诞生的一些新思路、新工具、新方法也随之被分享到全球。"马电事件"让华为人更深刻地理解了什么才是真正的"以客户为中心"。从此,华为一改重销售、轻交付的思维,改变各自为政的单产品销售方式,注重向客户提供针对性的综合解决方案并确立了以项目为中心的运营模式。从此,及时、准确、优质、低成本交付成了华为的关键词。任正非在一次采访中说:"其实华为没有哲学,我本人也不学哲学。我认为华为所有的哲学就是以客户为中心。"调查报告最后,亲自执笔的华为高层将"生存还是死亡、大象能否继续跳舞"这两个沉重的话题抛给了正在快速成长的全体华为人,并明确告诫大家:以客户为中心,可以成为天才;以领导为中心,就会成为奴才;以自我为中心,则会变成蠢材。

任正非为什么要坚持揭开华为的"伤疤"?本质还是对华为无时无刻不面临的"熵战"的深刻理解。他说:公司的管理是一个耗散结构,就是在平衡与不平衡间耗散,在稳定与不稳定间耗散,华为公司已经进入一个比较好的历史时期、我们要敢于耗散、今天敢于说自己,将来别人有事时,我们已经平息了。我们这次把"马电事件"写成了报告文学,这个报告文学就是新年贺词,让大家看看公司怎么丑的,高级干部怎么丑的,敢于把丑向全世界公布,就是因为我们敢于胜利。

或许是受"马电事件"的触动,此后华为进一步完善了倾听客户声音、向客户学习的机制:经常邀请客户来公司做报告,向华为直接"开炮";每年召开华为用户大会,邀请全球多个重要客户的技术总监来华为,用几天的时间、分不同主题进行研讨,给华为梳理出一个需要改进解决的Top10问题。然后华为基于这个Top10问题和客户共同组建联合整改团队,逐一解决问题。下一年大会召开时,第一件事就是汇报上年度Top10问题的解决改进情况,并让客户评分,形成闭环。华为此举相当于邀请全球客户来共同监督自己。为此华为也曾犹豫再三，一方面是担心把问题暴露给客户会丑化华为形象，另一方面也担心客户怀疑华为是"作秀"。最后事实证明，此举有效促进了华为的进步，构建起了华为与客户深度互信的交流沟通平台。更重要的是，此举让客户看到华为不怕暴露问题，愿意倾听客户意见并不断努力提升的执着；同时华为还与客户共建联合创新中心，发挥各自优势，实现深度融合，帮助客户实现商业成功，夯实信任基础。35年来，华为这台活力引擎的轴心是客户，是否为客户创造价值是判断有序无序、熵增熵减的根本标准。华为明确告诉所有华为人："如果你的声音没人重视，那是因为你离客户不够近。"向客户而生永远是华为人之魂。

- 营销：要虔诚地对待客户。
- 产品研发：产品发展的路标是客户需求导向。
- 服务：客户满意是衡量一切工作的准绳。
- 流程IT：要以客户为中心、以一线为起点端到端梳理和建设。

……

心有所向，终至所归。2022年10月27日，华为获得欧洲质量管理基金会（EFQM）颁发的"以客户为中心杰出成就奖"。华为是首家获得该全球知名奖项的中国公司。EFQM全球卓越奖是世界三大卓越管理奖之一，旨在表彰全球范围内成功将战略落实为行动并实现持续改善的模范组织。EFQM列出华为获奖原因之首是："以客户为中心已经成为华为供应链各级组织的DNA，并延伸到价值链上下游及整个供应生态。"

"以客户为中心"在华为绝不是口号，而是有坚实的体系支撑与机制做保障，直至落实到各个岗位的考评中。比如，华为要求业务主管要成为半个财务专家，要学会解读客户财报，目的是深入了解客户的经营痛点，让产品综合解决方案能够和客户诉求对标，做到对症下药。而不懂财务的业务主管只会卖产品和服务给客户，强调产品的技术优势，而容易忽略客户的盈利模式、资产状况和支付能力。甚至，华为代表处负责人的绩效考核与运营商总裁的KPI直接挂钩关联。

为什么要以客户为中心？华为大学的培训中经常讲到一个故事。几位哲学家在马路上散步，看到远处一只母鸡准备从马路一侧跑到另一侧，于是他们争论鸡为什么要冒着被撞的风险过马路。一位哲学家说："它肚子饿了，要到马路对面找吃的。"另一位哲学家说："它的孩子在马路对面等它。"还有一位哲学家说："它应该是瞎的，根本看不到路上的车。"几人把苏格拉底、柏拉图、亚里士多德的哲学理论都搬出来佐证，但是谁都说服不了其他人，争得面红耳赤。这时，路过的一位老农嘟囔了一句："鸡为什么过马路，你得问鸡啊！"哲学家们的争吵停了下来。企业对抗熵增首先就是要有所有人都明确的清晰导向，才能打破个体的各自为政、自以为是，避免"布朗运动"，形成组织合力。

当然，华为强调向客户而生，并不意味着从一个极端走向另一个极端，会忽略以技术为中心的超前战略。任正非说："客户面临的现实问题是客户需求，面向未来的科技创新也是客户需求，只是更长远一点。"以客户为中心和以技术为中心，两者是"拧麻花"的关系，特别是华为从行业"跟随者"成为"引领者"之后，坚持以客户为中心做产品，以技术为中心做未来架构性的平台，这才是更持久的、真正的向客户而生。

据某著名咨询公司统计，业界巨头对客户需求的平均满足率在80%左右，华为超过了95%，而且响应速度远超同行。正如向日葵不停地转动花茎，只为了向阳而生。客户就是华为的太阳，华为坚定地逐光而行，目的是建立开放系统，不断与客户进行物质、能量与信息交换，从而获得持久生长的力量。

开放之术

炸开金字塔塔尖

在 2019 年 8 月的一次采访中,彭博电视问任正非有无继任计划。任正非表示,华为一直有继任计划。继任不是交给某个人,而是交给一个群体,群体下面还有细分,像链式反应一样,是一个庞大的继任计划。不然,万一这个接班人生病了怎么办?

任正非描述的华为接班人队伍状况与大雁呈"V"字形飞行原理类似:头雁在前方开路,它展开的翅膀在冲破空气阻力时能在左右两边形成局部真空,飞行在它左右的两只大雁就因空气阻力减小飞起来更省力。同样,这两只大雁在飞行时形成的局部真空又帮助了飞行在它们左右两边的雁。头雁由于飞在最前面,阻力最大,飞累了的时候,会主动回归大部队中,由新的大雁去代替它。飞行途中,后面的大雁经常会发出叫声来鼓励前面的同伴。就这样,整个雁群在头雁的带领下,比单雁独飞增加了 72% 的飞行距离。

用任正非的话来说,这叫"炸开金字塔塔尖",与世界交换能量。他认为,金字塔是最稳定的建筑结构之一。在工业时代,人才金字塔结构的优点显而易见,有秩序、有层级、分工明确、效率高。比如在华为传统的人才金字塔模型中,有管理人才与专业人才发展的双通道,各通道都有对应的人才"选、育、用、留"的流程和标准,引导各类人才成长，支撑起华为很长时间的发展。但在数字时代，这种人才金字塔结构便有了缺点。例如，它是相对封闭的，与外界缺少能量交换，层级严密，不利于创新。更要命的是，金字塔塔尖那么小，只能站下很少的人，容不下更多人才。站在塔尖的人有多宽的视野，金字塔就只能那么大。所以，随着2004年轮值COO（首席运营官）制度的推行，华为就逐渐尝试"炸开金字塔塔尖"，扩大外延，让更多的商业领袖、战略领袖和技术领军人物站上来，使组织永葆活力。这样，战略方向和前进方向就是大家共同探讨、探索出来的，是达成了共识的，这就避免了"神仙打架，百姓遭殃"，在决策的源头上就实现熵减。

在《一江春水向东流》一文中，任正非回忆了自己从1987年创业到2004年独自担当"头雁"的心路历程。

· 1997年后，公司内部的思想混乱，主义林立，各路诸侯都显示出他们的实力，公司往何处去，不得要领。

· 2002年，公司差点崩溃。IT泡沫的破灭，公司内外矛盾的交集，我却无能为力控制这个公司，有半年时间都是噩梦，梦醒时常常哭。

· 大约在2003年前的几年时间，我累坏了，身体就是那时累垮的。身体有多项疾病，动过两次癌症手术，但我乐观……那时公司已有几万员工，而且每天还在不断大量地涌入。你可以想象混乱到什么样子。我理解了，社会上那些承受不了的高管，为什么选择自杀。

· 大约2004年，美国顾问公司帮助我们设计公司组织结构时，认为我们还没有中枢机构，不可思议。而且高层只是空任命，也不运作，提出来要建立EMT（Executive Management Team，经营管理团队），我不愿做EMT的主席，于是就开始了轮值主席制度，由八位领导轮流执政，每人半年……也许是这种无意中的轮值制度，平衡了公司各方面的矛盾，使公司得以均衡成长。

2004年以前，华为采用的是高度中央集权的运作模式，几乎所有重大权力都集中在任正非一人手中。当时有一种奇异景象，上千个项目在运作时，干部们事事上报，凡事没有任正非点头，谁也不敢动。可以想象当时任正非这只"头雁"有多么辛苦。其间任正非父母双亡，给他造成了沉重打击；"内部创业"引发了惨胜如败的"港湾事件"；思科通过诉讼对华为进行全球追杀；"小灵通"的决策失误；移动制式从2G到3G演进过程中的节奏把握失衡等。后来回忆起这段往事，任正非说："我当年精神抑郁，就是为了一个小灵通，为了一个TD（TD-SCDMA，大唐电信主导的国内3G标准），我痛苦了8~10年。我并不怕来自外部的压力，而是怕来自内部的压力。我不让做，会不会使公司就走向错误，崩溃了？做了，是否会损失我争夺战略高地的资源。（我）内心是恐惧的。"

经历了这段跌跌撞撞的发展历程，任正非深刻认识到，在数字时代，只有"炸开金字塔塔尖"，不依赖个人英雄，才能使内生领军人物辈出，外延天才思想云集。在华为内部，最能体现"炸开金字塔塔尖"的机制化落地动作就是"轮值制"。这项制度从2004年启动，到了2011年，华为从轮值COO升级为轮值CEO，轮值成员从2004年的8人精减为3人（郭平、徐直军、胡厚崑）。他们在轮值期间是公司的最高行政负责人，工作重点是着眼于公司的战略与制度建设。

遵循大雁飞行规律，在咨询公司的帮助下，任正非从自己开始一步步"炸开"华为的人才金字塔塔尖，放下日常经营管理决策权。他说："比世界还大的世界，就是你的心胸。"为了轮值CEO制的顺利推行，"文化教员"任正非还做起全体华为人的思想工作。

· 过去的传统是授权给一个人，因此公司命运就系在这一个人身上。成也萧何，败也萧何。非常多的历史证明了这是有更大风险的。传统的CEO为了不辜负股东的期望，日理万机地为季度、年度经营结果负责，连一个小的缝隙时间都没有。他用什么时间学习充电，用什么时间来研究未来，陷在事务之中，怎么能成功。

·他们轮值六个月之后卸任，并非离开核心层，他们仍在决策的核心层，不仅对业务的决策，而且对干部、专家的使用都有很大的力量与权威。轮值 CEO 是一种职责和权力的组织安排，并非是一种使命和责任的轮值。轮值 CEO 成员在不担任 CEO 期间，并没有卸掉肩上的使命和责任，而是参与集体决策，并为下一轮值做好充电准备。

·轮值期结束后并不退出核心层，就可避免了一朝天子一朝臣，使优秀员工能在不同的轮值 CEO 下，持续在岗工作。一部分优秀的员工使用不当的情况不会发生，因为干部都是轮值期间共同决策使用的，他们不会被随意更换，从而使公司可以持续稳定发展。

....

到了 2018 年，轮值 CEO 制进一步升级为轮值董事长制。公司董事会及董事会常务委员会由轮值董事长主持，轮值董事长在当值期间是公司最高领袖。注意是"最高领袖"！也就是说，郭平、徐直军和胡厚崑三人在自己轮值的 6 个月期间将成为华为的"头雁"，承担全部责任（2022 年 4 月 1 日，郭平转任监事会主席，孟晚舟升为轮值董事长）。从轮值 COO 到轮值 CEO 再到轮值董事长，华为的接班人培养是一个在实战中逐步"放手"的过程。图 2-1 是华为轮值制的演进。

EMT轮值COO	轮值CEO	轮值董事长
·2004—2011	·2011—2017	·2018—

图 2-1　华为轮值制的演进

"将军都是打出来的！"在《华为人》报前主编周君藏看来，任正非骨子里崇尚的领袖是自然领袖，而不是任命的、自封的、世袭的、宣传的、永远光荣正确的、通过暴力迫使他人屈服的、靠金钱收买人心的领袖。因此，任正非不会受表面东西的影响，除了事物本身以及事物的发展规律。根据 2013 年知名企业雇主点评网站调查，84% 的华为员工都对任正非非常认可，高居中国企业家首位。在华为，只有那些在实战中不断打胜仗的接班人才会得到员工更多的认可与追随。

在金字塔塔尖被"炸开"之后，从 2011 年开始，华为在每个业务中心都成立了 EMT 团队，在授权范围内，由关键人才牵头对该业务中心的日常经营管理进行集体决策。同时，对各级作战组织，华为规定必须保证一定比例的基层人员参与决策。最高层的是"战略决策"，允许少量新员工参加；下一层级叫"战役决策"，如区域性、产品决策等，除了新员工，低职级员工也要占有一定比例。华为每个层级都实行"三三制"原则，要让一些优秀的"二等兵"早日参与最高决策。任正非指出，以前大家排斥他们，认为他们听不懂。基层人员参加了会议，即使很多内容听不懂，但是提早对未来作战计划有个认知，而且他们还年轻。新生力量就像"鲶鱼"一样，把整个鱼群全激活了。因此，迭代更新很容易，华为不担心没干部，而是担心后备干部太多了，不好安排他的工作。后备干部太多，在职干部就不敢惰怠，否则很容易被别人取代。这或许就是"炸开金字塔塔尖"之后，华为接班人辈出的原因。

华为蓝军

在华为有一个特殊的部门，叫"蓝军参谋部"，该部门正式成立于 2006 年。成立的目的就是，要培养组织的自我批判能力。如果说华为心声社区是一个"罗马广场"，主要目的是刨松全员思想建设的土壤，在公开透明中逐渐达成共识，蓝军则是华为自我批判文化落地的专门组织。华为首先在研发产品线使用蓝军机制，专门负责唱主力军的反调，也被称为华为的"乌鸦嘴""葬歌队"。为了让"乌鸦嘴""葬歌队"唱得更欢、反对得更准，华为每年将基础研究经费的约10%划拨给蓝军。

所谓"蓝军"，是指模拟实战中的假想敌。由于在军队地图中，我方部队往往用红色标示，敌军则用蓝色标示，所以蓝军就成为假想敌方的代称。第二次世界大战期间，英国陆军元帅蒙哥马利让一些军官学习德军元帅隆美尔的作战模式，分析其作战思维，然后让他们从隆美尔的角度对盟军的计划进行评估，在后来的实战中取得了不错的效果。世界上最早的蓝军是以色列在1966年组建的"外国空军模拟大队"。该大队以一批优秀飞行员为核心，模仿伊拉克军队的空战方式，并全部按伊拉克军队的导师——苏联军队的方式进行训练。以色列空军通过与蓝军的模拟对抗，大幅提升了能力，随后在实战中以1:20的战损比重创伊拉克空军。

可是，企业为什么有必要建立蓝军？

首先，企业经营本质上面临着不确定性，事物发展存在诸多的可能性，蓝军的存在就是为了多一支探寻真相的队伍。其次，企业发展到一定阶段，总会沉淀出一些所谓的成功经验。而蓝军的另类思维模式有可能帮助企业跳出固有的思维框架，克服偏差。最后，蓝军的存在不是为了减少矛盾与冲突，而是主动创造冲突，甚至要跳出企业原有的文化，打破原有的框架，建立对立面。事物往往是在矛盾的张力中推动阴阳转化，打破平衡，减少熵增。而可控、良性的冲突会极大地增强组织活力。

为什么要建立蓝军？"蓝军机制"本质上是一种开放式创新实践，按照任正非的解释，"蓝军想尽办法否定红军"。蓝军可以虚拟出各种对抗性声音，模拟各种可能发出的信号，通过自我批判、警告与模拟，使华为始终保持很高的"冬天"意识。任正非基于对世界战争史的研究，他发现，纯粹防守往往防不胜防，一定要以攻为主，而攻就要重视蓝军的作用，蓝军想尽办法来否定红军，就算否不掉，蓝军也是动了脑筋的。任正非说："最好的防御就是（对自己）进攻，要敢于打破自己的优势，形成新的优势。""'进攻是最好的防御'是指进攻自己，逼自己改进，从而产生更大优势。"所以，在华为内部就要创造一种保护机制，一定要让蓝军有地位。任正非要求，要想升职，先到蓝军去，不把红军打败就不能升司令。红军的司令如果没有蓝军经历，也不要提拔了，这样的干部都不知道如何打败华为，就已到天花板了。任正非认为，两军互攻最终会有一方胜，胜利方的成果可能就会制造一个机会点。

在研发上，华为蓝军是指基于现有标准、协议，用新的、颠覆性的实现方式来解决红军（也就是产品研发部门）未解决的问题。蓝军的方案和红军的方案相比如果只有5%~10%的差异就没有价值，要有30%~50%的差异。这不是细枝末节的改进，而必须是颠覆性的。蓝军的成功体现在：输出了打败红军的方案，使得最终蓝军的方案为红军所用。这种PK机制能让人的潜力得到充分激发，产品能够吸收更多人的思想和精华，构筑起华为强大的竞争力。

在市场上，华为也经常采用红、蓝军对抗培训模式。代表处的所有人员一分为二，甚至分为三组，模拟几个厂家一起竞标。红、蓝军对抗是按照实际的场景进行模拟的，因此具备非常强的实战属性。而在红、蓝军对抗的过程中，也能发现与选拔一些在对抗中表现突出的员工。值得注意的是，华为内部红、蓝军对抗，能够赢下项目的，未必是代表华为的红军，很多时候往往是对华为"知根知底"的蓝军能够出奇制胜，这就可以很好地让华为及时总结经验教训、取长补短。同时，华为的这套有效的培训机制也被推广到了海外代表处。海外版本的红、蓝军对抗，采用全英文环境和背景材料，针对的项目也都在海外市场，经过真刀真枪激烈模拟训练的团队敢打仗、能打仗、打胜仗。

华为蓝军成立以来，通过红、蓝军对抗，利用辩论、模拟实战、战术推演等方式，对当前战略思想进行反向分析和批判性讨论。在一次华为的战略务虚会上，蓝军代表首先上台发言，痛批华为决策和管理问题。比如华为高管提出的2014年6大发展规划，其中5个落空；2015年华为的惠州会议提出的几大精神又全部落空。蓝军代表对每年的战略决策问题一个一个地批判，批得非常厉害。批到最后，任正非都有点受不了了，连忙将蓝军请下了台。坚守灰度哲学的任正非同时保持着对走向极端自我批判的警惕，他说："我们也要告诫员工，过度的自我批判，以致破坏成熟、稳定的运作秩序，是不可取的。"

针对华为开发的某个接入网产品，为了满足欧洲客户的需求，红军设计了一个平台架构。这时蓝军的一个专家跳出来，写了很长一篇文章，认为这个产品架构有缺陷，肯定会失败，并且列举了多条理由，每条都有论证。红军就开始反击蓝军，召集了硬件、软件的专家，不断优化架构和设计来证明自己正确。蓝军的"攻击"把整个红军团队的潜力激发出来了，如今这个产品上市十几年了，架构还是领先的。任正非曾表示，三峡大坝的成功要肯定反对者的作用，虽然没有承认反对者的结论，但设计上都按反对意见做了修改。我们要肯定反对者的价值和作用，要允许反对者的存在。

华为蓝军成立至今，做的最为著名并且对华为发展影响最为深远的事件便是阻止任正非出售手机终端。自2007年苹果推出iPhone后，手机市场就迎来一场新的革命，但从革命到胜利总有一个过程。当时，华为手机对高端市场遥不可及，低端市场又面临山寨机横行，自己被夹在中间，主要给运营商贴牌做定制手机，利润薄、品牌影响力差，连自己的员工都不愿意用，销量也不好。2008年，任正非认为华为应该坚持通信业务的主航道战略，不应该制造手机，决定卖掉终端业务。但华为蓝军迅速做了调研，拿出一份蓝军的独立研究报告。报告认为，未来的电信业将是客户端、管道和云端三位一体，终端决定了需求，如果放弃了终端，就放弃了华为的未来。任正非最终做出了停止出售终端的决策，后来的发展也证明了蓝军的正确性。除了阻止出售终端外，2015年，在华为手机崛起的关键时期，蓝军睁大眼睛盯住细节，找到了红军的纰漏——华为的某款手机在高温下会从机身接缝处渗漏胶水。蓝军立刻做出了这款手机不得上市的申请。虽然直接损失数千万元，但保护了华为来之不易的声誉和品牌。

随着2013—2015年华为业绩的高速增长，员工薪酬也刚性增长。2016年华为人均薪酬进入全球第一梯队，但分配结构却不一定合理。华为蓝军提出老员工日益富贵化，资历老、职级高的老员工股票多、分红高，而新人没有分红、前期收入低，因此在与互联网公司争夺优秀人才时，华为不具有优势。这种扭曲的薪酬架构导致高层板结、基层优秀人才不断流失，使组织丧失了新陈代谢能力。蓝军的建议是：在控制公司经营刚性的同时，华为要确保提升中基层员工的薪酬、福利竞争力，才能打赢与顶级互联网公司的人才争夺战。同时要促使中高层、老员工消除懈怠，加强人才流动，提升老员工的再学习、再提升能力，建立不合格、不奋斗老员工的退出机制，不断激发活力。这直接导致了华为后续薪酬体系的优化变革。

如今，在华为进行一系列战略部署之前，都会展开激烈的"红蓝对抗"。蓝军会尽一切可能查找华为即将采取的战略的缺陷和不足，进而与红军展开激烈辩论，对华为的一切错误决定做出及时制止。

"没有谁能看见自己的后脑勺！"个体都是不完美的，组织却需要趋向完美。华为内部曾发起过"一群瞎子如何共同拼出一头真正的大象"的大讨论，某种程度上就是提醒华为人要有蓝军思维，那些提反对意见的人往往是华为的"战略储备"。例如，在企业的顶层设计上，华为的监事会绝不是一个"养老"机构，而是由一批有实力、有高威望的退下火线的"将军"组成，最新一任监事会主席由刚卸任轮值董事长的郭平担任，监事会的定位是企业最高监督机构，要对企业生存发展和命运负责，其基本职权包括领袖管理、业务审视和战略前瞻。从某种程度上而言,这就是华为公司治理体系中最高层面的蓝军。

孙子说:"战势不过奇正,奇正之变,不可胜穷也。"企业管理最大的挑战,就在于如何创建奇正相生、循环往复的一体化组织机制。蓝军的开放性主动试错,打开了思维的固有边界,看到了更多的可能性,往往能够让企业在不确定的经营环境中找到最精益的道路。

心声社区

在某种程度上,有"罗马广场"之称的华为心声社区是被逼出来的。凡是有人的地方就有江湖,有江湖的地方就有传说。管理往往都有逆人性之处,何况华为员工面临着巨大的工作压力、超强的精神负荷。早期的华为狼性十足,内部被领导批评、外部被客户批评"修理"都是常事,加之新老员工之间的收入差距、基层与干部之间权力分配导致的心理落差等都会激起内部矛盾,这些能量需要一个释放的出口。当内部无法解决的时候,就经由互联网时代的论坛来释放。一时间,外网上天涯社区的华为专区热闹非凡——专区中各种抱怨领导、给劣迹干部画像、讨论小道消息的帖子满天飞,有的甚至极大地影响了华为的品牌形象。

2006年5月,"胡新宇事件"发生后,国内媒体对华为发起了铺天盖地的批评。而在互联网尤其是天涯论坛上,讨论更是沸沸扬扬,论坛用户们从该事件中引申出对华为管理文化的质疑,不少人一看就是公司内部的员工。任正非等华为领导们刚开始的反应是愤怒、困惑与不解,并以强硬姿态要求公司有关部门追查发帖者,追究媒体不实报道的责任。但很快,任正非就意识到,华为的员工们需要有表达的渠道。正如大禹治水,"堵"不行就"疏",华为是一家不断追求合理性的公司。

任正非后来不断提醒各级干部,他说:"为什么大家要在天涯社区上去发牢骚?你们要反省,你们是不是让员工没有说话的地方,只是简单粗暴的管理？"从某种程度上而言，华为心声社区是对外部天涯社区"引流"的产物，是员工聊天、了解公司最新信息的一个内部论坛，其定位是华为人的沟通家园。何谓"心声"？就是内心的声音。如何让人说出内心的声音，保证在"罗马广场"吐露"心声"后是安全的？那么匿名就是必需的。2008年6月29日，华为心声社区正式上线。在这个"罗马广场"上，员工可以实名也可匿名对公司规章制度、领导甚至任正非发表意见，倡导实话实说，这是员工对公司的一种民主监督，也是公司获取员工智慧的重要渠道。

某天，华为心声社区上出现了一个帖子，内容是批评公司的一位高管。这位高管看到帖子之后很是不爽，便找心声社区负责人，要查出发帖者的工号。心声社区负责人不好直接拒绝，但又觉得这事儿不对，无奈之下找到任正非，汇报了这件事。任正非听了马上说："好啊，你把我的工号告诉他。"从此，心声社区的匿名制得到严格执行。任何人（包括高管）想去了解发言者的真实身份，必须经过任正非亲自批准。任正非告诫干部们，不能让人不说话。人必有一善，集百人之善，可为贤人；人必有一见，集百人之见，可决大计。他要求心声社区积极收集"舆情"，下情上达，每周提交《心声社区每周信息摘要》，以及时了解"社情民意"；每年汇编《公司问题》并下发给华为各级干部，他称之为给华为"补天"。开放的心声社区运行14年来，主要解决了以下问题。

第一，对各级干部形成了民主监督

2015年10月，一位员工根据自己的亲身经历在心声社区发出《一次付款的艰难旅程》的帖子，反映华为内部的财务审批流程太复杂、财务人员经常设阻力等。任正非对女儿孟晚舟领导的财经团队直接批示："据我所知，这不是一个偶然的事件，不知从何时起，财务忘了自己的本职是为业务服务、为作战服务，什么时候变成了颐指气使，皮之不存、毛将焉附？我们希望在心声社区上看到财经管理团队民主生活发言的原始记录，怎么理解以客户为中心的文化。我常感到财务人员工资低，拼力为他们呼号，难道呼号是为了形成战斗的阻力吗？"随后华为财经团队立即开展了自我批判，将会议记录向全体员工公开，并做出了向一线"权力下沉、三点闭环"等整改方案。2016年9月，有华为员工在心声社区批评华为供应链的作风每况愈下，并列举了五大表现，其中直指供应链总裁的工作作风：高高在上，远离团队……将军远离自己的士兵，这样的团队能有战斗力吗？供应链团队又启动了自我批判。华为甚至还会把一些管理干部的考试试卷、学习心得、演讲稿、审计报告等发到心声社区上供员工评判。

华为财经体系一位部门负责人坚信，华为的财务报表一定是中国最真实的，在世界上应该也是前几位的。他说，"假使我们的财务报表有问题，心声社区的舆论就会让我们下不了台……"这就是员工广泛参与带来的力量。一家企业如果无视舆论，公司高层听不见员工真实的声音，就很可能走向封闭，走向自我禁锢和不必要的内耗。心声社区是盘旋在华为各级管理者头顶的猫头鹰，是一个普遍的大众参与和大众监督的平台。

第二，暴露管理问题

面对员工"打造引领战略领先的'华为军团'，怎样才能避免'叶公好龙'"的帖子，华为组成联合调查组主动揭露研发体系博士高流失率的真相。

2019年，华为公司咨询委员会、人力资源秘书处和人才管理部分别独立进行了调研，选取研发体系2018年离职的82名博士员工和104名在职博士员工、制造部11名在职博士员工进行了一对一的深度访谈调研并进行数据分析，形成了三份针针见血的调研报告，深度挖掘华为研发体系博士员工离职率过高（数据显示，研发体系博士类员工近5年累计平均离职率为21.8%，2014年入职的博士经过4年，只有57%留下来）的原因：如"武大郎"的小摊，无法提供"武松"的发挥空间；工作安排随意，"用非所学"，造成英雄无用武之地等。这使华为及时调整优化了相关政策。

第三，直面问题，但不矫枉过正

针对研发员工普遍在心声社区抱怨甚至投诉的后勤服务——食堂伙食差、定价高、服务不到位等问题。主管研发的徐直军在2013年专门发布《告研发员工书》进行回应：公司的成功是各种综合因素构成的，研发人员也不是天之骄子，不能要求别的部门对你过度地服务。以公司研发人员的收入，支撑在食堂享受较好的膳食是没问题的……为民请命的干部不成熟，可以抽调去帮厨三个月，以去实践他的建议，直到实现再回到研发岗位。我们的研发人员不要做葛朗台式的人物，一个连自己每天的基本生活保障都不愿花钱的人，对别人服务百般挑剔的人，怎么会理解别人、懂得客户的需求。正确的做法是努力工作，增加收入，以此改善生活。同时也要体谅为你服务的人，不是你一人生活好，可以不顾及别人。我们的研发人员要学会感恩，感谢为你服务的人。干部也不要随便把矛盾转移出去，学会管理员工的心理预期。

民意、网络表达往往带有自发性，但组织却不能随波逐流。组织的无作为，就会形成"熵死"。匿名制的存在，造成心声社区中必然有很多负能量聚集。一方面领导敢于直面热点问题，予以公开回应；另一方面又不因为"谁声音大"来盲目安抚，从而导致"谁声音大谁就有理"。平衡引导员工心态是很复杂的问题，但更重要的是面对问题的正确思维方式。

第四，自我批判文化得以全员落地

华为心声社区的诞生不是偶然的，而是必然的。它实际上是华为一贯重视的自我批判文化在互联网时代落地的重要抓手。1997年，华为创办了《管理优化》报。该报主要是通过员工反馈的一些小事暴露出一些管理中的问题。问题暴露后，涉事部门主管通常要组织内部认真学习讨论，分析问题并提出具体的改进举措，随后再刊登在报纸上。实际上这就是一份自揭家丑并形成整改闭环的报纸，更难能可贵的是，该报纸不仅员工可以看，还面向客户公开，任正非对此十分重视和支持。1999年，华为参与某省 GSM 通信设备招标失败。事后复盘时，当事人向任正非投诉《管理优化》报，说正是 GSM 项目负责人自我批判的文章登出来，使竞争对手挑唆客户，导致他们丢了大单。针对此事，任正非明确回答：华为因为自我批判丢了一个大单不算什么，自我批判带来的产品进步将会换来更多的大合同。如果客户深入想一想，就会觉得华为这样做是为了改掉缺点，不断鞭策自己进步，华为以后一定会获得更多客户的信任。

心声社区虽然很开放，但也是有边界的，比如不能进行人身攻击等。每个发帖者根据其参与度会得到一个持续累加的"积分"，这个由系统自动完成；同时还会根据其发帖内容的文明程度而有一个"文明分"，"文明分"是给每个人提前赋予一个分值，主要采用扣分制。扣分主要是人工举报、系统分析，最后由管理员裁决。这两个积分都对外公开，也就是既倡导积极参与，也约束匿名可能带来的"不文明"。任正非说："民主就是拿着刀子在身上削伤疤，但是不能把头给割了。""我们公司允许员工说错话，60% 说对就行了。""心声社区总体是很健康的，让大家免费免责提意见，使华为文化得到普及理解。虽然大家在上面'胡说八道'，针对我们说的，有很多人来评头论足。这些跟帖就是未来将星在闪耀。我不需要知道账号背后是谁，但是我知道华为有人才。"任正非正是通过心声社区，听到了很多一线的真实声音，这恐怕要比古代的微服私访或者密折专奏的效果要好得多。

第五，发现人才的资源池

2019 年，任正非告诉来访的索尼社长吉田宪一郎，通过心声社区提的反对意见是有地位的，而且是得到保护的。华为人力资源体系有个机制，在匿名发帖者中，首先看他批评的准确性和中肯性，如果意见是简单的、空洞的，我们会容忍，不一定会关注，但我们绝对不会打击他。如果骂得很对，就开始调查该员工并看看他前三年的考评业绩，有可能就被选拔到公司的秘书机构工作3～6个月，帮助处理一些具体问题，培训他、锻炼他，也就是给他一个到总参谋部来"洗澡"的机会。然后让他回到一线去，看能否用这个方法解决一两个问题，这些表现优异的种子将来迟早是要当领袖的。而总说我们好的人，反而是麻痹我们，因为没有内容。心声社区的内容都是很具体的，我们要具体去分析。越是高层领导，越要深入基层，只有了解基层情况才能充分决策，否则，华为就不可能活到今天。也就是说，华为鼓励员工提出反对意见，甚至因此而发现人才。任正非说："我如何知道'二等兵'可以升'将军'呢？如果'二等兵'靠拼刺刀一层层选拔上来，他不一定能走到'将军'位置，即使走到'将军'位置，他可能都80岁了。有些员工不是专提反对意见，是对事情的认识，可能比我们还深刻。反对的人，也许是有真知灼见的天才，容忍反对，才会人才辈出。"任正非说："在华为，每个人都可以拿着板凳站在走廊上讲自己的观点，把自己的心声喊出来。"

IPD、ISC、IFS等流程体系帮助华为实现了业务在线、流程在线，而心声社区则实现了员工在线，进而实现思想引导在线和管理在线。"观察乌龟吧，它是靠伸出头来才能前进的。"这是IBM前CEO郭士纳十分喜欢的名言，企业发展同样如此。回顾这段历程，任正非表示，公司开放心声社区，我内心也很有压力，反对的人也很多，我们还是坚持开放。我不明白为什么家丑不可外扬，员工只要坚持实事求是，事情是亲历、亲为，有不对的地方，为什么不可以外扬？我们最近在离职员工管理上，已经去掉了维护公司的声誉这一条，维护是维护不住的，只有我们变好才行。要允许员工讲话，其实绝大多数员工偏离事实只有一点点，不会是黑白颠倒。心声社区开放以后，我们内部环境好多了。

"贤路当广而不当狭，言路当开而不当塞"。这是中国古人的智慧。坚持发言须将"以事实为依据、实事求是"作为原则的华为心声社区正式上线以来，据统计已有98%以上的在职中方员工访问过，成为华为企业文化宣传与沟通的重要平台。

员工凝聚力是任何现代企业的向往和追求，而凝聚力来自正能量的汇聚，来自对工作意义的理解和公司发展方向的认可，这个过程需要交流、表达甚至碰撞。如果员工有意见没有渠道正常表达，这样的"凝聚"就是被压抑的服从，员工"心里长草"是根本性的熵增，不可能形成真正的凝聚力。员工心中对公司政策、领导有不满与怨气通过合适渠道发泄出来，这就是耗散，而没有耗散就形不成新的更高水平的凝聚。所以，有华为员工认为，华为员工凝聚力强，能得到持续发展，核心原因之一是任正非对华为存在的很多问题都了如指掌。华为内部流传着一句话：任总是"心声"治司。其中的关键是，任正非始终以开放的心态，允许正面评价（60%～70%）和负面评价（30%～40%）同时存在，"水多了加面，面多了加水"，两者不断"拧麻花"，既获取了员工的智慧，也倾听到了员工不满的心声，并不断优化改良。心声社区是华为开放的证明，也是实现组织自我批判的手段，更是华为充满活力的体现，是实施熵减的重要抓手。

开放的艺术

虽然近年来华为变得越来越开放，但也有不开放的，如对外部资本。

早期，华为对媒体也不开放，并拒绝各种评奖。国内媒体称华为"神秘""低调"；国外媒体更是胡乱猜测，说华为有"军方背景"，甚至各种"妖魔化"。

·2004年，任正非入选了"中国经济年度人物"候选人。任正非派出一位副总去公关，要求取消自己候选人资格，说自己是只想做好华为。

· 2005 年，任正非被美国《时代》周刊评选为年度"全球最具影响力的 100 人"之一。华为的回应是"其实难副"。

· 2010 年，华为首次进入世界 500 强榜单。一位高管一大早走进会议室这样宣布：告诉大家一个不幸的消息，公司进世界 500 强了。大家并未对此感到欣喜。

· 2018 年，任正非上书深圳市委，希望将自己从改革先锋名单中去掉。

…………

2005 年，任正非被美国《时代》周刊评选为年度"全球最具影响力的 100 人"之一。华为对此进行了公开回应，但明眼人一看，这是任正非亲自起草的，某种程度上也是他对媒体的内心独白：我为什么不见媒体？因为有自知之明。对媒体说自己管理有方，恐怕言过其实；说自己做得不好，别人又不相信，甚至还认为虚伪，只好不见为妙。

2019 年 8 月，任正非在接受全球媒体采访时仍然表示不喜欢被人关注，因为那让我没有人身自由。所以，我就像只乌龟一样，躲到一个阴暗的角落里，也就是我家。这是人之常情，但更重要的是，任正非希望自己要集中精力搞华为，如果参加社会活动，就要消耗精力，他只想对准客户，对准产品和服务，埋头做实业。同时，他也很客观，因为"华为是由群体领导，荣誉加于一人不符合企业实际"。当然，熟读历史的任正非更深刻地认识到"名利不可兼得""争利于时，乃商人之本性，从商之要义；而逐名于朝，却是商人大忌，经商之歧路""红过十分就成灰"。对规律性的东西，他有天然的敏感度。任正非的做法也与华为的业务结构有关。华为当时的角色只是电信设备提供商，其客户只有全球几百家运营商，华为集中精力服务好它们就行，与普通消费者没有直接关系。

回头看，1998—2008年是华为开放与封闭错位的10年。开放是指华为在经营管理上全面引进西方的流程化组织建设，对包括IBM、埃森哲在内的十多家全球顶级咨询公司全面"开放"，进行"把脉诊断、开方治病"；面向社会全文公开《华为基本法》；在市场、研发等方面也是大面积开放。而对媒体，确实是相对封闭的。在这段华为的"青春期"，要改变华为人原来"游击队"的做事方式，扭转思维模式，这段时间是华为成长为国际化"正规军"的最困难、最关键的爬坡期。在徐直军看来，完成一件事关全局、企业生死的大事，最好还是少一些干扰条件，在本来就够复杂的内外环境之中，成败皆无定数，如果再有媒体搅进来现场直播，原本有七成把握恐怕也只有四成了。

每个人看到的世界都不一样，每家媒体都是一面不同的镜子，有的是放大镜，有的是显微镜，还有的是哈哈镜，照出来的对象往往会"面目全非"。

・2006年5月28日，25岁的员工胡新宇，因病毒性脑炎经抢救无效不幸去世，这成为媒体追逐的焦点性事件。媒体指责华为是"血汗工厂"，直接批评华为长期赖以生存发展的奋斗精神——"垫子文化"。

・2007年10月，一则"华为公司对工作十年以上的员工即将开始买断工龄"的消息传遍全网，这也就是后来所谓的华为"万人集体大辞职"事件。媒体直接冠以"华为公然对抗劳动合同法""华为打响了对抗劳动合同法的第一枪"等夺人眼球的标题，一时间闹得沸沸扬扬。

・2007年—2008年，华为发生了三起"80后"员工自杀事件，导致网络舆论和大众媒体更是对华为加以指责。

…………

华为曾规定任何人都不能随便对外透露公司相关信息，否则就会受到严厉的处罚。任正非认为，华为不是上市公司，没必要公开、透明，无须对公众解释什么。但现实往往是这样的，越神秘就越有争议，越有争议就越显得神秘，人们就越想了解。随着华为的规模越来越大，外界的人想知道得更多，这是客观规律，任正非不可能不知道。危机倒逼开放。任正非虽然从内心不想面对媒体，但规律不可违抗。那段时间，华为经历了一个组织文化的自我批判与对抗过程：面对越来越透明的媒体环境以及"80后"员工渐成公司主力，他们是移动互联网时代的"原住民"，总体上更加自我，华为文化要不要进行适当调整？哪些需要坚持，哪些需要优化，哪些必须改变？

2010年，经历了"自我批判"的任正非以罕见的口吻说："在舆论面前，公司长期是一只把头埋在沙子里的鸵鸟，我可以做鸵鸟，但公司不能，公司要攻击前进，华为到了这个时候要允许批评。"任正非又在《华为要改善和媒体的关系》一文中表示，要善待媒体。在与媒体关系上，要低作堰，而不是高筑坝。媒体辛辛苦苦来了，好赖信息都得给他两个，让他能写篇文章；要采访任何一个员工都可以，员工想说什么就说什么，批评华为更好，不一定要说华为的好话，事实证明一切。华为有什么事捅出去也好，小不振则大震。早些时候知道什么错了，总比病重了好。

· 2011年，随着华为从单一的运营商业务拓展至企业业务和消费者业务，坚持"为客户服务是华为存在的唯一理由"的华为需要更多的"看见"与"被看见"。

· 2012年，华为一众高管开通了微博账号，开始对外接受采访，就各类所谓"敏感问题"坦然发表观点。

· 2013年5月，在华为国际顾问们的一再建议下，"唯一的鸵鸟"任正非在新西兰与当地媒体交流，随后又在法国、英国与全球主流媒体就股权结构、个人经历、政治信仰、治企理念、接班人等问题一一揭开谜团。

・2014年6月，任正非第一次接受国内媒体采访。

・2019年，任正非主动出击，接受了全球数十家媒体采访，回答了数百个问题，这恐怕是中国企业家从来没有过的采访密度。

自此，恐怕华为再无所谓的"神秘面纱"。华为董事会更进一步明确，不能将信息安全过度化，华为没有多少是需要保密的，华为要学会在互联网时代打明牌。总结下来，华为对媒体的态度是根据自身实力成长渐进式开放的，"实"走在"名"前，总体是名副其实的。同时开放的过程是坦荡的，讲究逻辑和合理性，具有鲜明的理工男风格。

在众多媒体关心的问题中，有几个问题始终绕不过去，那就是华为为什么不上市、任正非的股份为什么那么少以及华为对资本的态度。任正非对此十分坦诚："不要把我想得多么高尚。华为是科技企业，要更多的聪明人、有理想的人一起做事，所以就只能抱团，同甘共苦，越是老一代的员工和高层领导干部，越要想到自觉奉献，只有不断地主动稀释自己的股票，才能激励更多的人加入华为一起奋斗……"至于为什么留这么少的股份，任正非说："为什么要持有更多的股份？难道我要一辈子承担企业的经营责任吗？迟早一天我会得老年痴呆的。总有后面的人比我们优秀，就让他们去管好了。后面人也会更辛苦，他们钱比我还少。"至于为什么不上市，任正非更多是出于对人性的深刻洞察。他说："猪养得太肥了，连哼哼声都没了。科技企业是靠人才推动的，公司过早上市，就会有一批人变成百万富翁、千万富翁，他们的工作激情就会衰退，这对华为不是好事，对员工本人也不见得是好事，华为会因此而增长缓慢，乃至于队伍涣散。"

截至2021年12月31日，任正非在华为的股份约为0.84%，其余的99.16%通过华为工会的形式由131 507名员工持有，没有任何政府部门、机构持有华为的股份。华为的股份结构为什么会演变成这样？据现任董事会首席秘书江西生回忆：1987年创业时，任正非找了5个人，每人出资 3500 元，任正非当时甚至都不是董事长，这 5 个人并不直接参与企业的经营。有一次 6 人开董事会，任正非也让他们几个老员工参加。整个会议下来，感觉氛围很不好，因为他们对任正非的发展思路很不理解，公司为什么要招这么多人？为什么投入这么多钱去开发产品？风险太大，矛盾自然就产生了。后来就有董事退股，但谈得异常艰难，最后在法院调解和协商下退出了。在一次采访中，任正非说："他们拿到钱退出后，公司就变成我一个人的了，我就开始把股份逐步分给员工。"这段经历，让任正非刻骨铭心地认识到股东之间的价值观不同、无法达成共识将会破坏企业长治久安的根基。

由此可见，华为的股权没有对外部资本开放，与任正非对人性和资本的贪婪以及 ICT 行业的本质有深刻洞悉有关。华为所在的 ICT 行业，任正非相信，资本固然能出一臂之力，但最重要还是靠劳动创造世界。华为评估员工能力，然后把股票合理分配，就形成了虚拟受限股的新机制。

"不上市，就可能称霸世界。"任正非私下这么说。华为起家的业务是典型的"地盘生意"，只要让自己的产品进入市场并牢牢捆在客户网络上，后续就总会有很多扩容的机会。第一年亏损，第二年回本，第三年盈利，将项目的利润测算延长到整个项目生命周期，这是华为早期开拓国际市场的常规操作。在没有外部资本的压力下，华为甚至可以以十年为周期来规划公司的未来，从而才有了华为在俄罗斯市场的数年持续投入；在巴西市场连续 13 年亏损、20 年累计贡献利润实现转正的坚持；也才能做到每年如此高比例的研发投入。任正非是一个坚守长期主义的战略家。试想，在美国连续打压之下，如果华为是一家上市公司，股价一定会像过山车一样，有多少外部资本会选择坚持呢？

任正非在接受美国媒体采访时表示，我们是为了理想而奋斗，如果我们是上市公司，可能很多员工抛售股票就走掉了。但是现在我们员工抱成一团努力前进，内部力量很团结，所以我们有战胜困难的基础，这就是我们没有上市的好处。2019年5月，在接受央视等媒体采访时，任正非再次强调华为不允许外部资本进来，资本贪婪的本性会破坏我们理想的实现。任正非很决绝。漂亮的红舞鞋很吸引人，可一旦穿上，便再也脱不下来。资本常常是短期逐利的，资本会变成华为穿在脚上的"红舞鞋"，华为只对员工开放"资本"，在控股公司层面没有对外部资本开放。

结语：开放是负熵之始

2021年，华为全球营收同比下滑28.6%，这是否说明华为不再是一家值得学习的企业了呢？实际恰恰相反，华为过去35年的高速成长正是坚持开放战略的结果，这期间华为走完了跨国巨头们上百年的路程。而美国单方面更改商业规则，切断全球供应链导致华为业绩下滑，恰恰从反面证明了华为开放战略的正确性。

世间万物由物质、能量和信息组成。其中，爱因斯坦的质能方程证明物质和能量是事物的一体两面，而信息既不是物质也不是能量，但信息不能单独存在，需要以物质和能量为载体。简言之，物质是万物本源的存在，能量是万物运动的存在，信息是万物联系的存在。信息即负熵，信息即有序，信息能够降低能量损耗，提高能量的使用效率。而要引入负熵流，实现与外界的信息交换，就必须打开边界，实施开放战略，而开放是负熵之始。

正是深刻认知到这一生命体的本质规律，任正非说："我们一定要避免建立封闭系统，我们一定要建立一个开放的体系。一个不开放的文化，就不会努力吸取别人的优点，是没有出路的。一个不开放的组织，会成为一潭僵水，也是没有出路的……"

如何实现有效开放？生命力异常顽强，在地球上已繁衍了8000万年的蛭形轮虫给了任正非很大的启发。蛭形轮虫采用无性繁殖，相当于自己生自己，其常常栖息于水潭、水沟之中，却特别抗干旱，在无水环境下竟可存活长达9年，即便体内的DNA双链断裂，在遇到水后，它不但能对碎成片的 DNA 进行修复，还会在修复过程中，把别的动植物，甚至是细菌、病毒身上有用的 DNA 吸收到自身的基因序列中，从而有效解决单性繁殖导致的多样性减少而步入进化死胡同的困境。蛭形轮虫身上可以表达的基因中有约 10% 来自其他超过 500 种物种的基因，从而能够不断适应新的环境，使得这种微小生物呈现出不可思议的生命力。在不通过双性繁殖实现传承的情况下，蛭形轮虫找到了通过开放的有效组合也能实现生命长期延续的进化路径。任正非认为，华为文化也是单基因文化、缺乏多样性。华为文化要像蛭形轮虫一样"东抓一块，西抓一块"，混合多种基因，防止熵增、沉淀、内卷化，才能具有超强的韧性和生存能力。

2022 年 9 月 2 日，华为轮值董事长孟晚舟在母校都匀一中发表的"读书万卷，咖啡千杯"的主题演讲中强调：华为鼓励每位员工多读、善思、能辩，从悠久而璀璨的人类文明中获取智慧的力量，从他人和行业的优秀实践中寻找突破的方向，打开思维的天花板，这是"点"的开放；华为倡导每一位员工与内外部专家多喝咖啡、交流思想，借他山之石吸收宇宙能量，这是"面"的开放；华为把先进论文和技术难题公开发布到网上，欢迎行业和社会合力推动、互相启发、竞相破题，让创新的力量奔涌向前，这是"场"的开放。从"点"到"面"再到"场"，充分体现了华为文化的开放性、组合力和吸收力。

2022 年 10 月 6 日，在主题为"百年变局下的科技自立自强"的第十四届华中科技大学企业家论坛上，华为监事会主席郭平表示："在这个大时代，在全球化割据的状况下，我们更需要开放合作，绝不闭关锁国，自我设限，以人类的进步为我所知，为我所用，为我所有，共同推进技术的发展，产业的繁荣，企业的成长。"

华为以一杯咖啡对接宇宙智慧，坚持不断地与外界进行物质、能量和信息交换，以形成新的更高层次的有序结构。但物质品质有好坏、能量有高低、信息有真假和有用与无用之分。向哪里开放，向谁开放，开放什么，就十分关键。因为一个耗散结构是复杂的，尤其是生命体，其开放必须针对自身的熵减所需的物质和能量及其搭载的信息，才能组合、转换为自身的有序。打个比方，每一种生物，必须是有对应的食物，才能实现能量的吸收，获得负熵而生存。正如老虎不能吃草，羊不能吃肉，否则都活不了。虽然肉和草都有能量，但老虎的系统不能把草的能量转换为自身的有序，羊亦然。又如改革开放几十年，既给我们带来了经验和财富，也带来一些糟粕和垃圾，如果不加区分，就会带来混乱和损害。

华为的选择是：不对外开放资本；根据企业发展进程逐步开放媒体；向客户开放（"以客户为中心"）；向员工开放（"以奋斗者为本""心声社区"）；打开自我边界，坚持自我批判；向优秀的、高能量的人事物开放（持续学习），而开放的方向就是华为实施熵减的着力点和抓手。

第 3 章

远离平衡态：以奋斗者为本

非平衡是有序之源：系统只有在远离平衡的条件下，才有可能向着有秩序、有组织、多功能的方向演化。

——普里戈金

我们要不断激活我们的队伍，防止"熵死"。我们决不允许出现组织"黑洞"，这个黑洞就是惰怠，不能让它吞噬了我们的光和热，吞噬了活力。

——任正非

华为内部流传着一句话:"任总每天最愁的,就是如何分钱。"

对企业来说,分钱甚至比赚钱更难。"钱分好了,企业一大半的管理问题就解决了。"这是任正非的体悟。现实中大部分企业正是没有科学地分好钱,所以个人熵、家庭熵都急剧增大,进而影响到企业熵。

分钱为什么复杂?原因在于人性的复杂。

华为是如何解决这个问题的?华为的分钱的依据到底是什么?

任正非说:"思想权和文化权是企业最大的管理权,思想权和文化权的实质是假设权。"在价值创造、价值追求上,华为的假设是:在正确的价值观及相应机制的引导下,绝大多数员工是愿意负责任和合作的,是高度自尊和有强烈成就事业欲望的,是会力争上游的。

"以客户为中心,以奋斗者为本,长期艰苦奋斗"是华为的核心价值观,加上"自我批判"这一纠偏机制,就形成了华为的核心价值主张。但价值观就像空气一样看不见摸不着,华为如何落地?任正非认为,机制是价值观落地的载体,没有机制保障,思想是不能永存的。华为通过对每条核心价值观设计相应的承载机制,让全员都能"看见"核心价值观,从而验证了"绝大多数人会力争上游"的假设。具体而言,就是基于科学的职级体系,华为广义的分钱策略包括了"分好钱、分好权、分好机会、分好荣誉",从而合理拉开差距,建立起华为远离平衡态的场域。

华为职级体系

美国某商学院教授曾做过一个很有名的课堂实验：他让每个学生的成绩都是全班成绩的平均值，这样大家就没有排名压力。结果第一次成绩出来之后，所有人都得了一样的分数，后来的考试，全班成绩一次比一次差，原因何在？其实就是因为熵增，最终进入平均化的"熵死"状态——学习好的因为体现不出来差异没动力学，原本成绩低于平均值的更是无心去提升。

任正非认为，华为的成功，是人力资源政策的成功。人力资源政策的基础体现在华为的职级体系上。华为大部分知识型员工级别分布在13~22级（见表3-1），其中13级以下为操作岗，23级及以上为高管，公开资料并不显示他们的级别。每一级又分A、B、C三个小级。原则上，新入职的应届本科生一般是13C级，硕士一般是13B级，博士14、15级都有（极个别优秀的博士起点可以达到17级，弹性是非常大的）。15级是独立贡献者，16级是小团队的领导者，18级以上的就是华为的中高层管理者和专家岗。

简单理解华为的职级体系，也就是公司对每个岗位都要进行"称重"（考量对公司的价值和承担的责任）确定岗位等级，而每个员工上岗前都需要通过相应职级的任职资格认证，相当于必须取得该岗位的"驾照"。华为的职级体系并不鼓励员工熬资历，而是一套"远离平衡态""拉开差距""增加区分度"的体系，公司很大程度是基于职级来对分钱、分权、分机会和分荣誉进行牵引，以此导向员工获得更高的职级，不断奋斗，实现"熵减"。

表 3-1 华为职级体系

级别	基本定义	工作年限
13	大部分华为员工在 18 级以内，18 级是个坎，正常每年升一小级，工资每年一涨，15 级以上工资涨得较慢	1~3 年
14		3~5 年
15		5 年以上
16		
17		
18		
19	领导/专家	—
20		
21		
22		
23 及以上	高级别 boss，不显示	

综合来看，相比于其他高科技企业，华为的职级体系有一定"独到之处"。

一是相对"粗犷"。"粗犷"指的是华为是单序列线性升级，级别非常明确，没有任何的"精巧"在里面，16 级就是比 15 级高，线性、直接，这种直接第一感觉就是严谨，成系统性，但凡识字的都看得明白。华为的职级体系有且仅有一个作用：区分高低。

二是与华为底层思想高度融合。华为底层思想是对抗熵增，"远离平衡态"就必然要求有差别，华为的职级体系可以很好地支撑这一点。通常越是精巧的体系，抵抗混乱的能力也就越弱，华为"粗犷"的职级体系反而能很好地适应系统机制的调整以更好地对抗熵增，例如涨工资、升职、进行个人激励等，只需提高职级就行了，提升一级不够就提升两级，具有极大的"扩容"空间。

华为最重要的从来就不是系统，而是思想，系统是为了更好匹配思想而存在的。从这个角度而言,这种"重剑无锋"的职级体系很匹配华为"熵战"的底层思想。所以,将华为职级体系作为"远离平衡态"的基础,也就顺理成章了。

华为分钱法

具体到分钱上,华为主要分为5大部分、7个"口袋"给员工装钱。每个"口袋"承载不同的激励导向。

短期激励:月薪

月薪是员工生活的基本保障,主要体现的是外部竞争性、内部公平性和对个人的激励性。其发放原则是:以岗定级、以级定薪、人岗匹配、易岗易薪。为便于理解,见表3-2(示例,非实际)。

表3-2 职级与薪酬对应 (单位:元/月)

岗位等级	胜任等级		
	C	B	A
15	10500	12500	14500
16	14500	17000	19500
17	19500	22500	25500
18	25500	29000	32500
19	32500	36500	40500

以岗定级:这个岗位的员工到底对公司有多少贡献?承担的责任是多少?根据这些确定应该是17级还是18级。这体现的是内部公平性。

以级定薪:就是把这个岗位职级的薪酬回报标准与业界同行对比,

比如华为的 19 级与爱立信同级别对标薪酬水平，可能比爱立信高 10%，这样就把岗位责任的回报标准价格化了。这体现的是外部竞争性与个人激励性。

人岗匹配：一个萝卜一个坑。员工上岗以后，就意味着他要承担责任了，公司就要评价"萝卜"与"坑"的匹配程度，看他在岗位上做出的贡献是否符合预期。如果员工在这个岗位上干得好，因为采用的是宽带薪酬制度，即使岗位等级没有提升，也能拿到对应高段的薪酬，做不好就是低段，这体现的是内部公平性。

易岗易薪：员工在这个岗位上承担相应的责任，就能拿到相应标准的薪酬；离开这个岗位，就拿不到这个岗位报酬。这也体现了内部公平性。

从员工角度看，华为有两种付酬模式，一种是普薪制，就是完全按照华为的薪酬体系来进行管理，大约覆盖了 80% 的员工；另一种是年薪制，针对的是如"天才少年"或从其他企业挖来的特殊人才。刚开始这些人可能不了解华为的薪酬体系而选择年薪制，但年薪制人员是不享受配股的，奖金的弹性也相对较小。经过一两年磨合后，双方可再行协商将年薪制转为普薪制。2016 年前，华为是重奖金轻工资；2016 年后，为了和互联网头部企业抢优秀人才，大幅提高了基本月薪，内部职级也膨胀了，背后的原因就是新招了很多人才，但论贡献还比不上老员工，那就把大家职级提高点，也有了涨工资的理由，新员工有干劲，老员工也不丢面子。这体现的是华为分钱体系的高速迭代能力，以及华为对人性的深刻洞察和思想的领先。比如，华为的发薪时间就体现出与一般企业完全不同的理念。

早期，华为的员工一报到，除报销交通费，马上就能领到一个月的工资。后来企业规模大了，就改为每月 15 日发当月工资，并以半月为计薪区间（这意味着 14 日上班可领到全月工资，或者在当月最后一天上班，也能领到半月的工资。离职时遵循同样的逻辑）。看起来这是一个微不足道的变化，但实质是对公司吸引人才能力和管理的自信，也是一份对新人的信任，新员工对此往往很有感触。试想，这位新人的许多同学去了其他企业，辛苦干了一个多月才领到工作的第一份工资（绝大多数企业是次月发放上月的工资），而新员工往往最缺钱。领到第一份工资时，新人通常会第一时间给父母寄钱或买礼物，提前发工资无疑会给新员工家人留下好印象，降低家庭熵。关于提前发工资的问题，任正非说："因为我们对未来有信心，所以我们敢于先给予，再让他去创造价值。只要我们的激励是导向冲锋，将来一定会越来越厉害。"

及时激励：关键节点奖金 + 补贴

及时激励主要体现的是奖励的及时性。根据不同业务场景，只要员工干出阶段性成绩，实现阶段性目标就可以"激励不过夜"。华为此举极大地激发出员工队伍的活力。比如华为早期在开拓海外市场时异常艰难，及时激励在引领一批批华为人前赴后继地冲锋中发挥了重要作用。以下是一个《华为老员工看华为——不断改进的海外市场》中描述的及时激励案例。

第一步：生存奖 外派的华为员工要先立足，具体来说就是前六个月做三件事情：找一个宾馆先住下来；在当地开一个银行账号；租一套房子常驻。

许多人很惊讶，这是不是太简单了？其实在 2000 年时这是个很现实的目标：当时通信不发达，很多人没有信用卡，所带的钱可能只够付 20 天的开销；外派员工没有工作签证，这意味着在大部分国家就不能开银行账号，也租不到房子。这是非常艰难的一段时光，要解决问题基本只能靠自己，公司的考核要求就是：生存下来就有奖金。

第二步：见客户奖 解决了生存问题，公司的考核要求是 6 个月以内见到客户，见到客户就有奖励。2000年时，不要说华为可以生产电信产品，就连中国有没有公司可以生产高科技产品，海外客户都是怀疑的，想见到客户真是难上加难，内部常开玩笑说："能见到门卫就不错了。"华为早期征战海外的员工为此几乎想尽了一切办法，甚至有人专门在客户孩子的学校附近免费教中文。

第三步：见关键客户奖 这个考核要求，就是统计员工一年之内见到了多少客户，客户的层次是什么。如果你与关键客户建立了联系，就会有奖金。

第四步，请进来奖 接下来，公司就要求把客户请进来看看华为的实力。2000年的香港展会，公司就发动所有人邀请客户到港观展，总目标是2000人，每个人完成自己的指标就有奖金。客户往返的交通费、五星级酒店的食宿费、人手一台笔记本电脑的礼品费等均由华为承担，华为为此砸了2亿元，给客户留下了深刻印象，在国际电信圈高调展示了自己的实力。

第五步，开实验局奖 华为刚开始拓展海外市场时，开实验局时是无比艰辛的。虽然有部分海外电信运营商拜访过华为总部，但真要把设备用于实战，客户心里还是打鼓的，所以给客户免费试用设备几乎是当时华为打开市场的必要一步。即便如此，当时华为大都是从二类、三类运营商，或是爱立信、阿尔卡特等公司不重视的运营商处寻求突破。如果员工能够给运营商开一个实验局，公司奖励40万元。所以当时华为员工在海外干劲儿十足，一鼓作气开了200个实验局。

第六步，实现销售奖 到这一步，公司才开始提出销售目标要求。2003年，任正非提出海外的销售指标为10亿美元，所有人都觉得不可能完成。任正非说："我们一共在全球开过实验局的客户已经有200个了，平均每个客户带来500万美元的销售额，那就是10亿美元。"当时卖出500万美元的设备，公司就奖励约150万元人民币。结果当年海外销售额突破10.5亿美元，同比增长90%。一举将华为的产品和服务覆盖到40多个国家和地区。

"我坚决反对年终奖制度，年终奖制度是最落后的制度。"任正非认为，应该强调项目奖、过程奖、及时奖。特别是对一线项目，一旦项目目标达成，奖金就可以按员工的贡献大小及时发放。华为为此专门设立了集物质与精神激励于一体的"总裁嘉奖令"，在一线直接指挥打仗的各BG总裁、地区部总裁均有权颁发，其目的就是对打了胜仗的团队和个人及时进行物质与精神激励。很多企业是每月发放工资，年底发放奖金。这样往往导致激励滞后，影响员工积极性。华为一开始也是年终发放奖金，但在实践中发现激励效果不如及时激励好，于是，华为的奖金分配就逐步改为年终奖与及时激励相结合的方式。将年终奖占比逐渐降低，强调及时激励，此举极大地激发了员工的活力。

2019年11月11日，为感谢在美国"实体清单"打压下华为员工做出的努力，华为给全体员工多发一个月工资作为奖励，对参与国产组件"补洞"的员工，额外发放总额20亿元的特别奋斗奖。

补贴是华为另一种形式的及时激励。补贴是为员工提供生活便利，解决员工的后顾之忧，保证员工充分投入工作而提供的补偿性收入。华为的补贴主要体现在外派员工身上：

外派补助 ＝ 外派离家补助 ＋ 外派艰苦补助 ＋ 外派伙食补助

外派离家补助：具体补助额度与员工工资基数与职级相关。就工资对应的补助计算如下：

15000（工资基线）×0.75×0.8=9000元，如工资高于15000元，则按实际工资计算；低于15000元的，按15000元算，即最少9000元/月。

外派艰苦补助：根据外派的地区条件，华为将全球共分为六类地区，并且相应地设置不同级别的补贴标准。对于在最艰苦地区常驻满一年的员工，华为还会配发额外艰苦TUP（Time Unit Plan，时间单位计划），每年补助3万份，最多补助3年，即9万份封顶。

外派伙食补助：海外建食堂之前，"员工吃多少，公司付一半。"公司根据所在国消费水平确定补贴上限，比如不超过25美元/餐。

另外，还有很多临时性的补贴，如战争、地震、疫情补贴等。华为在新冠肺炎疫情期间给雷神山、火神山医院建设驻点员工提供2000元/天补贴，驻派海外员工150美元/天。华为不是在彰显不差钱，而是告诉员工，只要你能体现出华为的奋斗精神，在关键时刻不掉链子，公司就一定不会让雷锋吃亏。

华为将补贴分成不同类别，每类补贴承载不同的导向。任正非认为，华为"家里没有矿"，所有的价值都是客户创造的，只有大家愿意到一线为客户服务，华为才能可持续发展。为此，华为对在海外奋斗的员工实行多级牵引激励，形成了"要挣钱，去海外；要挣钱，去艰苦地区"的导向。

中期激励：年终奖

任正非认为，企业首先是一个功利组织，不是慈善机构或养老院。员工的奖金生成机制必须起到激活组织、激活员工的作用。年终奖是华为分钱体系的重要部分，一般在次年5月发放。

由于不同的业务性质以及业务发展阶段的不同，华为并没有固定的年终奖计算公式，但指导原则是：公司总奖金池的大小取决于全体华为人集体奋斗后从市场获得的收益；部门总奖金包取决于公司总奖金池的大小以及本部门的绩效；员工个人奖金取决于部门总奖金包大小、个人绩效表现与个人职级。下面列举一些奖金来源及计算方式，以学习借鉴其思想。

为激发全员集体奋斗，华为通过设置与销售收入挂钩的控制基线，设计了弹性薪酬包（包括工资性薪酬包和奖金包）机制，有很长一段时间，华为总薪酬包的控制基线为公司年度销售收入的18%。具体而言：工资性薪酬包占销售收入的10%～12%，奖金包占销售收入的6%～8%。

假设某年的销售收入预算是1000亿元，工资性薪酬包按12%基线计算，那么得出工资性薪酬包为120亿元，以此为基础制订公司该年度的人力资源规划、预算调薪与招聘计划。假设公司的销售目标按计划实现，奖金包的基线是6%，那么奖金包的实际额度就是60亿元。

如果该年最终实现的销售目标达到1200亿元，工资性薪酬包按原定计划120亿元发放，那么实际的工资性薪酬包占比为10%，奖金包的占比就应该是8%，达96亿元，比预算的60亿元多了36亿元；如销售目标只完成了800亿元，工资性薪酬包还是按120亿元发放，那么工资性薪酬包占比为15%，奖金包的占比则减至3%，只有24亿元，比预算额减少36亿元。

从以上测算数据可见，在不同的销售目标完成情况下，实际可供分配的奖金包受销售收入影响较大，目标完成得越好，奖金就越高，这样就促使全体员工一起努力把公司的蛋糕做大。近些年，华为人均薪酬包快速增长的秘密就在于做大了收入、利润，同时狠抓人均效益提升，人均薪酬包就变大了，进而在人才市场上有了巨大"能级差"，就形成了对人才的虹吸效应。

公司总奖金池确定后，就可以根据部门绩效计算部门奖金包。华为一般将业务分为成熟、成长、拓展业务，还有支撑部门等。总的原则是采取获取分享制：在华为，任何部门与个人的物质回报都来自其创造的价值与业绩；业务部门根据经营结果获取利益，支撑部门通过为业务部门提供服务分享利益。成熟业务有明确的收益来源，其奖金导向主要是增量获取。而成长业务的不确定性高，奖金主要与业务的增长关联，华为引入熔断机制，比如当奖金超过预算金额的 2 倍时，超出部分不再计算。拓展业务不确定性更高，甚至处于亏损状态。针对这类业务，华为通过战略性奖金包来设置保障机制，就是在一定的期限内保证团队和员工的收益。当然，过了一定期限，就不再提供保护，团队必须创造收益，养活自己，如果仍无收益，那么这个业务可能进行关停并转。对于支撑部门，奖金一般取全公司的平均值。

部门奖金包确定后，华为会根据员工年初制订的 PBC 计划，每半年一次对员工进行绩效考评。华为的价值评价不仅仅指业绩，还包括劳动态度和胜任力。考评共分为五个等级，并按一定比例进行强制分布。

A：杰出贡献者。明显超出组织期望，超过挑战值，一般为超出基本目标的 20%。

B+：优秀贡献者。经常超出组织期望，接近挑战值。

B：扎实贡献者。达到甚至部分超出组织期望，基本目标值附近。

C：较低贡献者。与基本目标值有差距。

D：低于底线值，通常是低于基本目标值的 80%（主要用于排名，具体数值根据实际会有不同）。

总之，华为实行先考核团队，再考核个人，集体考核与个人考核既统一又分离，体现"一荣俱荣、一损俱损"，落地"胜则举杯相庆、败则拼死相救"的企业文化。也就是华为的部门考核等级不仅会影响到部门奖金包的大小，还会影响到部门内员工个人绩效等级的分布比例，进而影响到员工的奖金分配，其目的是牵引部门全员共同提升组织绩效（见表 3-3、表 3-4）。

表 3-3　部门绩效与个人绩效分布比例关系

部门绩效	部门弹性考核比例(落到每个人)		
	A	B+/B	C/D
A	15%	85%	部门自行掌握
B	10%	75%~85%	5%
C	≤ 5%	75%	≥ 10%

表 3-4　部门绩效与个人绩效相应关联奖金系数

公司	部门	部门考核等级	A	B		C	
		部门奖金系数 K_1	1.2	1.1		1.0	
	员工	员工考核等级	A	B+	B	C	D
		员工奖金系数 K_2	2	1.2	1.0	0.5	—

$$部门应发年终奖总额 = 公司应发终奖总额 \times \frac{部门工资基数 \times K_1}{\sum_{n=1}^{z}(部门工资基数 \times K_1)}$$

$$员工应发年终奖总额 = 部门应发终奖总额 \times \frac{员工工资基数 \times K_2}{\sum_{n=1}^{z}(员工工资基数 \times K_2)}$$

以上具体系数会根据不同业务、不同阶段有所区分。华为分钱体系非常灵活，思路就是既要聚力又不让奋斗者吃亏。比如对有突出贡献的个人，直接提升职级或者发专项奖金的都有。与一般企业的决策方式不同，华为通过各级业务的 AT[①]（Administrative Team，行政管理团队）集体评议的方式，对诸如人员晋升评议、涨薪、奖金、股票评定等进行集体讨论决策。集体评议时，员工的绩效事实主要参考员工的 PBC 自评、关键事件记录、工作阶段成果、工作日报/周报/月报、客户评价、协

---

① 在华为各个管理层级存在两个组织：一个是 AT，主要对人；一个是 ST（Staff Team，业务管理团队），主要对事。ST 由常设部门的一把手组成，负责对业务进行决策。AT 成员是从具有较强人力资源管理能力的 ST 成员中选拔而来，它承担了四项核心职责：第一个干部的任用推荐；第二个干部的梯队建设，包括继任管理、高潜等；第三个员工的评议，包括员工定级和绩效考核；第四个就是激励，包括工资、奖金、股票等。以用集体决策的形式从一定程度上杜绝个人决策可能产生的弊端。

作部门或流程上下游评价等。通过集体评议的绩效考核要公开，并对员工有评价结论的反馈和员工申诉处理通道。这在一定程度上杜绝了直接上级"一言堂"可能产生的个人熵增，既是集体智慧的发挥，也是对涉及员工重大利益分配时的程序公正，以减少员工"心里长草"的机会。

简言之，华为的奖金分配首先在公司层面进行总额管理，全体员工一起努力把蛋糕做得越大，分享的总盘子就越大；然后对部门进行拉通评级，部门业绩越好则部门奖金包就越大；最后落实到个体评级，坚持"以奋斗者为本"进行差异化激励。总之，华为的奖金分配与业务特点紧密结合，表现出相当的灵活性。比如，因荣耀手机时效性较强，任正非曾签发文件，在荣耀试点设置新的奖金发放规则——每个季度都有奖金，年终奖变成了季度奖。华为坚持真正以奋斗者为本，奖金不看资历、只看贡献，导向冲锋，谁服务的客户多，奖金就多，组织活力被充分激活。多年来，华为的奖金分配在相当程度上起到了引导各部门集成作战、主动挑战高目标的作用，形成全公司集体奋斗的良好氛围，推动着华为持续发展。

长期激励：ESOP[①]+TUP[②]+ESOP1

华为为什么要搞员工持股？首先是被逼无奈。早期，由于研发投入巨大，华为资金链告急，外部融资困难重重。华为想出了一个权宜之计：把欠员工的工资、奖金、利息通过"债转股"方式转成内部股票，这样既可以解燃眉之急，又能让员工享受到企业发展的红利，强化员工对组织的归属感。

华为早期的员工持股计划没有理论指导，主要在任正非的直觉推动

[①] ESOP（Employee Stock Ownership Plan）：员工持股计划，即持股员工具有劳动者和股东的双重身份，员工利益和公司利益统一。
[②] TUP（Time Unit Plan）：时间单位激励计划。

下实施。刚开始野蛮生长，再逐步完善，后来形成了一套完整的理论和实践体系，实现了企业和员工双赢。华为的员工持股计划大致经历了四个阶段、目前沉淀出三种模式。

阶段1：1990—1996年，内部融资、员工持股

1990年，华为第一次提出"内部融资、员工持股"的概念（俗称内部股）。当时一方面难以定价，另一方面公司财务能力也跟不上，于是华为就采取了简单方便、容易操作的办法，将公司股份以1元/股的价格卖给员工，以实现责任共担、利润分享。华为的"内部股"制度得到了当时深圳市体改委的批准。内部股采用低定价、高分红的策略，在股价与净资产挂钩前，连续10年分红回报率均超过70%。分红比例如此之高，就使员工年记账收入大大提高，帮助华为留住了很多人才，也激发出了很多人的潜能。尽管2000年以前大家都拿不到太多的现金，但随着华为的发展和后来的分红兑现，这种做法对员工的吸引力就越来越大了。华为的假设是"先有鸡、后有蛋""先人后事"，可以说华为早期没钱的时候就是通过分股分红、靠"画饼"留人，人再去创造，创造就有了钱，如此这般便形成了良性循环。

这个阶段，华为将全部股权模拟为一定数量的总股本，机会面向全员，让员工根据入股意向和出资能力进行购买。此法简单、易行、有效，留住了人才的同时，也解决了部分资金短缺难题。在那个缺钱的特殊时期，华为与各地电信"三产公司"成立的合资公司员工也享有认购资格。

阶段2：1997年至今，实体股转虚拟股

早在1994年，任正非就说过，现在的员工持股制度还是依靠创始人的个人品质，未来需要规范化。1997年之前，华为的股权是不清晰的，甚至是混乱的，也没有做工商登记。1997年7月25日，华为股东会通过了《员工持股规定》，规定了股权分配的依据、持股平台、入股和退股等操作细则并在工商局备案，从此华为员工持股就从实践探索变成了长期可执行的制度，这对于保障员工的利益意义重大。当然事物发展绝不是一帆风顺的，在逐步规范发展的过程中，华为股改经历了几个大事件。

事件一：安圣电气员工退股危机 2001年，华为以65亿元的价格将旗下子公司安圣电气卖给爱默生，爱默生提出的购买条件之一是要求安圣电气在4年内保持员工稳定。在清理安圣电气员工股权时，华为最初提出以1:1兑现，结果遭到安圣电气员工的强烈反对。员工提出按1:7的兑现条件，双方几经交涉，最后以4倍价格回购内部股，在4年内逐步完成兑现，但要求员工在安圣电气稳定工作4年。

事件二：离职干部诉讼危机 1990—2001年，华为都是以1元/股回购内部股。2001年，深圳市出台《深圳市公司内部员工持股规定》，华为意识到此前的持股方式存在法律风险，遂与咨询公司合作，用规范的虚拟股票期权取代原来实行的内部股权，也就是按2001年年末公司净资产折算，以一定增值规则，将原来1元/股的认购转换成2.64元/股，还加40%的分红，华为当年一下子产生了数以千计的百万富翁。将净资产与员工股权联系在一起，成了一种接近实际意义的员工持股安排。从此，华为的股票除了分红权之外还有了增值权，员工就更愿意与公司共渡难关，共享长期发展收益。然而这一安排是在2000年"内部创业"计划实施后公布的，这样一来，那些离职创业员工的兑现落差达到了1.64元/股。华为原副总裁刘平在2002年1月时离职，他当时持有华为员工内部股份354万股，6个月的审核期后，华为以1:1的比例兑现给刘平等值现金（税前）。2003年，华为两位前干部——刘平和黄灿将老东家告上法庭，但最终败诉。华为虽胜诉，但对华为高层产生了极大震动，因为员工持股计划是华为所有权分配和治理设计的根基，是华为与员工实现"收益共享、风险共担"的重要机制，是推动公司发展的根本保障。

阶段 3：2005 年至今，虚拟饱和受限股

2005 年，为避免部分老员工躺在过去的功劳簿上不再奋斗，从而激起内部矛盾，华为对各职级的配股数量设定了上限：当员工配股达到这一职级的上限值时（如 2015 年时 17 级 144 万元、18 级 225 万元封顶），不再配发新股。员工要想获得更多股票，就要努力提升职级。华为员工个人持股是虚拟的，不在工商局登记注册，同时是受限的，不能内部交易、转让、离婚分割和继承。其收益可分为年度分红和股票增值，如每年全部分红，就将长期激励转化为中期的年度激励；也可部分分红，部分转为增值，增值部分体现为股价提升，变为长期激励。

华为股权激励的对象是有门槛的，其基本要求是：连续工作满 2 年且职级为 14 级及以上的在职员工（TUP 实施后，条件更严，见表 3-7）；配股日对应的整年度绩效在 B 以上，且前两个年度的整年度绩效不能有 D（华为一年有年中和年底两次绩效评价）；配股日的前 2 个年度没有受到公司的处罚（指公司正式签发文件，不含通报批评）。特殊人才的配股由董事会特别批准，不受以上条款限制。可见，华为的股权激励是充分导向激励的。30 年来，华为每年的股票分红平均超过了 30%。一位在华为工作了 19 年的员工说："2000 年购买的华为内部股是我这辈子收益最大的投资，至今的收益是 32 倍，同期购买的房子收益不到 18 倍。"这是华为全体员工心往一处想、劲往一处使，集体奋斗的结果。

阶段 4：2020 年至今，ESOP1

2020 年 4 月，随着美国打压力度的不断加大，叠加新冠肺炎疫情的双重影响，华为面临的形势更加严峻复杂，需要储备更多过冬"粮食"。华为推出了数量超过20亿股的ESOP1。ESOP1享有和虚拟受限股同样的分红权和增值权,没有选举权和被选举权。ESOP1最吸引人的地方在于员工在退休时可以终身保留这部分股票。传统ESOP门槛相对较高,而ESOP1有点像共同富裕,只要工龄在5年以上,业绩考评在B(该绩效评级覆盖80%以上员工)以上即可,激励的普惠性更强。2021年4月,华为再增发24亿股ESOP1,其目的就是在这最关键、最困难的时候与更多的员工实现深度绑定,结成命运共同体。共同扛过这艰难的三五年后,华为就会为这些员工保留下ESOP1,让他们终身享受华为成长带来的收益。ESOP1在试点期间配股的额度水平全员标准相同,即员工上一年的(工资+奖金)×25%。

从表3-5可知,2020年,华为员工持股人数比上一年净增长16697人,2021年再增加10238人,任正非个人股份进一步稀释,绝大部分员工选择了与华为共进退。2018—2021年,华为这四年间配股总量超过200亿股,超过了1990—2017年发行的股份总量。按照每股7.85元计算,华为内部融资超过1570亿元。这就是华为在特别冲击下实施组织熵减的特别办法。

表3-5 华为2010—2021年员工持股演变

年度	2010	2011	2012	2013	2014	2015	2016	2017	2018	2019	2020	2021
员工总数	11万	14万	14.5万	15万	16万	17万	18万	18万	18.8万	19.4万	19.7万	19.5万
员工持股人数	65179	65596	74253	84187	82471	79563	81144	80818	96768	104572	121269	131507
持股员工比率	59.30%	46.90%	51.20%	56.10%	51.50%	46.80%	45.10%	44.90%	51.50%	53.90%	61.50%	67.40%
任正非占股比例	未披露	未披露	实股:1.18% ESOP:0.21%	1.40%	1.40%	1.40%	1.40%	1.40%	1.14%	1.04%	0.90%	实股:0.75% ESOP:0.09%

1995年8月的一天,四通的段永基与任正非在深圳见面交流,段

永基问到了华为的股份情况。

任正非："我们主要是内部员工持股。"

段永基："具体是什么情况？"

任正非："公司百分之七八十的管理者和员工都拥有股份，他们既是股东又是雇员。"

段永基："那你本人占多少股份？高层一共占多少股份？"

任正非："我占的股份微乎其微，不足1%。高层加起来3%吧。"

段永基："那你有没有考虑到，你们只占3%的股份，有一天别人可能联合起来把你们推翻，将你赶走？"

任正非："如果他们能够联合起来把我赶走，我认为这恰恰是企业成熟的表现。但就现在的情况看，还不可能，因为这个企业还在艰难的发展中，他们还需要我。如果有一天他们不需要我了，联合起来推翻我，我认为是好事。"

华为是全球商业史上员工持股人数最多的公司。这是被现实逼出来的制度创新，更是一个员工与企业双赢的精彩故事。从一家企业的股权设置及利益分享机制中最能看出企业家对人性的认知深度。企业的基业长青是超越企业家自然生命的"理想"，要洞见这一真相，需要企业家有宽广的胸怀，有看淡名利甚至超越生死的追求。任正非深刻认识到，智力资本才是华为价值创造的主导要素，坚定不移地将知识资本化，即以资本为存在形式，把知识转化为公司的资本，并通过资本的不断增值，来实现知识的增值。虽然将员工知识不断转化为资本的过程并非一帆风顺，但华为的这种股权安排本质上是任正非超越金钱的宏大视野和价值观所决定的，这恐怕才是任正非真正令人钦佩之处。

在华为顾问吴春波看来，华为是在用资本主义方式创造价值，充分挖掘每个人的潜力，持续提升生产力；用社会主义方式分配价值，各尽所能，按劳分配，让奋斗者得到合理回报，实现共同富裕。这是中国式现代化企业管理的核心要义所在。

在华为员工持股计划实施的第三、第四阶段，插入了一个创新性的以股票分红形式显现，但本质是递延奖金性质的TUP。

2013年，华为超越爱立信成为行业第一，外籍员工占比近30%，有超过3万人之多。因各国法律限制，外籍员工无法适用虚拟受限股制度，为解决优秀外籍员工的长期激励问题，华为从2013年起创新性推出TUP，引导外籍员工共同奋斗，这对加速华为全球化进程起到了重要推动作用。

华为的TUP本质是长期的利润分享计划（计入华为整体奖金包），它设计得很巧妙。华为基于部门和个人绩效每年给员工授予TUP。TUP不需要员工花钱购买，其收益与华为虚拟受限股股权一样，享有分红权和资产增值收益权。而且TUP有名义价格，名义价格与公司内部股权价格一致。TUP虽是奖金计划，但员工感受到的却是与公司股东一样的收益权，因此它非常受新员工和外籍员工欢迎，且没有任何法律风险。

下面用表3-6说明TUP的收益是如何设计的。假定2014年给外籍专家A授予15万份TUP，有效期5年，享有分红收益和增值收益。

表 3-6　TUP 收益计算示例

年份		当期股票价值	享有权益	当年行权TUP份数	当年分红总份数	当年每股分红
2014	第一年	5.42元/股	无分红权	无	无	1.9元/股
2015	第二年	5.66元/股	获取15万份TUP的1/3分红权	5万份	5万份	1.95元/股
2016	第三年	5.9元/股	获取15万份TUP的2/3分红权	10万份	10万份	1.53元/股
2017	第四年	6.81元/股	获取15万份TUP的100%分红权	15万份	15万份	1.02元/股
2018	第五年	7.85元/股	获取15万份TUP的100%分红权,同时进行股权增值收益结算	无	15万份	1.2元/股

分红收益计算如下：

个人分红收益 = 当年分红总份数 × 当年分红价格
2014年分红收益 =0
2015年分红收益 =5×1.95=9.75（万元）
2016年分红收益 =10×1.53=15.3（万元）
2017年分红收益 =15×1.02=15.3（万元）
2018年分红收益 =15×1.2=18（万元）
5年总分红收益 =58.35（万元）

增值收益计算如下：

增值收益 = 当年行权TUP份数 ×（期末股票价值－期初股票价值）
5年总增值收益 =5×(7.85−5.66)+10×(7.85−5.9)+15×(7.85−6.81)
=46.05（万元）
外籍专家A 5年总收益 =5年总分红收益+5年总增值收益 =104.4（万元）

从2015年开始，华为开始解锁，配TUP的第二年即享受满额分红，不再递延分红。重新计算后，外籍专家A 15万份TUP的相关收益如下：

5年总分红收益 =15×1.95+15×1.53+15×1.02+15×1.2=85.5（万元）
5年总增值收益 =15×(7.85−5.66)+15×(7.85−5.9)+15×(7.85−6.81)=77.7（万元）
外籍专家A 5年总收益 =5年总分红收益+5年总增值收益 =163.2（万元）

TUP 是基于员工历史贡献和未来发展潜力确定的一种长期但非永久性的奖金分配权，其特点是 5 年失效，其目的是丰富华为的长期激励手段，消除"一劳永逸、少劳多获"的弊端，即员工只有不断奋斗才能滚动获取更多的 TUP 配额，这样就避免了老员工在拥有大量股票后坐享收益，不思进取。由于每年可分配利润的总盘子确定之后，TUP 占用了部分可分配利润，原来虚拟受限股的分红比重就会下降，必然会对老员工带来冲击。不过真正优秀的老员工的虚拟受限股拥有量很大，而且 TUP 也会补充一部分收益。只有那些无法继续成长的老员工，才会感受到长期收入减少的压力，从而激活沉淀层。TUP 的实施，平衡了历史贡献者和当前贡献者的利益，新员工通过奋斗获得了应有的回报，老员工的收益也得到了持续，华为获得了持续的高增长。同时，TUP 的实施，还实现了全球不同区域、不同国籍员工激励模式的统一。有人说，华为是既用好了中国人也用好了外国人的中国企业。其中 TUP 起到了关键作用。

总的来看，TUP 无须释放股权，却可以通过股权收益绑定员工，让员工与股东形成利益共同体。TUP 具有股权激励的核心经济权利，从经济权利的角度看，可以把 TUP 界定为一种以股份为锚的经济受益权，是华为探索的一种股权激励的创新方式。

当然，华为的激励方式永远是因时因势而变的，具有很大的灵活性，这充分体现了任正非的灰度哲学思想。比如，华为每个职级虽然有相应的饱和配股限制，但对表现非常优秀的员工，华为又推出了奖励配股制度，奖励配股额度不计入饱和率；又比如，因为 TUP 不用员工出资，5 年届满清零，所以员工的投入感还是显得不足，长期归属感不强，无法与公司形成真正的命运共同体。经过 5 年考察，对非常优秀的员工，华为允许他们将持有的 TUP 转成虚拟受限股；而在 2019—2021 年美国的连续打压下，华为进入危机状态，因为 TUP 不具有融资功能，也不利于长期留住员工，TUP 数量出现较大幅度下降。华为通过大量发行 ESOP1，给了员工退休留股的希望。公司的长期激励必然带来员工的长期主义思维，从而使员工在岗时奋力拼搏、在退休后依靠华为股权收益实现颐养天年（见表3-7）。

华为把劳动者形象比喻为"拉车人"，把资本比喻为"坐车人"。2014年6月24日，任正非在人力资源工作汇报会上的讲话中说："薪酬激励的对标分析要提高合理性，要管理好拉车人和坐车人的分配比例，让拉车人比坐车人拿得多，拉车人在拉车时比不拉车的时候要拿得多……要管理好员工人力资本所得和货币资本所得的分配结构，货币资本所得保持合理收益即可，其他收益全部给人力资本所得，我们不能通过股票大量分红来过度保障退休员工的收益，而是要切实保障作战队伍获得大量的机会。"2016年华为轮值CEO郭平在新年致辞中说："2016年持续优化激励制度，实现劳动所得与资本所得3:1的目标。"从此，华为超高的股票分红一去不复返，当然，股权激励的积极作用仍在。

表3-7 ESOP、ESOP1与TUP比较

序号	项目		虚拟受限股ESOP	ESOP1	TUP
1	权利		分红权、增值权、剩余财产分配请求权、选举权和被选举权	分红权、增值权、无选举权	分红权、增值权、无选举权
2	对象	级别	15级及以上	不限级别	13级及以上
		工龄	3年以上	满5年	1年以上
		绩效	上一年度考评结果为B+以上	上一年度考评结果为B以上	上一年度考评结果B+以上
3	数量		部门主管根据员工级别、工龄、绩效等情况提议，AT拉通综合评议确定	上一年度薪酬年收入×25%÷当年虚拟受限股每股价格	部门主管根据员工级别、工龄、绩效等情况提议，AT拉通综合评议确定
4	价格		按每股净资产定价	按每股净资产定价	0
5	退出		离职，虚拟受限股被回购；满45岁、入职8年，退休时ESOP可全部或部分保留	入职未满8年，离职时，ESOP1需被回购；入职满8年，退休时可保留ESOP1；离职当年所配ESOP1不能保留	5年期满失效离职退出过错退出
6	平台		工会委员会代持	工会委员会代持	无

目前，华为的这三套股权激励模式同时运行，承载着不同的激励导向，各司其职，相互配合，共同支撑起华为以奋斗者为本和长期坚持艰苦奋斗的核心价值观。

超长期激励：员工退休留股

任正非认为，华为员工在努力奋斗后应该有退休保障。华为规定，年龄满45岁，在华为连续工作8年以上，有历史贡献的老员工在退休后可以保留部分或全部股票（总额控制在公司股票总盘子的10%以内），作为股东继续享受投资收益，并且员工退休时保留的股票是没有期限的（去世截止，不能继承），以保障华为奋斗者在退休之后还能享有体面的生活。这一政策减少了奋斗者们全力拼搏时的后顾之忧，同时为公司激活团队、吐故纳新减少了阻力。

这一政策激发出了华为员工非常强烈的奋斗意愿。很多华为员工看起来牺牲了当下的幸福，坚持艰苦奋斗，是因为他们在为自己和家庭的未来而战。只要在华为好好工作，就可以在未来享受高额分红，每年"躺赚"。假如员工退休保留40万股，以在美国连续三年打压下，近几年最低的2021年度1.58元/股分红来测算，则每年虚拟股票分红63.2万元。假如该员工45岁退休到80岁死亡，35年股权分红收益达到2212万元。在美国打压华为的危机发生后，华为很多已经退休的老员工，主动申请不要报酬回华为做贡献，免费指导、协助新员工工作。因为如果华为倒闭了，他们的退休收益就得不到保障，他们客观上是在为华为而战，主观上也是为自己而战！

此外，华为还根据行业特点，建立了追溯激励机制，对架构与设计体系实行设计实名制。实名制最大的好处，一是提醒华为人对产品质量负有终身责任；二是当产品覆盖全球，体现出强大竞争力时，能清楚知道是谁的功劳，从而给他们以肯定和回报，这就是华为员工愿意"板凳要坐十年冷"的原因。总之，华为对人的考评是责任和结果的平衡：结果是当期的、可衡量的。但如果只看当期，必然走向短视；而责任往往是难以量化的，通常是长期的、战略性和持续性的，过于关注长期，企业往往就活不过今天。华为通过"绝不让雷锋吃亏"来实现对"责任"的考核和分配，导向长期主义。也就是，华为要当期多产粮食又要增加土壤肥力。正是由于有了长、短期兼顾的科学"分钱"体系，华为在人员调配、职级与职务晋升、奖金分配、加薪、配股等关键问题上逐步摆脱了人为因素的影响，使一般企业头疼的问题变得不再敏感，企业内公平、良性竞争的赛道得以建立，万马奔腾的盛况自然水到渠成。

20多年来，两位作者与不少华为离职员工交流过华为分钱法，几乎众口一词，他们都认为华为分钱逻辑合理，导向清晰，要有高收入，必须去奋斗，华为是一家很公平的公司。同时，机制是为思想服务的，华为分钱法还有"曹冲称象"的灰度。收入透明体现在级别公开，薪酬区间大致可知，以促进管理公平；灰度则体现在具体额度与奖金等保密，以实现隐私保护，过分透明反而徒增烦恼，带来不必要的系统熵增。

华为细分7个"口袋"分钱，不同"口袋"承载不同的激励导向。华为正是通过"利出一孔"的分好钱，形成了大家"力出一孔"的合力。对企业而言，如果只有短期激励，就是雇佣军；既有短期又有中期激励，基本就是游击队；有短期、中期和长期激励的话，才像一支有事业追求的正规军；如果再加上超长期激励，就有可能打造出一支有超强战斗力的铁军。对一家企业的大部分员工而言，科学分好钱就是最好的熵减。

华为分权法

丁零零,电话铃声响起。华为坂田基地一位21级专家赶紧起床,他一看表,此时已是凌晨3点。抓起电话,"Welcome to join the conference"传入耳膜,电话是华为某国代表处一位13级员工打来的,这位一线员工在向专家呼唤支援。

这在华为是一个很普通的场景。华为在全球170多个国家和地区开展业务,一线和后端只能在线即时沟通。"Welcome to join the conference"是华为电话会议系统的开头语,许多华为人都听到耳朵长茧了。因为存在时差,很多华为人手机是24小时开机的。华为的电话会议很有意思,一开始可能只有3个人在开,两小时后,在线的可能已经有十几个人了。为什么?一线员工向某个部门求助,但是这个部门只能提供部分资源,其他资源还需要另外的部门配合,于是一线员工会把那个部门的负责人也拉进来参会。当电话会议快结束时,发起会议的员工会说:"感谢家里各位兄弟的支持,我稍后写一份纪要,抄送给各位。大家明早回到部门,就把资源落实一下。"在华为有个不成文的规则:会议纪要具有法律效力,电子邮件就是命令。

是谁,赋予一个13级的低职级员工这样的"越级"指挥权?

是组织!任正非说:"我也不知道一线要多少资源合适,只能让听得见炮声的人来呼唤炮火,因为他离客户最近,大家先听他的,选择先相信他,我们事后复盘时发现浪费弹药了,再'秋后算账'、总结经验就好。"

任正非认为，华为所有的价值都是从客户那里创造的，必须给予一线员工足够的权力，二线员工只能是服务一线的"机关"，不能叫"总部"，二线员工不能高高在上，更不能对一线员工指手画脚。

初创期，华为业务相对简单，采用的是直线职能制管理。这段时期是高度中央集权，防止因权力过早分散而造成失控，避免了华为的夭折。随着业务规模扩大，人员急剧增加，所有管理职能都集中由一个人来承担，而当该"全能"管理者离职时，难以找到替代者，企业就被能人"绑架"。华为的金字塔倒是越建越高耸，但结构却越来越复杂，部门间协同难、效率降低。

一抓就死，一放就乱。这是许多企业在收权与放权间面临的困境。任正非强调："只有控制有效的组织才是我们应该建设的组织，没有控制有效，就没有必要分权。"但随着企业发展，部门设置越来越多，拥有权力和资源的华为决策机构远离战场。为控制经营风险，华为自然而然地设置了许多流程控制点，但也因此滋生出严重的官僚主义，出现"前方战士把山头都攻下来了，后方却说他姿势不对"的本本主义，导致最前线作战部队将大量时间用在频繁地与后方往返沟通协调上。市场战机稍纵即逝，提高有用功，实施熵减势在必行。怎么办？华为苏丹代表处的实践探索给了任正非启发。

2006年8月，苏丹代表处某次投标失败，在复盘时找到了失败原因：每个人只关心自己负责的领域，相互沟通不畅，且对同一客户承诺不一致。在一次客户召开的网络分析会上，华为共去了七八个人，每个人都向客户解释各自领域的问题，每个人只关注自己的KPI，导致客户需求被遗漏，解决方案、交付能力都不能使客户满意，致使客户当场发飙。

痛定思痛，为了更好地帮助客户商业成功，苏丹代表处以客户经理、解决方案专家和交付专家为核心组建项目管理团队，大家一同见客户，一同办公，甚至一起生活，通过融合逐渐了解对方领域的知识与技能。对外统一代表公司，形成解决客户痛点与需求的闭环责任主体；对内代表客户，准确传达客户声音，监督批评公司，牵引指挥"联合作战"，保证客户满意度。

苏丹代表处把这种项目核心管理团队称为"铁三角"模式。很快"铁三角"模式的效果就显现了出来，苏丹办事处接连中标，打了翻身仗。而且业务量增加后，客户投诉、相互推诿、内部壁垒的情况反而大幅减少。

改革前，苏丹代表处几乎花了 2/3 的精力与后方进行沟通协调，只有 1/3 的精力用于分析客户需求和竞争对手，用于作战的时间太少。苏丹代表处的探索为华为接下来的分权管理提供了很好的启发：后方只是为满足前线部队作战的需要而设置，前线不需要的，就是多余的；公司的主要资源要用在找目标、找机会上，为争夺机会、为客户创造价值，就需要打破功能壁垒，形成以项目为中心的团队运作模式，使大部分问题能在一线直接解决，少量的问题由后方通过快速响应来解决。

也就是说，华为过去是中央集权制，组织运作是中央权威的强大发动机在"推"，推时一些无用的流程、不做功的岗位往往是看不清的。随着组织规模扩大，前、后端的堵点势必越来越多，梗阻现象时有发生。任正非说："为了公司的前途命运，不通也得'通'。要把我们的组织改革从后端'推'动变成前端'拉'动，准确说是推拉结合、以拉为主的机制，这样组织效率就会大大提高。"从"推"到"拉"一字之别，却是动力源的转换，是思维方式上的一次革命性飞跃。在拉的时候，看到哪根绳子不受力，就将它剪去。在此期间，适逢阿富汗战争如火如荼，任正非去阿富汗待了一个月，专门考察学习美军特种部队的作战模式。美军前线作战单元为三人一组，包括一名信息情报专家、一名火力炸弹专家、一名战斗专家，前线作战单元在授权范围内不需请示上级，就可以直接"呼唤炮火"。任正非认为，华为接下来要打的也是"班长的战争。"

华为"铁三角"模式的根本就是负责客户关系的客户线、负责技术交流的产品线和负责服务交付的交付线协同作战,形成"既保持对市场的高度敏感性,又发挥平台的高效支撑作用"的前后方协同运作体系。任正非说:"铁三角并不是一个三权分立的制约体系,而是紧紧抱在一起生死与共、凝聚客户需求的共同作战单元。它的目标只有一个:满足客户需求,成就客户的理想。""铁三角"模式的核心理念是既鼓励个人英雄又强调团队协作,形成对竞争对手"三打一"的能级差。为保证理念落地,就需要机制保障。在一个铁三角销售团队里,三个角色有着共同的KPI(权重不同),这样才能保证大家心往一处想,劲往一处使,从而形成"力出一孔、利出一孔"的高效协同。通过聚焦一线,简化管理,并将干部的培养选拔、决策授权等向一线前移,一线作战效率得到大大提升。

"让听得见炮声的人呼唤炮火,让呼唤炮火的人承担责任"是华为在授权过程中坚持的总原则。

所谓"一线炮声",是指来自市场一线的客户需求、竞争对手的情报和资源、市场环境等。在任正非看来,决策重大战略问题是一个很漫长的过程,高层的决策可能是对的,但在攻取一个山头的问题上,高层未必比听得到炮声的人更正确,所以华为坚持要把指挥权下放给一线,但前提是一线指挥官要敢于决策、敢于担责。任正非强调,主官的责任是胜利,不是简单的服从。对于干部们过于关注数字的现象,任正非提醒说:"我认为所有数字是打出来的而不是做出来的。关注数字不错,但是千万不要忘了清晰的目标。过去,我们的数字非常好,为什么?因为我们是打出来的,我们打赢了,一算下来,数字一定会好。打输了,怎么凑,数字都不会好。"

所谓"炮火",是指华为的各种资源,包括人员、资金、物流、设备等。一旦前线发现目标和机会,听到前方的炮火呼唤,华为所有的先进设备、优质资源就能及时发挥作用，提供有效支援，而不是由拥有资源的人来指挥战争、拥兵自重。任正非曾比喻说："攻占城墙需要多少发炮弹，现在还需要后方机关审批。前方说我要九发炮，后方说六发够啦，最后六发炮弹打过去，城墙只塌掉一半，冲锋的部队要爬这半截城墙，血流成河。"

让听得见炮声的组织敢于行权、积极行权，让看得见全局的组织合理授权、有效控制。通过机关资源化、资源市场化、市场平台化，建立资源买卖机制，人与钱分离，这样指挥权就是谁有钱谁指挥，不再是由机关领导来一单单审批，同时对"呼唤炮火的人"进行责任约束，树立经营意识，这样前后方相互制衡，就会慢慢减少前线作战的盲目性，也给后方的能力供应提出了明确的需求。"前端灵活，平台有力，明晰授权，监控有效"逐渐在华为成型。

为什么通常放权很难，喊了多年的精简机构仍未完成？因为放权的本质是在自我革命，意味着自己可能失去饭碗，这是逆人性的。但为了激发一线活力，提升效率，加快对客户的响应速度，放权又是唯一的选择。以华为当年的广州办事处的放权变革为例，放权前，一个月的600单合同中，能自己决策的不到5%，处理完这些合同需要一个半月；放权后，70%的合同自己决策了，剩下的由所属地区部决策，整个处理时间缩短到3～5天。还有一个更惊人的例子，放权前，华为曾出现过一个合同走完全部审批流程，上面盖了23个章！事后追溯，这种流程其实并未起到实质效果，很多部门看到前面部门盖了章，自己也就盖了。任正非为此警醒干部们："我不知道这样下去华为还能活多久。"放权优化后的合同审批只盖3个章就够了。企业通常出现的情况是，如果上面权力不下放，下面组织各种交叉越来越多，必然束缚一线人员的手脚，形成"横向不协作、纵向官本位、四周都是墙"的困局。华为规定，所有流程，原则上不能超过4个管理节点。2016年11月30日，华为EMT会议做出简化管理的机制化决定，即针对成熟流程，以后每增加一个流程节点，就要减少两个流程节点；或者增加一个评审点，就要减少两个评审点。

坚持战略执行在一线闭环、经营责任下沉、夯实一线经营堡垒，这是企业激发活力，对抗熵增的必由之路。根据不同情况，华为对权力授予有明确规定，如70%的权力授予一线、20%的权力在经营层、10%的权力在董事会等。机关部门觉得不能下放的权力必须向公司变革指导委员会解释原因，这样集中的权力才能有效放下去。如今，华为通过全球流程集成，财务的量化核算，清晰定义权力，顺着流程对一线授权，后方进行系统支持、赋能和可视化监管，将会议室打造成作战室，实现业务"现状可见、问题可察、风险可辨、未来可测"，摆脱了传统中央集权模式的效率低下、机构臃肿，形成了"大平台支撑的精兵作战"的高效运作模式。时任华为轮值董事长郭平用"击毙本·拉登"的案例形象地描述了这种关系：

①前方是项目经营：有目标清晰的行动中心。24人的海豹突击队有明确的项目目标，他们的"少将班长"相当于我们的项目经理。

②中间是被呼唤的炮火、有效率的（资源调用）平台：在传递过程中，能使前后方信息、物资全部贯通，能呼唤无人机、卫星、航空母舰、通信系统……

③后方是清晰的决策及监控中心：前方活动过程清晰透明，确保前方按业务规则进行。

以一线代表处为例，比如根据客户信用等级，华为前线的作战"指挥官"可自行决定某项目4000万美元以下的作战资源调拨，无须层层审批。同时为引导相关组织实现自我激励与自我约束，按照获取分享制大原则，通过贡献利润核算来牵引奖金分配与年终绩效考核。贡献利润计算大体结构如表3-8所示（示例，非实际）。

表 3-8　代表处贡献利润核算表

序号	损益科目	A业务单元	B业务单元	C业务单元	……	合计
①	销售收入					
②	产品成本					
③	毛利③ = ① − ②					
④	直接费用					
⑤	贡献毛利⑤ = ③ − ④					
⑥	应分摊研发费用 ⑥ = ① × 15%					
⑦	应分摊平台费用 ⑦ = ① × 6%					
⑧	贡献利润 ⑧ = ⑤ − ⑥ − ⑦					

有贡献利润，才有奖金的分配权。经过20多年的探索，华为逐步将奖金分配由"授予制"转向"获取分享制"。所谓"授予制"，就是自上而下进行业绩评价和利益分配，是传统"科层制"下的"金字塔分配模式"，具体干活儿的人最后分配，一线几乎没什么话语权，这很自然就会滋生"以领导为中心"的风气。而获取分享制是"倒金字塔分配模式"，具体干活儿的人先拿，这就将员工的关注点转向自下而上的价值创造，导向的是"以客户为中心"。即作战部门通过帮助客户获得商业成功来获取奖金，后台支撑部门通过为前线作战部门服务来分享利益。获取分享制是将华为"以客户为中心"的价值观在前、后方穿透的重要抓手，是实现有效分权的重要机制保障。

在代表处具体项目实施过程中，每个季度财务会按规则计算项目的奖金额，其中约50%由一线指挥作战的"班长"全权确定项目组成员的奖金分配，各级主管原则上不得干预，而"班长"本人不在分配之列。"班长"本人的奖金则根据项目年度完成情况和回款进行分配，这也不受各级主管干预。这一机制一方面确保了奖金分配和激励的及时性,另一方面也确保了"班长"在一线协调资源方面的权力,大大提高了一线的反应速度和战斗力,也极大地调动了员工的积极性。这是华为"以奋斗者为本"价值观在一线落地的具体体现。

2018年华为正式发布《关于合同在代表处审结变革试点配套文件发布的通知》,通知说:"合同在代表处审结是为了探索试点代表处相对自主经营、自主运作的模式,在经营目标牵引、运营资产包和粮食包约束下自主经营管理,代表处有客户选择权、产品选择权、合同决策权。通过改革试点,逐步实现在中央集权的基础上,'机关手放开,一线放开手''机关管好钱,一线用好权''钱要体现公司意志,权要听得见炮声'的运作优化意图,激发代表处在内外合规基础上,多打粮食,增加土壤肥力,提高人均贡献的主观能动性,将代表处建设成'村自为战、人自为战'的一线经营堡垒。"

虽然作战权力逐步下放了,但华为对各级干部的价值观问题始终是高度管控的,干部几乎每天都要看看内网上的公司发文。华为已经建立了关于公司文件和任正非讲话的例行学习讨论机制,使广大干部、员工自上而下地理解公司的战略、政策、管理意图与诉求。一大批敢于担责、不断围绕客户创造价值的干部成长了起来。这些干部在核心价值观的良性约束下自由发挥,拉动了华为的快速发展。

华为发展的35年就是一个权力不断下放的过程。回顾这段历程,任正非颇为感慨,他表示IBM的咨询顾问在变革前与我们确认过是否有革自己命的决心,美国也没有几家公司能够推行成功。按流程节点来授权,最高领导人就几乎没什么具体的权力了,因为权力已经下放到真正做事的人手里。你们看我现在没权,整天"游手好闲",这就是革命成功的一个表现。华为顾问吴春波曾讲过一个与此有关的故事。

某晚,任正非在酒店请朋友吃饭,我一同前往。

客人是华为的前员工，在公司初创阶段就加入公司，离职后在珠海创办了自己的公司，任正非是个念旧的人，趁在珠海开会，顺便约他一起吃个饭。

言谈间，两位都没有谈及往事，更多的时间是客人对华为快速发展的赞许。谈及离开公司时，客人有后悔之意。

任正非宽慰道："人各有志，应该出去闯一闯，当了老板，才会知道当老板的不易，企业就是个绞肉机，各种矛盾与冲突都绞杀着老板。老板就不是人，公司发展好了，不能高兴，公司做不好，老板不能不高兴，完全是违背人性的。"

吃完饭，客人告别离去。任正非介绍道："他人非常聪明，懂技术，也懂营销，但就是没把自己的公司做好。"

问其原因，任正非指着不远处的客人说："原因就在他腰上。"

按照任正非的提示，我向客人的腰部望去，但见其皮带上挂着一大串钥匙，数量之多，已经到了夸张的地步，伴随着其步行，钥匙左右摇晃，叮当作响。

然后，任正非起身，掀开衣服，说："你看，我一把钥匙都没有。"

德鲁克说，任何一个试图将责任和决策集中于高层的企业必将痛苦地消亡。在个体被极大赋能的时代，权力必须下放，才能调动员工的积极性。但权力往往就像鸦片，一旦用了，就很难戒掉。历史上的帝王，大多善于专权而不善分权，大大地降低了治理的效率。熟读历史的任正非对此洞若观火，他说："人最大的自私是无私，要跟大家共享财富，还要共享权力。"作为创始人，任正非并不是董事长，对自己保留的CEO职位，他也将传统的权力一步步让渡出去，只保留虚的思想权和实的一票否决权，这是对华为分权的最好诠释，也正因如此，才成就了今天华为良将如潮、万马奔腾的局面。

华为分机会法

1990年，25岁的郭平受命开发256门用户交换机。

立项时，任正非找他谈话："你们导师一年有多少科研经费啊？"

郭平答："八九十万元吧。"任正非说："我给你1000万元，你把这个东西做出来。"

郭平当时就觉得有种使命感和责任感，一定要把产品做出来。于是，他开始通宵达旦地投入产品开发，还当起了"猎头"，挖来了自己已经在清华大学读博士的同学郑宝用。

后来产品终于做出来了，是512门的交换机，取名HJD48，这使得华为在1992年销售收入破亿元，利润超千万元，帮助华为实现从"代理"经常被"卡脖子"到"自研"的飞跃，从而活了下来。

"在华为，没有干不成的事。""华为的最大魅力就在于敢于让新人担责。"这是许多华为年轻员工的感悟。

任正非说："世界上最值钱的是未来和机会。"

《华为基本法》第18条明确规定："华为可分配的价值，主要为组织权力和经济利益，其分配形式是：机会、职权、工资、奖金、安全退休金、医疗保障、股权、红利以及其他人事待遇。"华为将机会作为一种可分配的价值资源并将其置于首位，是因为机会的稀缺性与排他性。钱这次少了下次还可以再赚；但机会给了你，别人就没有了。这一价值分配导向为华为吸引了大批精英人才。

"要搞核心技术，去外企干什么？到华为来，机会多得多！"1997年的某一天，在上海交通大学，即将毕业的王海杰和同学们踌躇满志，都想到像如日中天的摩托罗拉那样的巨头去大展身手。这时，有自称华为研发总工的几个人钻进宿舍来，跟大家吹牛聊天。

时值全球移动通信技术从1G向2G时代转换，快速发展的华为也希望利用上海的人才优势从事GSM研发，决定在上海筹建研究所，各高校通信专业的优秀人才，理所当然就成了华为的"人力资源池"。

"电话发明一百多年了，我们国家还没有建立自己的通信产业，我们这一代人，一定要做出中国自己的GSM！"听了这番鼓动，想干出一番事业的王海杰心动了，就这样加入了华为。谁也没想到，短短6年后，华为在GSM领域已有很多方面超过了老牌巨头摩托罗拉。摩托罗拉为降低研发成本，干脆放弃自身的无线产品研发，与华为谈判，贴牌生产华为的产品。而当时华为负责谈判的代表正是王海杰。

其实，华为的成功，就是不断给王海杰这样胸怀大志的年轻人机会。2013年，王海杰已成为华为上海研究所所长，领导着上万人的研发团队。

为了给愿意成长的年轻人更多机会，2017年，由任正非亲自领导、制订了"蒙哥马利计划"。蒙哥马利在第二次世界大战期间，仅用6年时间就从少将晋升为元帅，主要是因为他打败了"沙漠之狐"隆美尔，在敦刻尔克大撤退、第二次阿拉曼战役、诺曼底登陆中展示了卓越的军事才华。华为借用蒙哥马利的名字，寓意是发掘培养更多华为的"蒙哥马利"，鼓励有才华的年轻人在战斗中成长，营造人才辈出、奋勇争先的环境。

华为的"蒙哥马利计划"主要有以下几个实施步骤：

·**各级管理者发现、推荐、初步认证**　管理者主动发现身边潜在的"蒙哥马利"，然后让这些人去做部门的重点工作或者负责一个关键项目。通过给他们这样的机会，去初步判断他们是否是公司想要找的"蒙哥马利"。这是管理者"多打粮食"之外，作为"增加土壤肥力"的重要考评指标。

· **员工申请** 2018年3月29日，为加强公司最高层与员工的沟通与交流，给每一位华为基层员工一个"怀才得遇"的机会，打通从"二等兵快速晋升到上将"的通道，华为EMT办公会做出决定：在每月例行召开的EMT办公会上设立"20分钟分享会"，任何员工均可主动申请成为演讲人，向包括任正非在内的公司最高层分享自己的工作成就与心得，每期2名员工，每人可演讲10分钟。申请无须层层审批，唯一的要求是员工要客观展示自己的工作成绩，不空谈尚未发生的事，不转述别人说的事。

· **淘汰** 无法通过公司认证的"蒙哥马利"候选人会被管理者从资源池中取出，或者被要求继续锻炼。

· **录取** 入选"蒙哥马利计划"后，公司会给候选人发放入选通知书。公司相关部门会和入选的"蒙哥马利"进行沟通，给予他们相应的工作安排，并在过程中给出指导意见和结果反馈。对通过的"蒙哥马利"来讲，他们知道自己的工作能够获得怎样的组织支撑。

· **给予作战机会** 对入选的"蒙哥马利"候选人，公司会给予他们挑战性机会。在实战中他们如果没有做出突出贡献，就从高潜人才池中去除，走正常发展路径；如果贡献突出，能力很强，那就快速提拔，破格升级，给予更大机会。

· **期望管理** 在这个过程中，公司始终告诉候选人入选"蒙哥马利计划"并不意味着升官发财，而是得到了一个承担重任、锻炼自己的机会。而给优秀人才机会是对他们最好的激励。当然，如果表现好，后面的晋升是自然而然的。

爱才如命的任正非不仅善于在"20分钟分享会"上发现苗子，甚至打起了新的主意。2019年7月29日，据在"20分钟分享会"上发言的任阳博士透露:"讲完后,老板给我派了一个特别任务,让我把我的博士同学拉几个到华为来。老板承诺:'你同学来了,我们去B1的四楼喝咖啡,我掏钱请客。'"

华为推动"蒙哥马利计划",主要是为了让愿意积极进取的年轻人才、新员工能够摆脱大平台任职资格、逐级晋升的约束,尽快脱颖而出,从而留住更多优秀人才。2017年,华为通过"蒙哥马利计划"破格提拔了4500人。2018年,又在15、16级破格提拔3000人,在17、18、19级破格提拔2000人,其他层级1000人。主要目的就是要拉开人才的差距,让这些负熵因子激活组织。华为的理念是:我给你个机会,你拿下了50万元的项目,我再给你500万元的机会。通过循环做大项目,将来可以承担重任,10年下来就是将军了,这就是华为的"成长选拔制"。

华为的破格提拔除了正式的组织通道,也有"人治":华为每位轮值董事长每年都有50个破格名额。

为什么华为提倡破格提拔?当然是为了鼓励员工前进和冲锋,让人才得到更快成长。经大数据统计发现入职时差距不大、后来成长差距很大的华为员工,主要原因就在于机会不一样,那些争取到跨领域锻炼机会的人成长速度往往更快。

在从知名外企入职华为,曾担任华为海外CFO的季慧看来,华为的每个岗位有职责,但却并没有僵化的"边界"。每个华为人就像一粒埋进地里的种子,没人会规定你该怎么生长,公司也从不在泥土里放置沙砾或石块来限制你成长。这里有很多空白土壤,没有边界,没有束缚,没有"天花板",只要种子愿意"拱",就能拥有更多的土壤,小树苗终将破土而出,能长多高,全看自己是否积极主动地"挤"。只要你敢于突破边界、敢于"挤"出天地、敢于承担责任,就能得到领导最大的支持和大家的认可。当你"挤"出了边界,领导和同事不会因为你"管得太宽"就一脚将你踢下桌子,相反,他们会将你请上主桌。也许这就是华为真正的魅力所在。正是一代又一代华为人无边界的创造，用机会激发年轻人，用包容鼓励年轻人，用言传身教引领年轻人，才有华为的活力无限。

与许多公司对待失败项目往往会整体裁员不同，华为认为"越是经历过挫折的人，越是能力越强的人"，所谓"烧不死的鸟才是凤凰"。正是对年轻人多给予机会、敢于放手锻炼，鼓励创新、宽容失败，才有人才辈出。

现任华为常务监事陈黎芳曾寄语年轻员工："千万珍惜给你的机会。人是在不断获取机会的过程中成长的，在全力解决问题后，可以最大限度地提升能力，这也是你在华为获取更好机会的基础。"

现任华为监事会主席郭平认为"明白人"不是指功成名就的人，功成名就的人未必能够看懂未来。迄今诺贝尔奖获奖者超过650人，而获得过两次诺贝尔奖的只有4人。华为要进入"无人区"，应对不确定性，主要靠的是大批朝气蓬勃、思想开放的青年才俊来一起创造未来。

拿破仑曾对指责他太年轻的法国政府的督阵们说："血与火的战场能迅速地锻炼出人才。"柏拉图主张人们年轻时要接受各种教育，把适合从政的青年放到社会底层经历磨炼。人到中年时，那些经受了多重考验的人不再夸夸其谈，而是富有坚强的意志和丰富的经验，他们才能被放到治理国家的岗位上。

《华为基本法》第23条提出："我们认识到人、财、物这三种关键资源的分配，首先是对优秀人才的分配。我们的方针是使最优秀的人拥有充分的职权和必要的资源去实现分配给他们的任务。"

"先学会管理世界，再学会管理公司。"不仅仅是一份挣钱的工作，而且是分享征战全球的机会，任正非向华为的"蒙哥马利"们吹响了集结号。如今，华为一大批"90后"努力争取机会、与艰难困苦共舞，他们就会是下一个郭平、余承东、王海杰。

华为分荣誉法

拿破仑说:"给我足够的军功章和绶带,我才能打胜仗。"

如果说金钱、权力、机会是激发组织活力的燃料,那么,荣誉则是组织这部战车的"润滑油"。没有"润滑油",战车的磨损就大,噪声就高,效率就会降低,使用年限就会缩短。

每年年终,华为员工会收到一封主题为"你的荣誉足迹"的邮件。

1997年,华为在人力资源体系里专门设置了独一无二的荣誉部[①],专职负责给"火车头"加"润滑油"。

关键时刻,你选择了坚守;关键时刻,你选择了奉献;关键时刻,你选择了突破。2008年12月31日,你的坚守换来了光辉时刻——汶川地震救灾抢通英雄奖。

时光荏苒,日月如梭,你已陪伴华为7042天,你见证了华为的茁壮成长,也书写了自己的荣耀之路。你共获得48项荣誉、5次赞美。其中,获得"明日之星"1次、"天道酬勤"1次。

…………

[①] 华为首任荣誉部部长由公司党委书记兼任,可见华为对其的重视程度。荣誉部的职责之一是贯彻华为"小改进,大奖励"的精神,建立和不断完善荣誉奖管理制度。遵照"在合适的时间,利用合适的方式,奖励该奖励的事,奖励该奖励的人"的原则,组织推动各部门荣誉奖工作的开展,表扬员工的工作热情和工作业绩,提高工作效率。华为的荣誉奖是管理过程中"一日三餐"的例行活动,是对员工点滴进步的认可和及时激励,具有面广人多、精神文明与物质文明一起抓的特点。

恰行文至此，也许是巧合，孟晚舟历经 1028 天的坚守，终于穿越至暗时刻，归途中有感而发，在朋友圈发布题为《月是故乡明，心安是归途》的长文，发出了"回家的路，虽曲折起伏，却是世间最暖的归途"的感慨，华为的"荣誉殿堂"[①]应该也会有她的故事。

任正非说他不懂技术，不懂财务，不懂营销，也几乎不懂管理。那他懂什么，对华为的价值何在？任正非懂人性，有人称其为"人性大师"，这并不过分。恰当的荣誉激励是对人性精准把握的结果，赋予工作以意义，激发人的潜力，释放出核能量。但困难在于人性往往很难把握，不管是人本善、人本恶、无善恶，还是有善有恶，大多只是一种假设。古今中外，人类穷尽智慧，上下求索，研究人性，始终找不到终极的答案。但有一点，却几乎是共识：人一半是天使，一半是魔鬼，这一切皆归因于人性中的欲望。基于此，企业管理正确的打开方式是：激发人的天使面，抑制人的魔鬼面，以实现人与组织的共赢。

正确的战略最终来自正确的假设，虽然人性复杂、动机多元、欲望多层，任正非的假设是：当人被正确激励时会创造出更大价值。基于此，就确定了华为"分荣誉法"的边界。

荣誉激励基本原则：小改进，大奖励，大建议，只鼓励。

华为的荣誉激励一般不搞单纯的道德激励，不设置一般人做不到的目标，激励是一种重要的日常管理行为，只要将其与员工日常工作相结合，就可以人人可为、时时可为、处处可为。

荣誉激励分类：正激励 + 负激励。

既然人性有天使面，也有魔鬼面，那么正激励就是激发天使面，负激励就是抑制魔鬼面。

荣誉激励性质：精神性为主，物质性为辅。

下面，我们举例看华为是如何分荣誉的。

---

① 类似 NBA 篮球名人堂。华为将员工的各类获奖信息、优秀事迹记录于内网上，供大家随时查阅和学习。这对员工是一种持续的激励。

正激励

1. 总裁嘉奖令

- **激励对象**：在市场一线打了胜仗，取得重大突破的销售人员；开发出在稳定性、可靠性方面远超同类产品，获得客户和市场一线高度认可的研发人员；发现或解决系统漏洞的技术人员；收回超长期欠款等有重大贡献的团队与骨干成员等。
- **激励目的**：胜则举杯相庆，好消息及时往下传，迅速提升团队士气，形成榜样与示范效应。
- **激励性质**：即时赋能荣誉奖，包括及时物质奖励与精神激励。

范例：2012年10月，在埃塞俄比亚电信网络扩容项目中华为一举中标50%市场份额，并规模进入首都价值区域，规模搬迁现网设备，一举扭转了此前埃塞俄比亚市场的被动格局。任正非对相关地区部、公司重大项目部、埃塞俄比亚代表处及相关项目组颁发了总裁嘉奖令，予以全公司通报表彰。同时，给予项目组600万元项目奖励，并对在此项目做出突出贡献的关键成员予以1~2级职级晋升，以资鼓励。

2. 金牌团队奖、金牌个人奖

- **激励对象**：持续获得商业成功，做出重大突出贡献的团队和个人，是公司授予员工和团队的最高荣誉奖励。
- **数量**：年度评选授予。金牌个人获奖比例是1:100；金牌团队获奖比例是1:400。金牌个人奖是从年度考核为A的员工中评选出来的，需要得到部门及同事认可。
- **激励奖品**：每人获得一枚350克的纯金金牌，上面是任正非寄语："让青春的火花，点燃无愧无悔的人生。"获得金牌个人的员工有资格在天鹅湖畔与任正非单独合影。2018年有个获奖员工说："我在华为工作8年了，首次见到老板并合影真是荣幸，这比我拿100万元奖金还要高兴！"

3. 蓝血十杰奖

· **激励对象**：对华为管理体系建设和完善做出突出贡献的、创造出重大价值的优秀管理人才。由于管理体系运用和验证需要时间，所以获奖者不限于在职员工，还可能是咨询公司顾问、离职员工，这是对历史功臣贡献的激励认可。

· **激励目的**：牵引激励华为人遵从"基于事实和数据的理性分析及科学管理，基于计划与流程，基于客户导向和力求简单的产品开发策略，建立现代企业管理体系大厦，不断提升管理效率"的理念。

4. "难题揭榜"火花奖

· **设奖方式**：华为将产业挑战性难题向全社会发布，世界级难题成就世界级人才，揭榜人不唯名，不唯资历，只唯才，只要能够解题，就有获奖、获资助和未来合作的机会。"火花奖"取自碰撞的火花之意。

· **获奖标准**：经过华为专家组的评估，并经过华为实际场景的验证或模拟仿真测试，基本上能够解决实际的问题。首届"火花奖"参与揭榜高校达91所，有35所学校的93人获奖。其中有位华为合作教授，他的老师、师兄弟、学生，甚至学生的学生，都卷入到华为的难题攻关项目中，他的一位学生解题成功，获得了火花奖。

· **发奖方式**：华为专门在获奖教授所在高校举行授奖典礼专场，颁奖典礼之前在学校的黄大年茶思屋进行学术交流直播，获奖老师们在聚光灯下走红毯，他们的家属、领导、同事及华为专家在红毯两侧鼓掌欢呼，尽享人生的高光时刻！

5. 天道酬勤奖

· **激励对象**：在海外累计工作10年以上或在艰苦地区连续工作6年以上的长期派遣员工。

- **激励奖品**：水晶材质奖牌，印有那双著名的芭蕾脚，上书罗曼·罗兰的名言：伟大的背后都是苦难。

6. 重大即时激励奖

2008年，汶川大地震。华为第一时间组织精锐人员赶赴灾区，不仅抢修好了自己的通信设施，还在友商工程师的远程指导下抢修好其设备。之后，427位在灾区奋战的员工都获得"2008汶川地震救灾抢通英雄纪念章"，奖牌上刻有任正非寄语："让青春的生命放射光芒。"

该奖归于重大即时激励奖。每有重大标志性事件，比如参与大地震、大洪水、大海啸后抢修通信设施，抗击疫情等的员工都可能获此奖。

7. 明日之星奖

- **激励目的**：鼓舞员工正气上升，营造团队正能量氛围，激励英雄辈出。
- **数量**：按部门总人数的20%进行年度评选授予，不横向比较，各区域的评选比例可以有差别，艰苦地区、绩效持续优秀团队的获奖比例可适当提高。
- **评选方式**：各部门自行讨论制订标准，将是否努力学习、未来会产生贡献作为重要因素，然后由各道德遵从办公室组织选区进行实名制、全员民主投票推举产生获奖者。
- **激励奖品**："明日之星"奖章一枚，获奖信息记入员工荣誉档案。
- **排他条件**：赌博、从事第二职业人员；该年度有BCG[①]违规及其他诚信档案负面记录者无评选资格。

华为"明日之星奖"的评选跳出了奖励只针对少数人的思维定式，

---

① BCG（Business Conduct Guideline，商业行为准则）：指不得做出道德作风不佳、贪污、受贿、侵犯隐私等损害个人、公司或者客户利益的行为。

是激励模式的一种重大创新。任正非说:"为什么不能给平凡的人以感动?"华为要"遍地英雄下夕烟,六亿神州尽舜尧";华为要"英雄倍出",而不是"辈出","辈出"华为等不及。任正非强调,如果只有少数人先进,被孤立起来,其实他们的内心是恐惧的。非物质激励就是要把英雄的盘子画大,让优秀分子来挤压稍微后进的人,这样他们可能也会产生改变。由于明日之星是由平时朝夕相处的同事选出来的,群众的眼睛是雪亮的,所以,对获奖者而言这表明得到了大家的认可。

8."单板王"奖

任正非在2000年就强调,寂寞的英雄也是伟大的英雄。任正非说:"我们眼里不能只有扁鹊,扁鹊的大哥和二哥往往更值得奖励。我们要多关心那些踏踏实实、埋头苦干的员工,不要因为看不见他们,就让他们的机会比别人的机会少。"通常而言,以下五类员工都值得奖励:

①员工的考核指标显而易见完成得好。
②员工能够默默无闻、兢兢业业、十年如一日地做好本职工作。
③员工能够做具有长远意义、对未来有重大贡献的工作。
④员工不辞劳苦,承受委屈,甚至有所牺牲。
⑤员工敢于呐喊、勇于挑战并取得显著突破。

为了让寂寞的英雄们不被忽视,倡导"板凳要坐十年冷"的华为精神,华为从2018年开始选拔"单板王",奖励那些在一线实实在在做事,十年如一日、兢兢业业、精益求精的工匠。最初评选的是研发"兵王",被评为"兵王"的会获得破格激励,包括职级、工资与股票等。

9.大锅饭奖

大锅饭奖,顾名思义,就是利益均沾、人人有份。2014年10月,华为董事会决定：将反腐所得 3.74 亿元人民币平均发放给在职员工，以奖励那些遵纪守法的员工。2015 年 10 月，华为通过各项管理改进活动共节约了管理成本 3.28 亿美元；风险应收回款避免了约 3 亿美元损失；服务成本降低 1.95 亿美元……为形成持续改善，从我做起、从点滴做起的氛围，华为决定拿出 1.77 亿美元奖励员工，平均每人 1000 美元。

华为这种全员共享优化带来的收益、反腐的成果也是一种激励模式的创新，否则这些钱都归公司或是奖励了少数管理者，员工的积极性就会受到影响。

10. 优秀家属奖

2009 年华为市场部大会上，特意为华为人的家属发奖，任正非亲自颁奖。他指出："我们奋斗的目的，主观上是自己和家人幸福，客观上是国家和社会繁荣。最应该表彰的，应该是我们员工身后几十万的家人。其实他们非常伟大，没有他们，就不可能有华为的今天。"

11. 烂飞机奖

2019 年 5 月 21 日，在接受央视记者董倩的采访时，任正非提到了该奖："我从不觉得我们会死亡。我们已经做了两万枚'烂飞机'奖章，上面的题词是'不死的华为'，在我们渡过一道道难关时发放。"

任正非所讲的"烂飞机"，是指一架二战中被打得像筛子一样、浑身弹孔累累的伊尔–2 飞机，它坚持飞行，终于安全返回。这架伤痕累累的飞机配上"没有伤痕累累，哪来皮糙肉厚，英雄自古多磨难"的文字，是当前华为人的精神图腾。任正非说："我们今天受到打压及'围剿'，20 万名员工忘我奋斗，正在挽救公司的生命，如果我们还有胜利的一天，我们不要忘了千万奋斗的英雄，各级干部要做好记录工作，歌颂英雄，是为了产生更多的英雄。英雄是平凡人，不要忘记他们。忘记就意味着背叛。"

为未来的胜利提前制作奖牌，这是对英雄的呼唤和全员意志的激发，是对高能量氛围的营造，更能体现出自信和高瞻远瞩。

负激励

1. 埋雷奖

2010年，曾以质量赢得天下的丰田汽车因"意外加速"门导致了800多万辆汽车的召回，公司总裁兼CEO丰田章男被迫去美国国会出席听证会。华为随着业务的高速发展，由于来料问题、设计问题、应用不当等这些看似不起眼的小问题，也不时引发召回。

"埋雷"指的是某些生产环节只想着自己工作方便，但是给后面的环节埋了雷，尤其是涉及多个环节的复杂产品，要想少埋雷、找出雷，通常是高度挑战整体管理水平、部门配合度、员工责任心的。而华为把"埋雷"作为一种负向激励，收到了很好的效果。

2010年7月3日，华为网络产品线质量大会上有这样一段话：随着公司平台化战略的实施以及业务高速增长，每年的出货量越来越大，归一化程度越来越高，我们大规模召回的风险也在与日俱增。华为如果不能以自我批判的精神，正视我们自身的问题，持续改进产品质量，真正把质量做好，把客户需求放在心里，我们就有可能倒在高速发展的路上。

会上，"负向激励"作为一个重要环节，引起了全场数千网络产品线员工的共鸣。网络产品线相关团队和个人陆续上台，从网络产品线总裁查钧手中接过一个个"奖励"："最差CBB奖""架构紧耦合奖"……这些都是前几年因为研发人员的不成熟给客户和公司造成的损失的反向激励。今天，他们将这些"奖励"领回去，作为人生永久的纪念[①]。

---

① 来源：心声社区 https://xinsheng.huawei.com/next/#/detail?tid=6782551。

2015年,有一批华为手机在运输途中突然遭遇货柜车轮胎起火,导致这批手机受到了高温烘烤。事后经过检测,98%以上的手机毫发无损,但华为毅然决定将这批手机全部销毁,价值2000多万元的手机瞬间被碾压成了碎片。"质量即生命"是华为的质量观。2016年,三星Note7手机爆炸事件再次给华为人敲响了警钟。质量,作为企业的立足之本,一旦失去,将会造成不可估量的损失。在整部《华为基本法》中只提出了两个量化指标,除了"我们保证按销售额的10%拨付研发经费"之外,另一个就是"产品运行实现平均2000天无故障"的质量目标,可见华为对质量的重视度。即便2016年华为获得了中国政府质量领域最高荣誉"中国质量奖"制造领域的第一名,但人的斗志会衰退,危机意识会淡薄,熵增是永恒的……华为在质量上通过实行正向牵引与负向激励相结合的方式,持续不断提升全员质量意识。

2. 从零起飞奖

2013年1月14日,华为对不达底线目标的团队负责人颁发"从零起飞奖",奖品是任正非选定的一架中国第一艘航母辽宁舰上的歼-15舰载机模型,并命名为"英雄万岁"。

作为获奖者之一,余承东在自己的微博中写道:从零起飞,新的征程。我所获得的从零起飞奖的奖牌,是中国第一代舰载机歼-15战斗机正从我国第一艘航母辽宁号甲板上起飞的造型,意义深远,值得珍藏!徐文伟、张平安则是作为企业BG负责人"获奖"。2011年时华为下决心要做大企业业务,但在还没有摸清业务本质的情况下,人员规模迅速膨胀,而且在具体业务运作过程中,思维模式照搬运营商业务,导致一单合同的运作成本很高,甚至超过了合同本身!出问题之后,华为又试图将国际同行的流程照搬过来,结果在华为根本转不动。仅仅成立第二年,企业BG就已经到了生死存亡的边缘。由于底线目标未达成,他们二人也获得了从零起飞奖。正是这次获奖，让企业 BG 开始痛定思痛，开启了全球化的渠道体系建设之路，逐步走上正轨。

由于获从零起飞奖的负责人未达底线目标，导致华为 2012 年没完成年度销售任务，按制度规定，包括任正非和孙亚芳拿到的也是"零奖金"。而华为 2012 年整体年终奖高达 125.3 亿元！

部门级荣誉激励

在公司级荣誉激励之外，华为积极鼓励各级部门、项目组等根据实际情况，因地制宜地设立相应的荣誉激励奖项，以激发团队活力、鼓舞士气。下面举一个案例。

2012 年下半年，现华为云计算咨询与客户服务部部长苏立清调入流程与 IT 部担任管理工作，当时 IT 系统稳定性等方面存在着不少问题，业务对 IT 批判声音很多，上下都不太满意，员工士气不振、信心不足，而这些员工平时工作非常努力，工作很辛苦，服务意识也很好，但结果就是客户不满意。

怎么激发员工士气呢？带着这一问题，某个星期天，苏立清和夫人去徒步时看到一大片荔枝树。他发现，这些荔枝树的主干树皮被割开一道道口子，他就过去问工人，按他的想法，这种割皮不就把树给割死了吗。工人告诉他，这个叫环割，如果荔枝树不进行环割，第二年就不会结荔枝。苏立清听后很吃惊，他意识到，荔枝树在这种极端折磨下，生存面临着重大风险，这时候它就一定会做最重要的事，生物最重要的事肯定是传宗接代，就是结果实，所以它就要把能量集中去结果，而不只是长繁茂的枝叶。这带给他的启发是：一个组织或一个人就像荔枝树一样，在困难、受挫折、受磨难的时候，会爆发出内在的更加强大的动力，而只有果实才能证明树的价值。团队也一样，要得到客户认可，核心就是要为客户创造价值。

苏立清迅速与团队伙伴分享了荔枝树的故事，带着团队一起反思，统一思想，鼓励大家要变压力为动力，通过实实在在的结果来取得业务的认可，团队精神面貌为之而焕然一新，结果也逐渐向好。

苏立清于是在部门设立了一个精神激励奖，叫"荔枝树"奖，并制作了荔枝树奖章，以激励那些在遇到困难、挫折的情况下敢于投入战斗并结出果实的员工，让员工感受到工作的成就感，树立信心，不断激发斗志把这种部门文化传承下去。

随着"95后"大量进入职场，华为进一步发现，"95后"员工小时候几乎没饿过肚子，中小学期间许多家庭就开始步入小康，大学期间也没有物质层面的太多挂碍，即便是工作后买房父母也会给予很多支持，单纯的物质激励越来越变成保健因素，他们往往更看重精神激励。在荣誉激励基础之上，华为将其上升和扩大到更广范围的非物质激励的高度。各级主管也经常给工作有亮点的员工诸如当面点赞、奖励几十元咖啡卷、请员工单独吃饭、对员工在大会上进行表扬、给员工在部门甚至是跨部门分享工作亮点的机会等。对获得奖牌的员工，员工可以将自己特别想说的一句话或者家人的名字甚至"心形"符号等定制化的刻在奖牌上，这些都起到了非常好的激励作用。

华为还有各种各样的奖，华为到底有多少奖，或许没人能给出具体数字。如今，为使发奖更加精准，华为建立了即时关注人的项目复盘机制。在项目关键里程碑或项目结束时，项目经理与HRBP要在尽可能短的时间内抓住时机组织复盘，因为项目组对作战情景记忆犹新，能够真实还原作战过程，是最客观实际的。复盘时不仅要总结项目经验及教训、收割知识，还要记录大家公认的"战地英雄"和"英雄事迹"，即"谁在项目中表现突出，做了什么突出贡献"，这样就更加公平、准确、及时，以作战事实为依据，导向清晰，避免在以后论功授奖时才开始"回忆"和"证明"谁是英雄。在战场上识好英雄，论功授奖才更有意义，效果才会更好。发奖是华为管理的重要手段，评奖获奖成为华为人工作的一部分。

华为的奖品亦很奇特：有真正的金牌、银盘，退网基站材料铸造的戒指、皮鞋、红酒、马掌铁……华为的荣誉激励通常以很强的仪式感来强化其在组织内部的价值认同。不管是奖品的选用和设计，还是颁奖地点的选择、环境氛围的营造都极为用心，绝不粗制滥造、敷衍了事。

华为相信，在一个精神激励丰富的组织中，员工享受着创造价值所带来的优厚薪酬回报的同时，但又并不必然被物质回报所束缚。因为大多数人都会被更崇高的使命与愿景所驱动而持续努力。在这样的组织中，担责不再成为问题，各种漏洞会得到及时弥补，组织具有了"自愈"能力；奉献不再需要督促，因为奉献已成为组织中个体的自觉；员工与企业不再仅仅是因物质利益走到一起的利益共同体，而是逐步奔向使命共同体。"光是物质激励，就是雇佣军，雇佣军作战，有时候比正规军厉害得多。但是，如果没有使命感、责任感，没有这种精神驱使，这样的能力是短暂的，只有正规军的使命感和责任感驱使他才能长期作战"。任正非在心声社区上看到这句话后表示，员工有这样深刻的认识，我很感动。

克劳塞维茨说："在一切高尚的感情中，荣誉心是人的最高尚的感情之一，是战争中使军队获得灵魂的真正的生命力。"在华为，发奖激发出了战斗力。华为也在进一步思考如何与人力资源政策更好地匹配。从长期角度来看，这既鼓舞了先进者，也让先进者得到更多长远收益，从而让大家更加重视荣誉。在《华为人力资源管理大纲2.0》中规定：要及时对先进人员进行荣誉表彰。要善用多元化激励的方式，这不应该只是物质上的多元化激励，各类表彰、表扬也是精神层面的多元化激励。要分层分级授予直接主管拥有及时表彰、表扬所管部门的荣誉激励权力，员工的荣誉激励可以采用积分累计制，荣誉累计情况应可适度影响其退出公司时的长期激励保留额度，由此，在组织中强化不断追求卓越、持续奋斗的贡献文化。

物质激励是激发组织活力的基础元素，而精神激励则是伟大组织的引擎，二者缺一不可。一家企业的人才激励机制究竟有多重要，可以从20世纪90年代涌现的中国通信行业四巨头（"巨、大、中、华"）的发展演变中体会。"巨"指巨龙通信，起点是一家以学校为背景的研究机构，靠少数个人英雄第一个开发出了大容量数字程控交换机，但由于先天不足，缺乏企业化的运作机制，所以它第一个倒下了；"大"指大唐电信，它是国有企业，缺乏良好的市场意识与竞争机制，其主导的3G（TD-SCDMA）标准之所以进展缓慢，很大原因是激励不到位而人才流失所致；"中"指中兴通讯，它采用了"国有民营"的市场化运作机制，上市后配给高管期权，但骨干员工覆盖不足，持续激励力度不够，现已远远落后于华为。

表3-9是华为价值支付评价要素的示例，其设计科学、导向清晰、机会公平，结果自然就是近20万知识大军的活力无限。

表3-9 华为价值支付评价要素

分配要素	评价要素				
	工作能力	职位价值	绩效贡献	劳动态度（忠诚度）	发展潜力
工资	50%	20%	30%		
奖金	10%	10%	80%		
股权授予	30%	10%	30%		30%
退休留股计划			20%	80%	
晋升	40%		40%	20%	
机会	20%	20%	20%	20%	20%

从某种程度上而言，当年"巨、大、中、华"中排名最靠后的华为能实现逆袭并成长为具有强大竞争力的全球化企业，除了企业家和高管的奋力牵引，还与它科学的激励机制和先进的人力资源管理体系密不可分：通过大量员工持股这个压舱石导向长期主义；通过薪酬领先战略分好钱，实现员工高收入，加大人才吸引力度；同时通过分好权、分好机会、分好荣誉来解决知识分子的自我价值实现。这三者叠加极大地激发出了员工的潜能。任正非在接受英国媒体采访时表示，华为把股东、创造者绑在一起，形成长远眼光，不忙于套现，形成了战略力量，造就了华为的今天。

结语：从价值创造、价值评价、价值分配到价值追求

任正非坚信，人的创造潜力是无限的。企业的技术、产品、战略、财务结果等通通都是建立在对人的创造潜能的开发之上。

任正非说："华为的成功是人力资源管理的成功。企业外在的核心竞争力是内在组织能力的反映。"人力资源的"内在"就是做好价值创造、价值评价和价值分配，从而牵引全员持续进行价值追求。

任正非对华为人力资源的定位是：人力资源是主战部队的助手，是业务的"空中加油机"。作战需要资源，资源就是优秀的员工（各级骨干、个人英雄、领袖）以及合理的作战队形。所以，人力资源体系一定要注重绩效管理、组织激活、领袖选拔、英雄评选，鼓励员工冲锋，其他事务性工作应该逐渐剥离出去，不能捡了芝麻，丢了西瓜。

华为人力资源的四个导向是：一切为了价值创造；一切为了业务发展；一切为了效率提升；一切为了机制与活力。人力资源管理问题在华为的高层决策日程中占有最多的时间与精力，其决策目标就是科学合理地分好钱、分好权、分好机会、分好荣誉。

- 在分钱上，建立短期、及时、中期、长期、超长期激励相结合的激励体系，基于贡献差异，打破平衡，拉开差距，形成张力。
- 在分权上，坚定不移地向一线倾斜，向勇于担责者授权赋能，充分激发员工的主观能动性。
- 在分机会上，大胆向积极追求上进的年轻人倾斜，对能够不断冲

锋、承担责任结果的年轻人破格提拔。

·在分荣誉上，通过正、负激励，激发人性的天使面，抑制人性的魔鬼面，激发员工的使命感，找到工作的目的和意义，持续保持活力。

德鲁克估计，因为泰勒的科学管理和福特的流水线，人类体力劳动的效率提高了50倍，但却并未解决脑力劳动的生产效率问题。他说，脑力劳动者或者技术型工人的生产效率在20世纪不仅没有改善，反而还下降了，这是21世纪管理学最大的挑战。华为以"在核心价值观良性约束下的自由发挥"很好地回应了这一挑战。正是通过全力创造价值、科学评价价值、合理分配价值，华为做到了物质文明促进精神文明，精神文明巩固物质文明，让绝大多数不同代际的员工都具有主人翁意识，从而前赴后继，形成了一浪高过一浪的群体价值追求。这是中国式现代化企业管理的价值循环逻辑。

孤立系统处于平衡态时平均化程度最高、熵值最大，系统就会丧失做功能力，失去活力。这对企业来说通常体现为吃大锅饭、平均主义，员工不再去创造。所以要远离平衡态，适度拉开差距，这是防止"熵死"的关键。华为人力资源体系的设计就是不给人惰怠的机会，即便是个性化更强的新员工，在华为价值观与机制牵引下，蓬生麻中，不扶自直，每个小小的原子核都释放出巨大能量，不断逆熵增做功。

第 4 章
非线性：方向要大致正确

如果一家公司的战略行动的效应只改变了它自身的竞争地位而非整个环境，该行动就是线性的。相反，非线性的战略行动则会使环境发生变化，该公司及其竞争对手都必须应对这一变化。

——安迪·格鲁夫

成功不是未来可靠的向导，企业生命长存要遵循生物学的进化法则。在外界环境变化缓慢时，持续积累是优势；而在外界环境快速变化时，要警惕依赖过去经验造成的发展障碍。

——任正非

由于不确定性原理的存在，任何事物的发展都不可能是线性的、一帆风顺的，企业同样如此。《从优秀到卓越》一书作者吉姆·柯林斯在研究众多优秀与卓越企业后得出结论："优秀是卓越的最大敌人。"美国未来学家托夫勒认为，生存的第一定律就是："没有什么比昨天的成功更加危险。"

2013年9月，诺基亚前CEO约玛·奥利拉在记者招待会上同意被微软收购时说的最后一句话是："我们没有做错什么，但不知为什么，我们输了。"台下数十位诺基亚高管闻言不禁潸然泪下。其实，诺基亚内部很早就有人意识到智能手机可能是未来的发展方向，但都普遍认为智能手机时代不会来得那么快，更不相信那么早就能撼动诺基亚的全球霸主地位。诺基亚失败的原因正如《创新者的窘境》一书作者克里斯坦森所言："当你的流程和价值观与颠覆性技术迫使你进入的市场不匹配时，即使是最卓越的管理也无法挽救这个窘境。"

以移动通信行业为例，从1G到5G，每10年就升级换代一次，每次升级都是非线性的，在这个残酷的征程中，倒下了曾经如日中天的贝尔、朗讯、北电网络、摩托罗拉、西门子、阿尔卡特……

对从2G时代就开始参与这场竞逐游戏的华为来说，任正非的体会是：方向只能大致正确，组织必须充满活力。公司的运作应该是一种耗散结构，应该让公司在稳定与不稳定、平衡与非平衡间交替进行，这样公司才能保持活力。华为35年的发展史就是一部"乱中求治"与"治中求乱"的历史，是从无序到有序的组织进化史。当然其中均衡、线性发展是常态，但要适应新的形势与环境，形成新的有序结构，就必须打破均衡，抓住非线性作用带来的新机遇，推动企业迈上新台阶，实现新的均衡。

战略非线性

35年来,按时间维度,华为进行了五次重大转型(包括通常意义上的战略转型以及重大业务战略、技术战略、商业模式的转型等,为简化理解,统称"战略非线性")。前四次非线性转型都是蜕皮、刮骨的过程,甚至付出了巨大代价,虽经历迂回曲折,好在有惊无险。而正在进行的第五次转型帷幕已经拉开,面临着更加艰险的局面。

从"以技术为中心"到"以客户为中心"转型

这次转型时间点发生在1998年。创业前十年,华为每年几乎都100%高速增长,在如此好的势头下,华为为什么要转型?原因就在熵增定律。随着公司规模扩张、人员不断增加,企业的混乱程度剧增。任正非带着核心团队在1997年年底从美国考察归来后,就下定决心变革。在比较了研发和市场两大核心业务之后,华为发现研发线是龙头,更不适应企业未来的发展,于是决定邀请IBM帮助华为建立IPD、ISC等科学流程体系。

从代理走上自研之路后,刚开始华为的产品只有交换机及衍生产品,相对比较简单,公司的技术权威们具有深厚技术背景,决策能够做到及时、抓住问题的关键点。但随着公司产品线越来越长,技术权威们需要不断学习新的知识和技术,决策效率开始下降。尤其当华为从有线进入无线领域后,由于技术跨度太大,决策难度倍增,技术权威们的知识学习相对滞后，决策准确度明显下降。实际上，任正非骨子里是个技术情结很重的人。1978年，他作为军队的"科技标兵"代表参加了全国科技大会；1997年在参观贝尔实验室时，他说："我年轻时代就十分崇拜贝尔实验室，仰慕之心超越爱情。"他还特意在巴丁的纪念栏下照了相。但当他看到这些技术先进的昔日标杆一个个倒下时，他深刻认识到：一个商业机构从事技术创新，要保证商业上的成功，那么，华为就必须从以技术为中心转向以客户为中心。

创业初期，华为代理小型交换机，产品同质化严重，竞争非常激烈。彼时，华为就具有很强的客户意识，在产品外包装印上"凡购买华为产品，可以无条件退货，退货的客人和购货的客人一样受欢迎"的宣传语。华为还在农村拓展业务时，老鼠经常咬断电线，客户网络连接常常因此中断。当时，提供服务的跨国巨头都认为这不该由它们负责、而要客户自己解决问题。华为却认为这是厂家需要想办法解决的问题。此举让华为在研发坚固材料方面积累了丰富经验，并获得了不少订单。正是比同行更全面、响应更及时的服务保证了华为早期的生存。但随着自研产品越来越复杂，加之缺乏体系化的科学方法牵引，华为的研发就越来越走向以自我为中心，开发效率降低的同时还出现了许多重大决策失误。

早期华为的开发流程是先由研发人员开发出样品，然后进行小批量验证后交给测试人员，经测试后安排生产发货。开发人员往往不懂或不重视后续工序，后续环节发现的任何问题，例如功能、性能、工艺、制造等问题都要反馈给开发人员进行重新修改，然后重复后续过程，导致产品开发周期长。产品开发项目组只有研发一个部门，研发人员往往只对研发成果负责，不太关心产品能否成功量产，也不关心产品推向市场后是否成功。显然，这种接力棒式的串行开发模式必然走向以自我为中心，无法保障对产品成功负责，而且交接点的责任划分和要求难以量化，往往带来大量扯皮。

IPD采用跨部门团队来负责产品开发，按规划和项目任务书定义的范围、规模、进度等要求，将产品定义到发布全过程中所涉相关功能部门的成员卷入，对产品从概念、开发、测试、生产、上市，一直到全生命周期的整个过程共同负责。就像一个创业型"小微企业"，每个团队成员都贡献自己所属领域的专业智慧，形成合力，保证产品快速、高质量推向市场。跨部门产品开发团队从产品设计前端就关注产品的可靠性、可生产性、可供应性、可销售性、可交付性、可服务性等需求。将串行改为并行开发后，开发人员在开发测试产品时，制造人员可同时准备批量生产工艺和制造装备；采购人员认证新器件、确定供应商，为产品批量生产准备好所需物料；营销人员为产品上市和市场宣传销售提前做好准备；服务人员在产品上市前提前做好产品安装和服务培训赋能。这会大大缩短开发周期，降低开发成本。

以上IBM验证过，华为准备引进的产品研发流程的理念虽好，但却使相关人员工作量大增，对人的综合素质提出了更高要求，尤其是必须改变华为研发人员多年养成的以自我为中心的思维习惯，一时半刻许多人很难适应。表现出抱怨、怀疑、否定甚至抵制等负面情绪。

"华为发展得这么好，说明我们的模式具有独特的优势！"
"西药真的管用吗？"
"IBM不懂电信行业，它凭什么教我们怎么做？"
"土鳖就是土鳖，再怎么改造也变不成海龟。"
"穿上美国鞋的狼群还能高速奔跑吗？会不会走火入魔？"
…………

抵制变革的声音不绝于耳。任正非首先倡导大家以开放的心态向刚刚转型成功的IBM虚心学习，撤掉那些思维僵化的干部，及时发现和提拔愿意变革的干部，让大多数人，特别是中高层干部积极拥抱变革。

在具体推行变革时，华为分为三步：第一步是小范围试点，总结经验教训，优化改革方案；第二步是扩大推行范围，继续总结优化；第三步是全面推行并 IT 固化方案。但要让大家真正转变思维和习惯绝不是一件容易的事，华为为此专门搞了一次"非线性"的"发奖"活动：2000年 9 月，华为在深圳体育馆召开 6000 人的"研发体系发放呆死料、机票活动暨反思交流大会"，会议的主题是"从泥坑里爬起来的人就是圣人"，任正非做了《为什么要自我批判》的主题讲话：今天研发系统召开几千人大会，将这些年由于工作不认真、BOM 填写不清、测试不严格、盲目创新造成的大量废料作为奖品发给研发系统的几百名骨干，让他们牢记教训。之所以搞得这么隆重，是为了使大家刻骨铭记，一代一代传下去，为造就下一代的领导人，进行一次很好的洗礼。我今天心里很高兴，对未来的交接班充满了信心。

这次发的奖品是呆死料。其中研发人员的奖品是用镜框装裱的报废的板子；用服人员的奖品是用镜框装裱的使用过的机票；生产制造人员的奖品是满满一竹筐的废铜烂铁边角余料。很长一段时间，这些"奖品"成为研发人员办公桌上的醒目"摆件"，时刻警醒着华为人。黄健就是其中之一[①]。

在这次大会上被"奖励"机票的中研某部骨干黄健，讲述了他的"五次大连之行"。他第一次去大连是因为整个系统设计中没有仔细考虑性能问题，于是技术人员过去测试局方 VAX 主机上的性能，结论是原来的方案必须彻底推翻。过了几个月，他们再次为新买的小型机安装新的系统，于是第二次飞赴大连，一共待了一个多月，直到开通。刚回公司不久，大连的客户反映总是录不上音，而且质检数据也未能记录下来，于是他第三次飞往大连。第四次是因为一个小功能不行。后来因为

[①] 引自心声社区 https://xinsheng.huawei.com/next/#/detail?tid=6814535。

局方认为华为提出的维护方案不可靠，资料不全面，所以一定要验证，于是黄健他们第五次飞往大连。隔壁办公室的员工见他们又来了，惊奇地瞪大眼睛："你们怎么又来了，干脆长驻我们这儿得了。"就是因为一些小问题，黄健一行飞往大连五次，来回飞机票就是几十张。

黄健说："正是由于我们开发人员工作的不规范，才导致产品屡出问题。我们的客户在公司创业初期给了我们很多理解和宽容，对我们不稳定的产品、不规范的行为进行了包容。但如果我们自己缺乏一种自我批判的精神，凡事要等到客户向我们指出问题在哪里，那华为就无法在竞争如此激烈的通信行业立足。研发人员只有具备自我批判精神，才能不断把产品做得更稳定、更可靠，才能向客户提供满意的产品。"

企业中不同个体的教育背景、思维模式、工作方式不同，对工作重心的把握、推动力度也会不一样。企业如果不解决以什么为中心的问题，大家的能量就会发散，不聚焦，甚至出现相互掣肘，组织就逐渐陷入混乱无序状态，最后结果就是"熵死"。事后看，这次颁奖大会堪称是华为研发体系的"遵义会议"，是一次典型的"负反馈"[①]事件，是适应IPD研发流程的一次全员思维转变。它在华为发展史上具有里程碑意义，即通过有组织的自我批判，将华为研发工程师的思维从以自我为中心引向了以客户为中心。同时在具体的机制保障上，产品经理被确定为实现产品商业成功的第一责任人，是该产品线的最高主管，拥有资源调度权和考核权；研发部门以及产品线所涉人员的奖金分配、股权激励、职级职务晋升都和产品的市场效益紧密挂钩。从此，IPD使原来仅由研发部门负责的封闭的研发系统转变为全公司相关部门都参与的开放系

---

① 负反馈：即结果抑制原因，指系统的输出对于输入的反向作用结果抑制了输入的同向变化，导致输出变化变小。非线性是耗散结构中的"迁移实施途径"，这一典型负反馈案例抑制了产品质量走向恶化，使产品和组织回归"有序"。华为除了通过正反馈来牵引形成"有序"，也很重视发挥负反馈来反向牵引回归"有序"，所谓"烧不死的鸟是凤凰""泥坑里爬起来的人就是圣人"等都是典型案例。

统,华为从客户需求输入到客户满意的输出之间实现了效率倍增。

从有线向无线的技术转型

从固话到移动,标志着人类通信摆脱了线缆羁绊,是人类通信的一次巨大飞跃。华为从有线拓展到无线的过程,是对企业家的洞察力、决断力和团队韧性、执行力的残酷考验。

1994年,华为成立无线部门,除了几本英文协议,其他几乎一无所有。考虑到CDMA(码分多址)标准的核心专利被美国高通公司垄断,容易受制于人,任正非决定华为的2G选择跟随欧洲GSM标准。经过不懈努力,1997年11月,华为GSM产品在第二届国际无线通信设备展览会上首次亮相,华为展厅中"中国自己的GSM"几个大字格外引人注目。

1998—2002年是中国移动通信市场竞争最激烈的一段时间,中国移动密集投资2G网络建设(GSM标准)。华为虽研发出了GSM产品,但技术还不够成熟,始终无法打入重点市场,同时,国际巨头开始大幅降价来"围剿"华为。彼时,由于2G标准的美欧争霸,双方都在竭尽全力抢占中国市场。为了平衡,移动选择了GSM标准,联通选择了CDMA标准。当时中国电信没能拿到移动牌照,只能做固话业务。电信领导层不愿坐以待毙,于是看上了小灵通业务。任正非认为小灵通是一种落后技术,未来无法升级到3G,因此他忽视了小灵通号码短、资费便宜且接听不要钱的独特优势,同时对国内3G牌照发放时间判断错误,因而坚决否决了"小灵通"。而中兴和UT斯达康却抓住了小灵通机会,获得快速发展。

小灵通和CDMA,加上此前放弃的手机终端,世纪之交中国通信行业的三大"风口",华为作为中国通信设备行业的龙头,居然一个都没能抓住!这让历年高歌猛进的华为在2002年第一次出现了负增长。雪上加霜的是，在这两三年内竟然有近4000人离开了华为，其中少数人被裁减，多数人主动辞职，其中还有不少骨干。这里固然有全球IT寒冬、竞争对手崛起的影响，同时人都是活在希望中，其中也有不少人对决策者决策能力开始产生怀疑，"头狼"任正非面临着巨大压力。他后来承认，在决定华为的无线技术路线时，精神很痛苦，几近崩溃。

1998年，华为又将目光投向了3G，希望能紧跟产业发展趋势，在3G时代彻底打一个翻身仗。而标准之争再次上演。这次，任正非依旧重金押注在欧洲的WCDMA标准上。2001年，整网解决方案顺利实施，华为与业界巨头第一次同步推出3G产品，成为全球少数几个能够提供全套商用系统的企业之一。但崛起之路注定坎坷。就在大家欢欣鼓舞，满怀对3G的憧憬之时，全球IT寒冬骤然而至，电信企业纷纷裁员，同时为等待大唐主导的3G标准（TD-SCDMA）的成熟，直到2009年1月，中国才发放3G牌照，当时华为的研发队伍有上千人，每多等待一天，都是一笔巨额开销，换谁都是一种莫大的煎熬。

在2G研发上，华为砸了约16亿元；在3G研发上，华为投入了40多亿元。眼见国内3G牌照发放遥遥无期，面对这一严峻局势，为了活下去，任正非做出战略决策：将3G营销总部从中国迁往欧洲，并先后派出元老徐文伟和猛将余承东领头，贴近客户，不断倾听客户的声音。华为在漫长的等待中积极准备，机会终于来临——2007年，沃达丰希望能够用最便宜的方法，既能保留先期投入的2G网络，减少浪费，又能平滑升级到3G服务。这涉及了非常具有挑战性的"多载波技术"，业界公认突破成功率只有1%，华为调用了全球资源，用一年半的时间终于攻克了这一世界级难题，推出了SingleRAN这样独一无二的创新解决方案，实现单一基站将2G、3G、4G以及后来的5G等多代通信制式的打通融合，基站功耗降低50%而集成度大大提升，极大地降低了客户的投入成本。华为3G因此全面突破了欧洲市场，使华为无线产品在欧洲的市场份额迅速从9%提升到33%，收入跃居世界第二，仅次于爱立信。2009年,华为持续投入3G研发十年之后,终于借助国际市场实现盈利,其中的等待煎熬和痛苦常人难以想象。2009年1月,国内3G牌照颁发后,华为立即杀了个回马枪,带着海外市场巨大的成功经验与人才积累,斩获了国内大量3G订单。华为终于一步步从2G时代的跟随者、3G时代的挑战者、4G时代的领先者到成为5G时代的领导者。2017年,华为又启动了6G研发,首次在无线通信中引入智能与感知能力,从人联、物联过渡到万物智联,为人类社会带来一场无处不在的智能革命。

　　回顾华为这段惊心动魄的发展过程,"小灵通事件"始终躲不过去,至今在华为内部依然是仁者见仁、智者见智。从长期战略角度看,当年任正非否决小灵通,而国内3G牌照比预计晚发5年,逼得华为没有退路地走向海外,终于冲破了欧洲的铜墙铁壁,这或许是今天任正非"没有退路就是胜利之路"坚定信念的来源。同时,或许也正是经历了这些艰难磨砺,构建起了坚强的队伍,任正非才有底气笑谈美国的打压。

　　《华为基本法》中关于"公司的成长"部分明确:顺应技术发展的大趋势,顺应市场变化的大趋势,顺应社会发展的大趋势,就能使我们避免大的风险。任正非一直追随的是行业主流技术标准,他的决策脉络是清晰的和一以贯之的,但企业发展往往是混沌和非线性的,虽然企业长期战略方向很重要,但这并不意味着短期战术不可以迂回,毕竟企业先活下来才可能有实现长期战略的机会。如果华为早期就介入小灵通市场,赚取的利润可用于华为主流技术的研发,保证在"冬天"可以活得更安全。华为那几年很是心惊胆战,员工几乎没涨工资,甚至人心惶惶。而UT斯达康高峰期一年就实现213亿元的营收,开发出3G产品并频频向华为挖角,有人形容UT就是罩在华为之外的一张网,飞出一只小鸟他就装进去一个。2001—2004年,中兴凭借小灵通业务也迅速拉近了与华为的距离,华为内部气氛一时非常紧张。加之没有产品与服务连接,华为一贯重视的客情关系也受到了影响。实际上,任正非后来在华为内部就"小灵通事件"做了自我批判并公开认错。2003年，华为终于杀入小灵通市场，并将小灵通单机价格从高峰时期的2000元打到了300元，迅速抢到了25%的市场份额，这对产品单一的UT斯达康来说就是釜底抽薪。经此一役，华为又顺势开始为运营商定制3G手机，自此华为也解除了不做终端的禁锢，后来才有了消费者BG的成立。今天，"小灵通事件"进入了华为大学案例库，供华为人继续研究。

"GSM，以及后续的3G、4G成了中国走向全球的最早，也是最成功的高科技产品。"亲自参与了这次海外"远征"的华为前科技老兵戴辉认为，如果没有在海外GSM的成功布局，华为只是第二个中兴（随着CDMA的势微，中兴通讯业绩受到很大影响）。由于通信网络是地盘型生意，具有延续性与独占性的特点，正是华为在菲律宾市场中采用整网替代模式大获成功，使华为后续采用与此类似的方式攻入全球市场，彻底打开了局面。任正非总结反思这段思维方式的转变过程时说："我们只有固网的市场眼界，不知无线不能插花，只能是整网建设。"

经过2001—2004年全球移动通信行业演进的惊涛骇浪，接连决策失误的任正非意识到自己的专制已成为华为发展的障碍。此前，在华为没有人敢纠正任正非的决策失误，除非他自己能想明白。可一旦想明白之后，他的整改又是迅速的、行动是彻底的。任正非曾经在公司上千人的会议上主动承认决策失误，令在场员工无不为之动容。2004年，60岁的他决定将放权机制化，在美世咨询的帮助下建立EMT运营决策机制，由8名高层轮流担任COO。从大权独揽变成高管集体决策，任正非逐渐转向主抓思想权和文化权。此后，华为没有出现过关乎企业生死的重大战略失误。

从国内迈向全球的拓展转型

没有当初坚定不移地走向国际市场，就没有今天的华为。从国内到海外的惊险一跃是华为的第三次重大转型。这与第二次转型的时间有很大重叠，一次重在市场生存空间拓展，一次重在横向产品线延伸。

早在1994年，任正非就喊出"十年之后，世界通信行业三分天下，华为有其一"。这意味着征战全球市场就是华为的宿命。只不过华为在积蓄力量、等待机会。同时，因为跨国巨头很早就通过整合全球资源与华为在国内市场竞争，为了活下来，华为也必须实现全球化的卓越运营。

1995年，华为国内市场迎来丰收，实现15亿元的营收，关键是公司的C&C08万门数字程控交换机在容量和功能上已接近国际领先水平，任正非认为走出国门的时机成熟了，于是开始组建国际市场团队。1996年3月，华为赢得香港和记电信3600万美元大单并如期交付，这极大地坚定了任正非走向海外市场的信心和决心。然而国际市场拒绝机会主义，也不相信眼泪。虽然华为制订了"海外销售跟随国家外交路线走"的清晰战略，但要真正获取订单则是另外一回事，华为在海外市场连续几年收效甚微。

华为真正下决心走向海外是在2000年前后，某种程度上也是不得不走。彼时，华为已成为国内最大的通信设备供应商，除无线产品外，其他主流产品在国内市场份额已接近40%左右，这几乎是客户能够接受的上限。2000年12月27日，在出征海外市场的誓师大会上，任正非说：我们总不能等到没有问题才去进攻，而是要在海外市场的开拓过程中，熟悉市场，赢得市场，培养和造就干部队伍。若3~5年未能建立国际化的队伍，那么国内市场一旦饱和，华为将坐以待毙。"

真实的海外市场远比预想的复杂，熟悉当地文化和法律、建立客户忠诚度等都需要时间。打开俄罗斯市场就颇具代表性。1996年，华为参加了莫斯科国际通信展，当年一无所获；1997年依然一无所获；1998年还是一无所获；1999年终于"开和"，接到一个38美元的订单！同时，即便好不容易获得项目订单，海外如何交付项目也存在诸多问题。比如国内电信运营商自我配套、集成能力很强，制造商只需把产品卖给运营商即可，由运营商自行配置。而在国际市场上，运营商的招标项目绝大多数是交钥匙工程(也叫Turnkey项目)。总包商要想赢利，自身产品、供应链管理、项目管理能力等都要非常全面，否则项目利润就会被分包商"吃"掉。当时华为内部的组织结构和业务流程都不能支撑Turnkey项目的交付。很快华为就成立了跨部门的Turnkey项目管理委员会，下辖工程采购部、项目管理部、工程财经部，并进行相应的业务流程再造。

刚开始华为对Turnkey项目完全没经验，其间吃了不少亏，于是华为人不得不从头学习土建知识。在咨询公司的帮助下，华为第一步先把Turnkey项目分解成电信设备和土建两大部分，然后将土建部分又分成铁塔、地基和方舱三大块，一层层地细分下去，最后进行分类和存档，并做成报价模板。这一系列快速学习之后，华为和当时的标杆爱立信的Turnkey项目报价越来越接近，加上通过学习爱立信的按站点发货模式，一个站点的货一次运过去，交付效率大大提升，成本大幅下降。当然，这对前方的精准计划与后台的生产、运输等能力都提出了更高要求，最后华为都一一解决，在Turnkey项目中也赚了大钱。

在海外征战中，华为复制了国内市场的农村包围城市、根据地和蜂群战略，从跨国巨头投入不足的亚非拉、独联体等一些第三世界国家切入，一旦撕开口子，就建立根据地，把追逐项目的游击战转变成一个国家一个国家的深耕，同时将国内市场的精兵强将源源不断"空投"海外，最后一步步打入发达国家市场。正是在实战中华为慢慢懂得了国际竞争的游戏规则，接收到全球顶级运营商的"成人礼"，比如英国电信对华为历时3年的严苛认证让时任董事长孙亚芳深有感触，她说："英国电信对华为持续三年的认证，让华为人掉了一层皮。"今天回头看，华为的海外拓展史就是一部筚路蓝缕的血泪史。

从"一棵树"到"三棵树"的商业模式转型

2011年,华为宣布在运营商业务(CNBG)之外单独设置消费者业务(CBG)和企业业务(EBG)。也就是说,华为的服务对象从全球数百家运营商拓展到数以千万计的企业客户和全球数十亿终端消费者。

当年,华为运营商业务已基本覆盖全球Top 50运营商,市场份额已占全球市场的30%。余承东认为,华为的运营商业务做到400亿美元基本就达到极致了,必须找到下一个增长空间。彼时,互联网技术的发展,与通信技术加速融合,特别是智能手机的出现,使移动互联网成了新的发展方向,通信行业的价值链发生了反转(见图4-1),实施"云—管—端"一体化战略就成为必然。

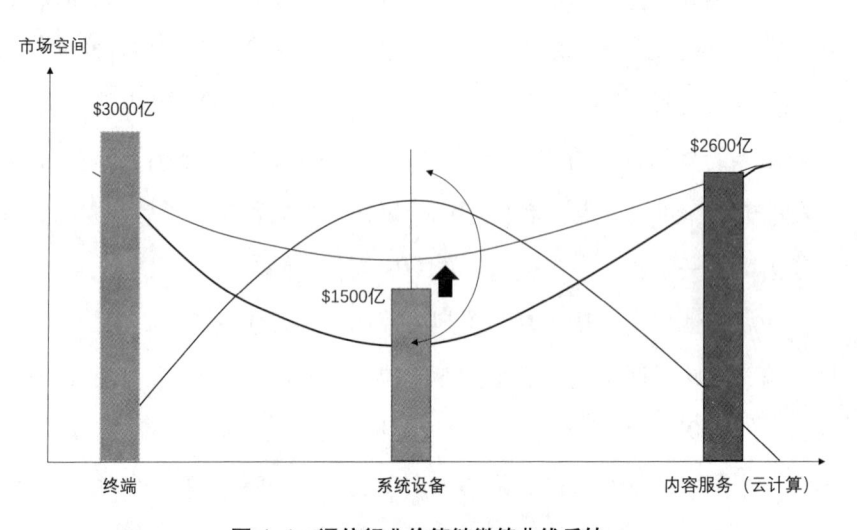

图4-1 通信行业价值链微笑曲线反转

然而企业的任何非线性转型都绝非轻而易举。以终端发展为例,华为其实早在1996年就成立了终端部门,开发了无绳子母机、壁挂式电话、录音电话等,但由于To B运营商客户思维模式完全不适用于To C,很快就以亏损2亿元而惨败收场。一朝被蛇咬、十年怕井绳,后来华为错失小灵通风口，被中兴、UT斯达康打了个措手不及，不能说完全与此无关。

直到2008年，任正非终于慢慢认识到，终端是最贴近用户和物理世界的，是所有业务的入口，得入口者方能得天下。他也深知做手机跟做系统设备不一样，做法和打法都不同，华为要专门成立终端公司做手机，独立运作。但直至2010年，华为还是只做运营商贴牌定制机，说到底还是运营商业务，只不过多提供了一类产品而已。此时的运营商非常强势，企图控制整个产业链，华为贴牌机的净利润大概只有5个百分点。但也正是在与运营商合作过程中，华为得以全面进入手机领域，慢慢培养起自己的研发队伍。在往手机价值链高端迁移过程中，由于不清楚消费者的需求到底是什么，这让秉持"以客户为中心"的华为非常恐慌。余承东接管消费者业务后，为了让大家集中精力做好品牌高端机，决定背水一战，将贴牌机订单直接砍掉3000万台，这引起了运营商和相关员工的极大不满。余承东顶着巨大压力，接连做出了D1、D2、P2等高端机，但市场反应都很不理想。为了充分利用在无线和芯片领域长期积累的经验，华为做出调整，将海思的移动芯片纳入消费者BG，实现芯片与手机业务相互扶持。通过不断迭代，小步试错，华为终端团队终于一点点读懂了消费者，2013年上市的P6一举实现400万台的销量，2014年，集设计与芯片工艺突破于一体的Mate7上市，终于突破了市场阈值，一机难求。从2012年到2018年，从零到中国第一，华为成功打造出华为和荣耀两个独立品牌，消费者业务取得成功，如果不是美国强行切断高端芯片制造供应链，华为手机已经实现全球逆袭。

随着全球商业环境的变化，华为的"三棵树"也陆续长出了一些"新芽"。2022年4月20日，华为正式宣布将"消费者业务"更名为"终端业务"，未来将全面进军商用领域。目前，华为的5G甚至下一步的6G归属于运营商业务，是连接"管道"，是华为的核心业务，也是新基建的核心；数字能源融合数字技术和电力电子技术，发展清洁能源与能源数字化，助推能源革命；新能源汽车属于"终端业务"，这是种子业务，志在接下来的新一轮全球汽车革命中抢占一席之地。华为的新基建、数字能源、新能源汽车战略布局是企业家超前洞察、企业发展必须与时俱进的必然结果。

由于客户对象的不同，需求的变化，企业必然需要新的思维模式来支撑，这必将与原有流程、组织体系、做事习惯等产生巨大碰撞，其难度不亚于二次创业。华为在原消费者 BG 和企业 BG 的组织建设上，都采用了"三波次"接力发展模式：第一波次探索新业务的规律，按业务规律组建基本队伍；第二波次由德高望重的重要领导兼任新事业负责人，集中资源迅速壮大队伍，构建攻坚体系；第三波次由有闯劲、攻坚能力强的领导负责，突破业务目标。比如华为监事会主席郭平曾担任终端公司董事长兼总裁，后来是猛将余承东；华为元老、战略研究院院长徐文伟曾是企业 BG 的首任总裁，后来是将华为的日本市场从 2 亿美元做到近 20 亿美元的闫力大。在此期间，华为及时从外部引进业务"明白人"，塑造新业务所需的思维模式，在全球进行资源和专业能力布局，加速内部相关人才培养，不断给新事业赋能。

从"三棵树"向"一片森林"的生态型组织转型

在美国连续打压及"围剿"之下，华为深刻地认识到美国砖修不了华为的万里长城。于是"向上捅破天，向下扎到根"成为华为第五次战略转型的指导原则。

所谓"向下扎到根"，主要是指深入研究基础技术与工艺，如芯片设计制造等。通过在全世界范围内广泛招聘科学家、高级专家、天才少年等，华为的目标是突破中国信息产业的"缺芯少魂"问题。芯片方面，自 2019 年 4 月成立哈勃投资以来，华为已累计投资了数十家中国半导体企业，目的是帮助华为快速打造半导体自救生态链。华为很可能会像三星一样建立自己的晶圆厂，走IDM①道路。

所谓"向上捅破天"，主要是探索高端产品与应用，引领社会进入智慧全场景时代。华为将终端的鸿蒙操作系统、服务器端的欧拉操作系统无偿捐赠给开放原子开源基金会，成为全社会的公共产品。华为通过持续投入，围绕欧拉打造数字基础设施的软件生态，基于鸿蒙打造面向跨多终端环境下的生态，坚持开源、开放，以汇聚更多业界伙伴夯实经济社会发展的数字基础，共建新经济时代的数字智能化平台，共同构建万物互联的智能世界。这标志着华为将从产品型公司向生态型公司转型。正如在2020年度华为开发者大会上，余承东掷地有声地说："没有人能够熄灭满天星光，每一位开发者，都是华为要汇聚的星星之火。"

华为以5G、云计算和人工智能为基础，通过组建军团②模式，将相关技术与行业场景深度融合，赋能传统行业，提升其安全性与运营效率。一旦有所突破，华为就迅速推广普及5G时代下高端产品的应用，打造良好的应用生态。

2021年10月29日，华为正式设立了煤矿、智慧公路、海关和港口、智能光伏及数据中心能源这五大"军团"，由任正非决定并亲自督导。军团与各BG等级相同，不受各BG领导，具有很大的独立性。华为"军团"模式的核心就是短链条运作，把技术专家、产品专家、工程专家、销售专家、交付与服务专家全都汇聚在一个部门，将业务颗粒化，缩短产品迭代周期。华为选择的五大"军团"都是5G和AI领域中最具有实用价值和易开发的部分，大部分和新基建有关，通过集中前后端资源，可以充分发挥华为擅长的团队作战能力，集中力量攻破难题，实现产品全流程打通。

---

① IDM：指从芯片设计、制造、封装测试到销售都由公司一手包办。其主要优势是设计、制造等环节协同优化，有助于充分发掘公司技术潜力，能有条件率先实验并推行新的半导体技术；主要劣势是公司规模庞大，管理成本较高，运营费用较高，资本回报率偏低。
② 军团模式：2004年时，由谷歌探索创建。军团由博士组成，编制不大，但战斗力极强。其特点是研究和开发不分家，大幅提升了工作效率。

2022年3月30日，华为又举行了以"灵活机动的战略战术"为主题的第二批军团成立大会。任正非说："我们以军团化的方式改革，就是要缩短客户需求和解决方案、产品开发和维护之间的距离，打造快速简洁的传递过程，减少传递中的损耗。当前国际风云变幻，我们面临着越来越严苛的打压，华为要稳住阵脚，要积极地调整队形，坚定地为客户创造价值。"

2022年5月26日，华为宣布成立第三批军团，包括站点能源军团、数字金融军团、机器视觉军团、公共事业系统部、制造行业数字化系统部。任正非强调，军团要形成精干有力的集团组织，要调动一切可以调动的资源，面向全球市场，坚持以客户为中心，开放进取，构建共生共赢的伙伴体系，服务好千行百业，不断探索沉淀商业模式，目的是一切为了胜利，一切为了前线，要让打胜仗的思想成为一种信仰。

华为军团是一支面向特定产业或持续洞察某个行业客户需求、识别客户问题的专业化队伍。一方面，在纵向上缩短管理链条，对内拉通研发、销售、交付、服务等资源，不断提升效率以匹配给客户最合适的技术与服务；另一方面，在横向上快速整合资源，对外联合更多解决方案伙伴，把华为和伙伴的能力整合，形成针对性的场景化解决方案，最终实现各行业的数字化和智能化。

2021年8月，郭平在与新员工座谈时指出："华为绝对不会变成一个只有中国市场的公司，绝对不会放弃海外市场。"

任正非说："当我们度过最危急的历史阶段，公司就会产生一支生力军，干什么？称霸世界。"

华为全力推动全栈全场景AI能力不断滚动迭代发展，将ICT技术赋能千行百业，打造人工智能应用的普惠之路，创造数字时代的新机会，实现行业生态共荣，促进新一轮的全球化。正如海涅的诗句一样：冬天从这里夺走的，春天会交还给你。这是华为第五次战略转型的目标。

纵观华为的前四次转型以及正在进行的第五次转型，员工能力提升与组织架构调整、流程梳理匹配等固然重要，但吉姆·柯林斯所谓"优秀是卓越的最大敌人"，主要是指原来使我们变得优秀的做事习惯、思维方式支撑不了卓越。华为前四次成功转型都首先是思维模式转型升级的结果（见表4-1）。

表4-1 华为五次转型中的思维模式转变

华为的五次转型	旧思维	新思维
从"以技术为中心"到"以客户为中心"	以自我为中心	以客户为中心
从有线到无线	插花叠加	整网建设
从国内市场走向全球	区域优势	全球卓越
从"一棵树"到"三棵树"	管道为王	系统制胜
从"三棵树"到"一片森林"	系统制胜	生态共赢

德鲁克指出："管理者不要想当然地以为明天就是今天的延伸。"战略大师加里·哈默也说，让大公司改变就像让小狗直立行走一样困难。企业的转型过程都是不连续的、非线性的。老路到不了新地方，其根本是旧思维支撑不了新事业。在向生态型组织转型过程中，任正非认识到华为的优势在硬件，而云计算和生态建设考验的是软件与服务的能力。在软件定义一切的时代即将来临时，任正非多次提醒华为人：我们是一个传统的硬件先进的公司，世界上转型为软件先进公司的例子还没有，我们的困难是可以想象的。

"成功不是走向未来的可靠向导"。由于事物发展的非线性，那些曾经使华为成功的模式不仅不再有效，甚至可能成为企业持续发展的障碍。过去35年，华为敢于否定自己、颠覆自己，不怕砸自己的金饭碗，才成功实现了前四次转型，取得了今天的江湖地位。其中坚持自我批判是华为不断调整自己来适应外部环境变化、持续迭代升级自己的认知与思维模式的主要方式，自我批判也是充分把握非线性作用的有利方面，进而抓住机会提升组织效率，推动华为跃上新发展平台的关键。

文化非线性

《华为基本法》第六条关于文化部分写道:"资源是会枯竭的,唯有文化才会生生不息。一切工业产品都是人类智慧创造的。华为没有可以依存的自然资源,唯有在人的头脑中挖掘出大油田、大森林、大煤矿……精神是可以转化成物质的,物质文明有利于巩固精神文明。我们坚持以精神文明促进物质文明的方针。"

任正非说:"我们拥有非常多优秀的科技人才,他们的大脑是我们最宝贵的财富。然而,脑袋之间是会有矛盾的,如果矛盾激化,脑袋就是一个原子弹,爆炸了。因此,我们必须要有一种文化,这种文化就是价值评价体系建设的一部分。有了这种文化,原子弹不仅不会爆炸,还可以用来发电。"

文化是华为今天获得的一切的基础,是推动华为从无序向有序进化的关键。文化是业务的土壤,思想是行为的先导,战略非线性必然与文化非线性相伴相随。

创业生存期:口号式文化

从1987年成立到1996年,华为处于野蛮生长的创业生存期,华为的文化主要表现为口号式文化。

使命:产业报国,科教兴国。

愿景："超越四通"（1992年提出，当年中国高科技的典型是"南巨人，北四通"）；"十年之后，世界通信行业三分天下，华为有其一（1994年提出）"。

口号：板凳要坐十年冷；绝不让雷锋吃亏；是金子总会发光的；质量是我们的自尊心；用内心之火，精神之光，去点燃明天的希望；青山处处埋忠骨，世界何处不是家；用人可"移"，"疑人"可用；把信送给加西亚；狭路相逢勇者胜；烧不死的鸟是凤凰；不要脸才会进步；胜则举杯相庆，败则拼死相救……

这一阶段首先是要保证企业活下来，文化表现为有梦想、有激情、个人英雄主义盛行。当时的口号虽然比较碎片化，但语言精练、朗朗上口、提纲挈领、切中要害，一听就充满激情，明白公司导向所在。在员工人数不多的情况下，队伍的活力与混乱并存。

理性成长期：价值主张系统化

从1996年到2005年，以《华为基本法》的制定为标志，华为文化从感性慢慢走向理性，从碎片化走向系统的顶层设计。《华为基本法》将华为从初创期到成长期的企业家精神以及零散的文化口号进行了系统梳理，使公司从基于原始能力的野蛮生长转变为基于价值共识的可持续成长。

使命：在电子信息领域实现顾客的梦想。
愿景：成为世界级领先企业。
员工观：认真负责和管理有效的员工是华为最大的财富。尊重知识、尊重个性、集体奋斗和不迁就有功的员工，是我们事业可持续成长的内在要求。

技术观：广泛吸收世界电子信息领域的最新研究成果，虚心向国内外优秀企业学习，在独立自主的基础上，开放合作地发展领先的核心技术体系，用我们卓越的产品自立于世界通信列强之林。

精神：爱祖国、爱人民、爱事业和爱生活是我们凝聚力的源泉。责任意识、创新精神、敬业精神与团结合作精神是我们企业文化的精髓。实事求是是我们行为的准则。

利益观：华为主张在顾客、员工与合作者之间结成利益共同体。努力探索按生产要素分配的内部动力机制。我们绝不让雷锋吃亏，奉献者定当得到合理的回报。

文化观：资源是会枯竭的，唯有文化才会生生不息。一切工业产品都是人类智慧创造的。华为没有可以依存的自然资源，唯有在人的头脑中挖掘出大油田、大森林、大煤矿……精神是可以转化成物质的，物质文明有利于巩固精神文明。我们坚持以精神文明促进物质文明的方针。

社会责任观：华为以产业报国和科教兴国为己任，以公司的发展为所在社区做出贡献。为伟大祖国的繁荣昌盛，为中华民族的振兴，为自己和家人的幸福而不懈努力。

随着华为业务重点从四线、三线城市逐渐转向二线甚至一线城市，并开始走向国际市场，市场竞争大大升级。同时员工人数急剧增加，这一时期对员工的专业化、职业化程度要求也大大提高，华为文化主要表现为"可可西里坚守精神""千手观音的精准协同"等。这与华为从"以技术为中心"转向"以客户为中心"的战略转型以及相应的流程化体系建设过程高度匹配。

全球化拓展期：文化与国际接轨

从2005到2010年，华为走向全球化运营期，华为的核心价值主张要让客户听懂，就必须与国际接轨。其间，发生过多起跨文化冲突事件。曾经在开拓南亚市场时，华为外派的人力资源部部长给本地主管宣传华为文化，当他讲到华为早期的企业文化时，自然离不开那个著名的口号：从来就没有什么救世主，也没有神仙皇帝，中国要自强，唯有要靠自己。他刚用英语念完上半句，就发现主管们都站了起来，一半的人离开了会议室，还有一半的人握着拳头要打他。他这才意识到自己犯了大错。原来那个国家的人民信教，而他竟然说从来就没有救世主。

在国际咨询公司的帮助下，其间，华为分两个阶段来梳理提炼适应全球发展的文化体系，2005年提出了如下版本：

使命：聚焦客户关注的挑战和压力，提供有竞争力的通信解决方案和服务，持续为客户创造最大价值。

愿景：丰富人们的沟通和生活。

战略：

①为客户服务是华为存在的唯一理由，客户需求是华为发展的原动力；

②质量好、服务好、运作成本低，优先满足客户需求，提升客户竞争力和赢利能力；

③持续管理变革，实现高效的流程化运作，确保端到端的优质交付；

④与友商共同发展，既是竞争对手，也是合作伙伴，共同创造良好的生存空间，共享价值链的利益。

2008年，华为成立了"公司核心价值观整理工作小组"，对华为核心价值观重新进行梳理。经公司EMT审议批准，华为核心价值观正式面向全体员工征集意见，这一讨论持续了数年之久。

成就客户：为客户服务是华为存在的唯一理由，客户需求是华为发展的原动力。

艰苦奋斗：我们没有任何稀缺的资源可以依赖，唯有艰苦奋斗才能赢得客户的尊重与信赖。

自我批判：自我批判的目的是不断进步、不断改进，而不是自我否定。

开放进取：为了更好地满足客户需求，我们积极进取、勇于开拓，坚持开放与创新。

至诚守信：我们只有内心坦荡诚恳，才能言出必行，信守承诺。

团结合作：胜则举杯相庆，败则拼死相救。

华为在全世界能够领先的根本原因是利用好了全球最好的人才与资源。一家全球化的公司不仅需要本地员工理解认可公司文化，而且需要全球客户和当地社会理解接纳这家公司。这一时期的华为企业文化充满了蓝色基调，走向与国际接轨。其中的核心价值观与上一时期相比更简单，突出了"客户"，明确无误地告诉客户华为是谁，又要到哪里去，这与华为第三阶段从国内走向全球市场的生存空间拓展转型高度匹配。

生态孵化期：多成为一，一增益多

2011年，华为新增了消费者BG与企业BG，从运营商BG的"一棵树"变成了"三棵树"，业务不再仅仅限于提供通信解决方案，客户对象也发生了巨大变化，需要不同的组织体系、业务流程、思维模式，更普适的价值观来支撑。

2010年1月20日，任正非在市场工作会上，总结了华为以往成功的关键因素，同时也设想了未来成功的关键要素。2015年9月29日，华为EMT办公会议向全员发出"关于强化践行'以客户为中心'核心价值观的决议"。由此,"以客户为中心,以奋斗者为本,长期艰苦奋斗"正式成为华为的核心价值观,再加上"坚持自我批判"的纠偏机制,就组成了华为新时期的完整核心价值观。2018年1月2日,《关于公司使命与愿景刷新的决议》发布,由此,华为在生态孵化期的文化体系形成。

使命与愿景:把数字世界带入每个人、每个家庭、每个组织,构建万物互联的智能世界。

核心价值观:以客户为中心,以奋斗者为本,长期艰苦奋斗。

核心价值观纠偏机制:坚持自我批判。

所谓事上磨炼、实践出真知,华为对核心价值观的认识也是在实践中不断深化的。在业务日益复杂的情况下,华为核心价值体系反而更加精练、导向明确,直击ICT行业的本质,体现出大道至简。华为经过多年实践探索,终于找到了那个不变的"一",业务的"多"就有了统一的文化根基。2017年6月,在上海战略务虚会上,任正非提出:在不确定的混沌时代,到处都是"黑天鹅",时不时会出现"灰犀牛",过去、现在与未来已经不存在线性关系,因此无法制定出固定的战略,所以在公司营运层面,只能够以内部规则的确定性来应对外部环境的不确定性,以过程的确定性来应对结果的不确定性,以管理假设的确定性来应对经营的不确定性,唯有如此,才能在复杂多变的市场中获取不确定的机会与利益。

如今,美国的极限打压,是华为发展史上超越了单纯竞争同行而遇到的最大一只"黑天鹅"。为突出重围,华为加快了向生态型组织转型的步伐。任正非说:"员工拥有共同的价值观,是共同发展的基础;有了共同发展的基本认知,公司才可能针对业务特点展开差异化的管理;共同的平台支撑,是我们在差异化的业务管理下,守护共同价值观的保障。'天'和'地'守护华为员工共同价值观，中间业务的差异化促进业务有效增长。华为未来的运作模式是在共同价值守护、共同平台支撑下的各业务或区域的差异化运作，是从'一棵大树'到'一片森林'的改变。"

　　任正非所说的"天"指的是核心价值观和坚持自我批判的纠偏机制，"地"指的是共同的平台。"天"与"地"之间生长的就是生生不息的差异化的业务"树"。各业务"树"有自由运营的灵活机制，可以充分发挥自由生长，但又有"天"与"地"的管控。华为要建立的是"共同价值守护与共同平台支撑下的统治与分治并重"的分布式经营模式并充分吸纳生态伙伴积极参与，共建生生不息的智慧生态系统。华为的事业发展就是在"天"与"地"之间，在相应的机制牵引下，通过均衡—打破均衡—形成新均衡的线性与非线性相互作用，不断跃上一级比一级高的新发展台阶。

运营非线性

在战略与文化非线性作用下,运营的非线性就必然会有所体现。在华为管理活动中发生的一些典型事件,其中有的达到了预期,有的偏离了当初的设想,这就是运营非线性作用的结果。下面举三个案例。

1996年市场部集体大辞职

尊敬的总裁:

1996年是华为参与市场竞争至关重要的一年,华为的发展势不可挡。随着公司产品结构的多元化,产品质量的提高,市场竞争日益白热化,市场对产品、对公司、对市场人员的要求也越来越高。

作为一名在市场上奋战多年的市场人员,我为公司的发展做出了自己的努力、奉献了自己的青春。但在市场一线工作的这几年中,我的技术水平、业务能力可能已经跟不上公司发展的速度,落后了。另外,公司也涌现了大批有冲劲、技术高、有策划能力和管理水平的优秀市场人员。长江后浪推前浪,公司的发展需要补充大量的新人。如果公司通过考评选拔出更适合承担市场工作的人员,我将诚心诚意地辞去现在的职务。

说自己不难过,说自己很坦然,这是不真实的。中国几千年的文化,使得"能上能下"对每一个将下的人来说,都是一次心理承受力的挑战。但是,作为华为的一名市场人员,为了公司能发展壮大,我可以离开心爱的岗位、熟悉的市场、亲密的"战友",接受公司对我的选择。

最后我想说的是:我绝不气馁,我将更加努力地学习,适应新的工作岗位,为公司的发展做出自己的贡献。

市场人员:(签名)

1996年1月28日

这是华为发展史上的一个里程碑事件,华为内外都称为"1996年市场部集体大辞职",这对中国企业界造成了一次很大的冲击。当时,华为26个办事处主任和中层干部以及市场部代理总裁递交了两份报告,一份是辞职报告,表明如果能力不能适应公司的发展需要了,自愿把这个位置让出来,让更加优秀的人往前冲的态度;另一份是述职报告,表明如果能够继续担任这个职务的话,自己应当怎样改进。

市场部集体大辞职的背景是:华为的研发不断在进步,C&C08万门数字程控交换机已经上市,加之华为在三、四线市场布局已经完成,即将进攻二线甚至一线城市,客户对象发生了变化,面临着与跨国巨头的直接竞争。而现状是华为很多习惯了单打独斗的销售干部从意识到能力,已不能适应新的销售要求。1996年,通信技术落后的西北地区电信局决定对现网进行全网改造,华为依然采用传统公关方式,市场人员紧紧跟踪这个大单,花费了不少心血,可没想到的是,一家国外竞争对手通过精心、系统的市场策划拿下了全部订单,跟踪了项目大半年却最终两手空空,华为上下深感震惊。加之当时部分办事处主任居功自傲,山头主义现象日益严重,任正非对此深感忧虑。分管市场工作的孙亚芳提出了"市场部集体大辞职"的方案,以为销售队伍从游击队转向正规军做准备。

经过整训学习、总结工作、辞职和竞聘上岗四个环节,在历时一个多月的考核中,包括市场部代理总裁毛生江、六名办事处主任被撤换。

在整训结束日，许多市场人员争先恐后上台抒发了自己的感想。

"华为的企业文化是团结，作为一个华为人，我愿意做一块铺路石。"

"华为的目标是与国际接轨，如果我跟不上公司发展的步伐，我愿意让更有水平的人接替我的工作。"

"我的青春和能力有限，华为的事业长青。不能因为我而拖公司的后腿。"

……

华为的企业文化经受住了这次重大事件的考验。市场部集体大辞职开创了华为干部职位能上能下、收入能高能低、工作能左能右的先河，提升了干部的抗压能力，磨砺了干部的意志，树立了干部需要不断学习精进的意识，同时在全体华为人心中进行了一场灵魂深处的革命，自我批判得到了落地执行，打开了此后华为不断进行新陈代谢的阀门。2000年12月8日，华为专门召开主题为"烧不死的鸟是凤凰"的纪念大会，向当年参与集体大辞职的所有人员颁发金质纪念章。任正非表示，市场部集体大辞职，对华为今天和未来的影响是极其深远的。如果没有市场部集体大辞职对华为文化的影响，任何先进的管理体系在华为都无法落地生根。

企业熵增将伴随企业发展始终，几乎所有企业都会经历在初创期靠情感凝聚人、靠个人英雄突破的阶段。但当企业发展到需要依靠团队能力，依靠制度、流程体系力量，依靠新的知识能力的阶段，管理者就需要让企业进行更大程度的新陈代谢，实施熵减。但中国人有重感情的传统，这时能不能适当地、有步骤地调换元老，让更职业、更有能力的人担任管理者，是企业能否跨越成长之槛，进入新的、更高发展阶段的关键。这次对市场部非同一般的非线性整训活动让华为成功迈过了这道槛。

2000 年内部创业

2000 年左右，全球 IT 泡沫破灭，很多传统通信企业的日子很不好过，华为同样也经历了艰难时刻。因为错过了几个主要的风口，加之 3G 研发投入巨大，华为在海外市场难以规模打开局面，国内市场形势也不容乐观，员工思想出现混乱、奋斗精神有所衰减。

2000 年下半年，华为出台《关于内部创业的管理规定》，规定凡是在公司工作满两年的员工，都可以申请离职创业，成为华为的代理商。华为向自愿辞职创业的员工提供优惠扶持政策，员工除了可以获取自己股票价值 1.8 倍的设备，能够直接在华为的专网市场销售，还有半年的保护扶持期，也就是说，员工在半年之内创业失败，可以由华为重新安排工作。但创业员工仅限于代理华为产品，不能创立自己的品牌和华为竞争。

其中，30 岁的李一男带着以华为股权折算的 1000 多万元设备北上，创立北京港湾网络有限公司（以下简称"港湾"），并以华为数据通信代理商的身份开始独闯江湖。当时任正非携华为所有总监级以上干部为李一男"壮行"，最后却出人意料地演变成著名的"港湾事件"。

港湾发展初期，华为为了发展自己的数据通信销售网络，加上李一男曾是华为核心团队成员，对华为发展做出过很大贡献，华为对港湾的业务给予了全方位支持。而李一男也在创业初期基本上遵守了对华为的承诺，不开创自主品牌，不和华为竞争。但风险投资基金的介入改变了这一切。港湾高速扩张的过程也是创始人李一男的话语权逐渐丧失的过程。2006 年在出售核心资产给华为之前，李一男仅持有港湾 24% 的股权，员工持有 25% 的股权，其余的 51% 的控股权则牢牢地掌握在风险资本手中。

港湾被称作"小华为"，被投资公司视作难得一见的好项目。风投看好港湾，除了李一男的光环之外，主要还看好整个团队，在资本眼中港湾有成为中国思科的潜质。出于资本逐利的本性，港湾开创了自主品牌，和华为的直接竞争就不可避免。由于26岁时就成为华为常务副总裁的李一男在华为研发系统有着巨大影响力，许多老员工就纷纷跳槽到港湾。一时间，华为人心浮动。当华为几大研究所所长向任正非汇报，港湾的数据通信技术领先，未来将很可能成为华为最大的竞争对手时，任正非将报告狠狠地砸在了地上。

2003年，港湾准备上市，收购了华为光传输元老黄耀旭创立的钧天科技。此前，华为的关注点更多放在钧天科技，因为程控交换机与光传输是华为当时的现金奶牛，这就动了华为赖以安身立命的根本，为此彻底激怒了任正非。如果继续扩展下去，后果难以想象。华为迅速设立了"打港办"专门应对港湾的竞争。为实现快速反应，华为赋予研发部门绕开IPD流程的权力。"打港办"知悉港湾的每一个举动，了解港湾的每一个细节。华为对"回归"的港湾骨干给予恢复股权的待遇，这样一来，"财大气粗"再辅以知识产权武器，华为刀刀致命，不仅打破了港湾的美国上市梦、被西门子收购梦，还切断了其销售收入来源，使资本对港湾迅速失去了信心和耐心。最后在资本的主导下，港湾被华为以17亿元收购，李一男"回归"华为。有观点认为正是短期逐利的资本出卖了港湾，害了李一男。

内部创业原本是希望通过给予一定的优惠政策，将华为的分销、培训等非核心业务外包给华为一部分难以继续发展的老员工，团结更多合作者，让华为将全部精力集中在核心竞争力的提升上，但结果却出人意料。原因是许多老员工持有大量的内部股票，每年可以享受大笔的分红，加之当年华为可能上市以及美国爱默生将要收购华为电气业务的传闻，更坚定了他们不想离开的决心。企业许多想走的人没有走，不想走的却走了，任正非的决策不仅未达到预期，甚至事与愿违，险些酿成大祸。

伤筋动骨、惨胜如败的"港湾事件"与那几年的诸多不顺叠加在一起,对任正非来说是身体与精神的双重折磨,他甚至一度想卖掉华为。当然,事物都有两面性,对华为来说,在打击资本挖空华为、窃取华为多年积累的财富野心的同时,李一男和他的港湾被华为"招安"是一次重大的人力资源战役的胜利,对稳定华为的员工队伍起到了非常好的震慑和示范作用。堡垒常常是从内部攻破的,从此华为再也不愿提起内部创业,甚至对退休干部就业、创业范围也做了一些限制。

2007年万人大辞职

尊敬的董事长,尊敬的董事会全体董事:

未来几年,华为将顺应经济全球化的潮流,把握自身的命运,继续有一定规模健康快速发展。也许不太长的时间,公司销售额可能突破400亿美元,不可能一个领导几万元、几百万元产值的人,可以胜任400亿的领导职位,我个人也深感能力、水平与体力的不足。长江后浪推前浪,江山代有才人出。值此公司良性发展之际,请允许我辞去现在的领导职位,离开公司,去做一些自己想做的事情。不管编内,还是编外,我都会与全体华为人一道,不断拼搏、不停奋斗,去实现共同的愿望。

我本人也因工作销蚀了健康,超负荷地透支付出,承受常人难以忍受的心理压力和孤独,多种疾病长期折磨着我。更有,牺牲了亲情,愧对父母的抚育,在他们有生之年我没有孝敬他们,现在更深切体会到子欲养而亲不在的愧疚;也愧对儿女,也没有时间教育他们;我没有去关心亲友,以补偿他们的关怀、支持与信任,留下了无法挽回的人生遗憾。

当然,我深知我的退休申请会对公司产生影响,但一个企业经营的最高境界,是塑造以客户为中心之魂,建立不依赖于个人的组织与流程。长江奔腾入海,生生不息。

值此公司良性发展之际，我正式向董事会提出辞去总裁职务，申请退休。华为的可持续发展最终靠的是科学合理的制度，和一代又一代认同公司核心价值观并不断奋斗的接班人。我想，这个制度建设应当从我开始。我也想留一些时间，去做自己一直想做，但没有时间做的事情。

任正非
2007年10月9日

这是在被外界称为"华为万人大辞职"运动中任正非写给华为董事会的"我的辞职及退休申请"。华为董事会很快批准了任正非的申请，完成工作交接后，任正非办理了相关离职手续，回家了。

很多人质疑这是任正非在"作秀"。

华为发起这一事件的背景是源起于2008年1月1日起开始实施的《劳动合同法》。该法规定企业在员工满足连续工作满十年，连续订立两次固定期限劳动合同时，须与员工签订无固定期限劳动合同，并规定了惩罚条款。任正非曾在内部会议上说："华为人年轻，可怕；年轻又有钱，更可怕；年轻有钱，再加上个无固定期限劳动合同，华为完了！"

任正非在创业之前，被骗200万元的经历给他留下了难以磨灭的印象，他深刻地意识到法律的重要性。华为当时的决定是既要合法，也不能抹杀员工过往的贡献，还不能损害公司的文化与机制，确保华为的活力。这就是任正非及华为高层在痛苦煎熬中做出的选择。

2007年9月28日，华为董事会发出《董事会关于解除或终止劳动关系的补偿规定》，10月前华为分批次与工龄超过8年的老员工进行沟通，任正非作为"老员工"之一，也受到这一制度的约束，所以才有了上述辞职与退休申请。符合条件的还有多名老员工，他们向公司提交了辞职报告，之后办理离职手续，并获得N+1的工龄补偿。

接下来，华为迎来了一次特殊的"求职"高峰，这批离职老员工再次来华为面试，竞聘，上岗。重新签约上岗的员工的职位和待遇基本不变，但在华为的工龄却被清零了，并签订新的劳动合同，工号重排。工号在华为不仅是人力资源管理系统中的身份识别代码，还有特殊意义，以至形成华为特有的"工号文化"。由于华为此前是按入职先后顺排工号，所以看工号，基本能判断进入公司的时间、职位等级大小和职务高低。这样在华为内部发邮件时，谁是老手谁是菜鸟都一目了然，人性使然，员工处理邮件的优先级上就自然会排序，而那些工号靠后的，很可能反映的问题十万火急，但却不一定得到优先处理。任正非曾多次提出华为要越过工号文化，但这种亚文化在华为根深蒂固。这次工号重排，也算是意外的收获。

这件事在华为内部安静地、有条不紊地进行着，但在华为外部却掀起了"滔天巨浪"，尤其是在《劳动合同法》即将生效这样一个全国关注的敏感时刻。内部为什么对此安安静静？这是华为多年的企业文化沉淀和强大执行力使然，更重要的是，华为超过50%的骨干员工持股政策才是在这样的"大风大浪"面前对抗熵增的最根本、最有效手段。这次涉及的老员工几乎都有股东和雇员双重身份，他们深知此次行动对组织保持活力、对华为的未来发展也包括自己的长期激励意味着什么，所以不会以短期打工者的心态，而是愿意以长期思维和实际行动来积极响应。

现在回头看，这次事件可以说是华为成长过程中必经的历练。经此，华为变得越来越开放，也更深刻地理解了媒体的运作规律。当然，企业的运营管理过程不可能都是线性的、确定的、完全符合预期的，其中必然存在多种因素叠加导致的非线性作用。存在即合理，关键是遇到了问题就要正面面对。也许正是这些内外矛盾和剧烈"冲突"才可能成为企业的里程碑式大事记，形成企业现象级的集体记忆，也算是企业成长过程中的另类"加冕"。

今天，这一政策华为依然在执行。员工工龄每满八年，公司通过补偿对工龄进行"买断"，员工工龄清零后双方在自愿的前提下，重签劳动合同轻装再出发。这就像当年处于发展至暗时刻的英特尔，时任英特尔总裁格鲁夫在宣布公司转型之后，带领管理层所有成员从英特尔办公大楼中走出，又重新走了回来。通过这个仪式，格鲁夫向世人宣告了英特尔的转型决心。随后，格鲁夫彻底叫停了在日本企业的冲击下已经失去竞争力的存储器业务，裁掉了7000余人，率领公司剩下的员工全面转型，最终英特尔成为计算机CPU的代名词。

35年来，华为还有不少"大事件"，有人称其为"运动式管理"。即便事前经过了精心策划，周密部署，但由于非线性作用，其中有些很成功，有些值得进一步总结与反思。虽然结果有不确定性，但从反熵增来看，企业发展过程中要形成新的有序结构，在合适的时间、地点、人物和环境下，打破平衡的"运动"往往又必不可少。因为对任何一个成功的组织，时间久了，其做事习惯、运营模式与思维方式等都会形成惯性，即所谓的路径依赖而难以适应环境的非连续性变化。有离职员工写出了自己在华为的收获："公司变革的理念不断更新，演进到最新的理论应该是热力学第二定律，华为善于变革，天天变、月月变、年年变，涉及业务、制度、流程、组织等等，感觉只能用《失控》一书中的蚁群效应来解读，也是任正非的大智慧——方向大致正确。"

发展本质就是一个趋向平衡和打破平衡的过程。有人认为，一个大公司不折腾，那就离死不远了；一个公司瞎折腾，那离死也不远了。这是有科学依据的，关键是执掌经营之舵的企业家如何把握其中的度。正如1999年年初，当华为市场部核心管理层认为市场部部分中层领导安于现状，缺乏忧患意识，决定市场部再来一次再竞聘活动时，时任董事长孙亚芳对此坚决反对，她表示1996年的竞聘是不得已而为之的特殊做法，是小公司的做法。华为这几年人力资源评价体系已经比较完备，应该通过体系运作来考察干部，压力不足是因为华为没有很好地执行评价体系。孙亚芳更进一步提出"以奋斗者为本"需要配备科学合理的人力资源评价体系。正是沿着这条体系化、流程性组织建设之路与非线性作用的不断碰撞与重新适配，华为才逐渐演进成全球化卓越组织。

结语：企业是企业家专注力的微积分

著名漫画家蔡志忠曾闭关十年研究物理和数学，从中他体悟到人生是时间的微积分：生命是无穷多个无限小刹那的累积，无限小刹那就是生命的微分，而将这些无限小刹那相加就是积分。无论我们一生有多长，时间越大段，越有价值；而越碎片化，越不值钱。比如连续专注的 1 小时创造的价值值 100 元的话，分成 2 个半小时可能不值 50 元，4 个 15 分钟连 10 元都不值。时间的连续累积具有指数级增长的价值倍增效应。

任正非说："我认为自己做什么事都很认真，无论哪件事都可以做好。孜孜不倦地对一件事研究，对一件事的理解很深刻就容易产生成功。"任正非曾与员工分享自己如何学习：如果是坐 2.5 小时飞机的话，至少是要看 2 小时的书。他提醒年轻员工要减少无益的朋友圈，专注才是成功的必备素质。"当你困在微信、游戏中傻笑的时候，你的青春和人生又怎么能变得美好呢？"

由于企业是多因素组成的复杂系统，企业战略、文化、运营过程中多因素叠加下的非线性作用始终都存在，而这往往也是企业迈上新台阶的关键阶段。企业家最关键也最难的是如何去准确判断企业的"突变"[①]时刻，并为此采取及时的针对性行动。著名管理学家明茨伯格认为，管

[①] 在系统中各子系统间的非线性作用下，控制参数越过临界值时，原来的热力学分支失稳，同时产生了新的稳定的耗散结构分支，在这一过程中系统从热力学混沌状态转变为有序的耗散结构状态，其间微小的涨落起到了关键的作用。这种在临界点附近控制参数的微小改变导致系统状态明显的大幅度变化的现象，叫作突变。

理包括艺术、手艺和科学三个维度。他说："艺术鼓励创造性，最终会产生洞察和远见，科学通过系统分析和评估提供秩序，而手艺则以实际的经验为基础形成联系。"

毫无疑问，企业家要精准把握非线性作用下的"突变"时刻，确实需要科学、艺术和手艺的结合。但企业家到底如何应用明茨伯格的理论呢？根据我们多年的观察、研究，最核心的一点就是企业家必须对企业保持足够的专注，需要有"厚积薄发"的过程。任正非认为自己的长处在于逻辑，在于对方向和节奏的把握，工商签字、应对媒体、评奖领奖等都是浪费时间，他只想专心管好华为的事。如今70多岁的任正非依然每年有200多天都在市场一线，与员工、客户在一起，拜访专家和高人，随时伸出自己的学习"天线"，保持着对"战场"的高度敏感和专注。

前英特尔传奇CEO安迪·格鲁夫说："什么时间才是进行战略转型动作点的黄金时刻？就是现有战略依然有效，企业业绩仍在上升，客户和合作伙伴仍在交口称赞，然而雷达屏幕上却已经出现了值得注意的闪光点的时刻。"显然，"闪光点"的发现与捕获需要企业家的极度专注。而在一个信息越来越碎片化的时代，熵增速度越来越快，每个人似乎都有做不完的事，不易专注于一件事物，很容易分心，而专注才能实现有效的熵减，是对抗碎片化的高效工具。具体在华为如何落地，变成全员性的行动？早在1998年，任正非在《不做昙花一现的英雄》一文中就提醒华为人："华为公司能否在经过巨大的艰难困苦之后出现一个非线性的高速发展时期，关键在于一个管理与服务的全面建设问题。"任正非认为，没有管理，人才、技术和资金就不能形成合力；没有服务，管理就没有方向。遵循不在非战略机会点上消耗战略竞争资源的原则，专注的任正非带领员工集中火力，不断优化、夯实管理与服务基础，厚积薄发，前赴后继冲击信息社会的城墙口，可以说，华为就是任正非35年专注力的微积分。

经营企业，正如《规模：复杂世界的简单法则》一书作者杰弗里·韦斯特举的例子：我们不仅是生活在不断加速的跑步机上，而且在某个阶段，我们必须跳到另一台加速度更快的跑步机上，并且还会再跳到下一台加速度更快的跑步机上。除此之外，别无他法。

通常，在从一台跑步机跳到更快的跑步机上的时候是最容易摔倒的危险时刻，但也往往是最好的机遇。在"突变"的非线性变化机会来临之际，尤其需要企业家积蓄好力量，打起十二分的精神，一击必中，不断推动企业跃上新的发展平台。

第 5 章

涨落：组织必须充满活力

你必须用力奔跑，才能使自己留在原地。

——《爱丽丝梦游仙境》

人才不是华为的核心竞争力，对人才进行有效管理的能力才是华为的核心竞争力。

——任正非

人才计划

全球"抢人"

组织由人组成，组织充满活力要求组织中的每个人都是优秀的、有活力的，这是基础和前提；然后是对人才进行有效的管理。

在华为，任正非喜欢讲一个美军"抢人"的故事：

在第二次世界大战刚结束时，盟军进驻柏林，开始大肆争夺地盘和资源，德军的武器装备、金银珠宝等被抢夺一空，连苏军元帅朱可夫也未能免俗。而美军却很早就制订了代号为"阿尔索斯"的计划，成立"阿尔索斯突击队"，目的是专门为美国捕获科学家！突击队最初仅由十余位科学家和情报人员组成，但却可以调动1个伞兵师、2个装甲师和1个集团军，约12万人的兵力。"阿尔索斯突击队"负责人带着美国政府开列的一长串高级人才名单，秘密来到德国。1945年5月1日，突击队在慕尼黑的一个偏僻小镇抓获了著名物理学家海森堡。在美军眼中，海森堡的价值比俘获10个德军装甲师更重要。为此他们调集大量部队，连夜将其转移。最终1200名德国科学家被送往美国，加上在此前因希特勒排犹而离德赴美的科学家的助力，美国很快在基础科学研究领域领先全世界，走上了世界霸主地位。

任正非指出，华为要有开放的用人态度，学习美国吸纳全球优秀人才为我所用。美国之所以发达，是因为这些优秀人才不断在美国土地上进行投资和创新。

在全球通信行业的发展过程中，也曾有过野蛮生长时代，一度"玩家"众多。随着竞争程度的加剧，门槛越来越高，特别是在2000年前后，随着全球IT泡沫破灭，不少企业陷入巨亏泥潭，电信设备制造商之间并购整合加剧。在这些并购整合之中，有的是看中了对方的市场，有的是看中了对方的专利、技术……在这场硝烟四起、群雄逐鹿的大战之中，作为后起之秀的华为，看中的是对方的人才。以下是一个关于华为"抢人"的故事：

一位北电网络的技术专家被辞退当天回家途中，猎头就找到了他。

猎头说："这是一家中国的企业，这家企业的管理者非常敬重您，希望您能去他们的企业。"然后直接递上了聘任合同。

专家一时愣住了，他看完合同后，猎头说："如果合同没什么问题，您就在这里签字。"

合同没有任何问题，上面的薪酬让人无法拒绝。猎头又拿出一张纸条和一张门禁卡，对专家说道："这是华为研发中心的地址，您的办公室在办公楼四楼东南角，明天您可以先到办公室熟悉一下环境，这是一张临时的门禁卡，明天您过去的时候别忘了带一张一寸的免冠照，有人会帮您办理入职手续，并给您一张专属的门禁卡。"

就这样，这位专家被华为纳入麾下。

华为深知，破产的北电最具价值的资产是其无与伦比的人才。多年来，华为一直在提升自己的研发能力，在世界各地陆续建立研发实验室。童文博士当时是北电全球网络技术实验室主管，为此前的每一代移动技术都做出了贡献，在美国拥有数百项专利。北电破产后，他成了谷歌、英特尔等公司争相追逐的人才。最后，童文选择了华为。华为邀请他与其他科学家一起，自由攻占21世纪通信网络科学的标志性高地：为5G创建基础设施。

正是童文，读到了土耳其数学家阿里坎的一篇研究论文，阿里坎提出了通往5G的极化码（Polar码）解决方案，这引起了童文的高度重视。2009年，华为开始正式研究5G。在童文博士带领下，2018年6月14日，全球5G统一标准正式发布，华为提出的极化码方案成为全球5G标准之一，这是中国企业方案首次进入全球电信框架协议，赢得了下一代通信的话语权。

2018年6月，阿里坎因在极化码方面的突破获得了信息科学领域的最高荣誉——香农奖。阿里坎说："如果不是华为研究人员坚持不懈地努力，极化码今天不会出现在5G中。"

童文博士现在的身份更广为人所知——华为5G首席科学家。今天，极化码专利中超过2/3的份额都属于华为，这是第二名的10倍。如今，童文博士正率领着团队向6G研发进军。

任正非强调要敞开胸怀，解放思想，敢于吸引全世界最优秀的人才。比如，华为设在法国的公司目前已吸引到4位被誉为数学界"诺贝尔奖"的菲尔兹奖得主一起工作。

2019年6月，任正非对华为人力资源部下命令，要在全世界争抢年轻人才，这便有了华为的"天才少年"计划。

"天才少年"计划

"天才少年"计划，启动于华为危难之时。

2019年6月，任正非明确提出，要从全世界招进20～30名天才少年，2020年再招200～300名，这些天才少年就像"泥鳅"一样，钻进我们的组织，激活我们的队伍。

华为的"天才少年"多指25~30岁刚毕业的优秀博士研究生,他们的体力、智力、创新能力都处于最佳状态。华为首批聘用的"天才少年"员工共有8位,他们的工资打破了华为统一的薪酬体系,按业界标准的5倍以年薪制方式发放。

在华为"天才少年"的招聘海报里,"拖着世界往前走""用科技的力量造福人类"的愿景十分醒目,华为承诺将为入选者提供世界级挑战性课题、全球化的平台和资源、有竞争力的薪酬。华为希望招到计算机、物理、材料、智能制造、化学等领域的"天才少年"。

华为的"天才少年"计划有专门的项目负责人,入选要求非常严格,一般需要经历七关,包括简历筛选、笔试、初次面试、主管面试、CTO面试、总裁面试等,每一环节都会经过严格考核,其中,华为最看重的并非其综合素质,而是破题能力。在具体培养过程中,第一步是与"天才少年"沟通,了解他们的长处;第二步,"好钢用在刀刃上",把华为的业务痛点、难点介绍给他们,构建创新从0到1再到N的链接;第三步,鼓励他们主动发现问题、解决问题;第四步,提供设备齐全的实验室,鼓励他们自由思考和讨论。华为对"天才少年"的期望是做最强的基础研究,把这些基础研究的成果落地到行业中,最后沉淀在AI平台上。

相信年轻人,就是相信未来,也是对时代和规律的尊重,这是华为的传统。比如,早在1994年就有70多位中科大少年班的学生到华为参加科技夏令营,华为给每人配一台计算机,所有的交通费、工资、奖金都由华为出,很多人后来加盟华为成为研发部的技术骨干。这些从大学三年级起就开始为华为工作的少年天才,也参与了把华为C&C08交换机推到世界领先水平的工作。或许,从科研经验、当下成就的层面来看,"天才少年"还比不上老一辈的科技大牛,可是他们更有活力,思维更加天马行空,行动上更加果决,潜力更大,能够进一步激活近20万华为人的战斗力,从而扭转乾坤。

例如，2019年入选华为"天才少年"计划的钟钊立志做能撼动业界的技术革新。在入职不到一年的时间里，钟钊及其团队把AutoML（Automated Machine Learning，自动化机器学习）技术应用到华为手机上，实现了在业界第一次将AutoML大规模商用的突破。第二年，他又带领团队研发端到端像素级AutoML流水线，成功将视频摄影原型算法的复杂度降低100倍，再次突破业界极限。

2020年华为招聘的"天才少年"张霁，目前正率领团队进行全力攻坚的是华为存储面向全球发布的"太平洋会战"中的难题七：《每比特极致效率——复杂场景下全生命周期数据自动驾驶》，其工作任务是造一个全知全能的存储系统智慧"大脑"，实现存储系统的智能化，帮助客户TCO（Total Cost of Ownership，总拥有成本）降低30%，系统越用越快，越用越稳，越用越节能。

2020年，26岁的黄青虹从被誉为计算机视觉界的"黄埔军校"——香港中文大学博士毕业，入选华为"天才少年"计划。黄青虹坚信智能汽车这样的"硬科技"将是国家社会的基石产业，汽车产业正处于类似手机从功能机到智能机演进的巨变时代，而自动驾驶又是这个变革中的核心之一，它极可能会改变并造福整个人类社会从而毅然加入华为智能汽车解决方案BU。不到两年，黄青虹就从新员工迅速成长为近50人团队的leader，带领团队实现了激光雷达在量产乘用车上的大规模联合传感运用。

2021年9月14日，华为携手国家能源集团联合发布鸿蒙矿山操作系统——矿鸿，从而实现鸿蒙操作系统在工业领域的商用落地。其中就有几个"天才少年"的参与，他们通过反向使用5G技术，使井下信息收集更全面，通过复用黄大年的密度法等解决煤矿储水层的识别问题，将对未来产生巨大的价值。华为的这一技术有望在2～3年内进一步成熟，为全世界提供煤矿领域的智能化服务，从根本上解决煤矿行业安全生产这一根深蒂固的难题。

2021年8月2日，任正非在华为中央研究院创新先锋座谈会上表示，华为要敞开胸怀，解放思想，敢于吸引全世界最优秀的人才。华为处于生存和发展的关键时期，冲锋没有人才是不行的，因此要对标当地的人才市场薪酬，与国际接轨，才能招到更优秀的人才。对比西方顶级科技公司对人才的争夺，他进一步反思：西方公司在人才争夺上，比我们看得长远，发现人才后，就让他们来公司实习，并专门有人跟进培养，这不是毕业后再找工作的概念。因此华为对世界各国的优秀大学生，从大二开始，就让他们来公司实习，甚至直接录用。2019年4月，任正非亲自去俄罗斯，给三名曾获得全世界计算机大赛冠军的本科生定下1500万卢布的年薪。2021年12月21日，第44届"编程界的奥林匹克"——国际大学生程序设计竞赛世界冠军Valeria及队友Ilya一起加入了华为。

在美国持续打压下，任正非思考的是，如果有人熄灭了灯塔，华为将如何远航？他的答案是，重视教育和人才，专注基础科学研究，"向上捅破天，向下扎到根"。在特殊时期，"自古英雄出少年"的冲劲与"姜还是老的辣"的韧劲相结合，或许就是华为最终"突破封锁"的独特方法论。

看好"歪瓜裂枣"

"你这个人不适合到企业工作，只适合搞研究。"这是清华大学研究生导师当年对余承东的评价。但就是这个人成就了华为的"圣无线""神终端"。2021年5月18日，余承东被任命为智能汽车解决方案BU CEO，再次扛起了拓展被寄予厚望的华为新事业的重担。

2012年8月，任正非在与2012实验室部分科学家座谈时说："我们公司要宽容'歪瓜裂枣'的奇思异想，以前一说歪瓜裂枣，他们把'裂'写成劣等的'劣'。我说你们搞错了，枣是裂的最甜，瓜是歪的最甜。他们虽然不被大家看好，但我们从战略眼光上看好这些人。"2016年8月，任正非在《IPD的本质是从机会到商业变现》的主题讲话中再次强调，华为一定要让优秀人才留下来，而优秀人才大多都有奇思妙想。华为公司要能容忍一些"歪瓜裂枣"，允许他们的思想在公司开花。

余承东就属于典型的"歪瓜裂枣"型人才。他说，如果不是在华为，他都不知道自己被开除多少次了。

1993年，余承东因一个偶然的机会加入了当时还只有200多人的华为，那年，余承东24岁。这枚"歪瓜裂枣"在华为留下了怎样的"足迹"呢？

・1993年，参与C&C08数字程控交换机研发，经过这个项目的历练，余承东逐渐崭露头角。

・余承东主动向任正非请缨进军无线通信业务，1997年推出华为的GSM产品。

・2004年推出分布式基站解决方案。当时欧洲市场的基站比冰箱体积还大，常要动用直升机运输，极大地增加了客户成本。余承东借鉴分体式空调的思路，把大部分功能设施放到室外，将设备体积缩小到原来的1/10，重量减轻到原来的1/15，能耗节省50%以上。正是因为这一方案助力，华为签下了2500万美元的欧洲市场第一单。

・发明革命性的SingleRAN（多制式融合无线接入网）基站，颠覆行业标杆基站模式。2008年，华为SingleRAN基站研发成功，一问世便震惊业界：当时的基站要插板，爱立信需要12块板，而华为只需3块，一举奠定了华为无线领域的优势地位。华为这次突破用和行业第一的爱立信完全不同的架构做产品，这条路此前从没人走过，技术风险巨大，而且投入高，一旦达不到市场预期，华为可能几年都难以翻身，余承东也将成为华为的"罪人"。在几乎所有人都在质疑这条路的时候，余承东最后力排众议拍板："必须做，不做就永远超不过爱立信！"

・成就"圣无线"。余承东担任欧洲区总裁时,针对华为的市场地位,提出"压强原则":选定最强的国家、最好的价值客户进行战略性投入。3年后,15个大客户中成功攻破了12家。2010年之前,华为无线花了多年时间,在西欧市场取得了9%的份额,两年后,市场份额飙升至33%,华为无线从借钱发奖金的部门一跃成为公司最赚钱的部门,成为世界第一。

・"神终端"崛起。2011年接手消费者业务后,余承东定下七个战略性目标;2012年年初毅然砍掉3000万台运营商贴牌手机订单,撤换了100多位干部,干部队伍的精神面貌焕然一新;2014年下半年,砍掉80%的手机机型,彻底告别机海战术;2017年,华为与荣耀双品牌并驾齐驱,合力形成线上线下全覆盖和定位清晰的明星产品矩阵;2018年,华为手机(含荣耀)全年销售2亿部,华为消费者业务销售收入首次超越运营商业务;2020年第二季度,华为全球智能手机市场份额超越三星,首次全球登顶。如果不是美国切断芯片供应链,华为手机业务发展势头难挡。

....

余承东于1969年出生在安徽农村,小时候曾经因饥饿而晕倒,在边干农活边读书的艰苦条件下仍以全县第一的分数考入西北工业大学,后又考上清华大学读研究生。他坚信三分战略七分风貌,团队气质决定了华为能走多远。研发出身,发散性、跳跃性思维极强的他非常注重效率,他认为可以搞出来的东西,就一定要搞出来。余承东常说:"我的字典里没有第二,我做任何事情都要是第一,而且是全球第一。我们常说,求其上,得其中;求其中,得其下;求其下,必败。华为要定位做业界第一,才有'肉'吃。凡是未定位做第一的企业,已经未战先输。"

余承东的胆大、高调与华为一贯低调的作风很不一样,时常被人诟病,也曾屡屡遭遇被拉下马的危机。任正非却说:"就让余承东搞黑与白去，我们多点灰度，不正好和他对冲一下。""我们对干部不求全责备，可以提拔起来再要求他改正自己不足的地方，不必总是提拔乖孩子上来。"任正非认为余承东"能抓大放小，有战略眼光"。2011年11月，华为在"三亚会议"上正式决定做自主品牌手机，直至2014年Mate 7才开始大卖，这两三年探索的产品并不成功，华为给了余承东足够试错时间。任正非说："我们不是培养和尚、牧师，我们是一支商业部队，华为要容得下各类人。"

通常，一家企业中的"歪瓜裂枣"、性格怪异者更多是科学家、技术人才。华为研发人员超过10万，其中"怪才""歪才""鬼才"无数。在华为，技术专家是有影响力和实权的。在决策流程里，首先是技术决策，然后才是业务决策。所以，如果一个产品过不了专家这关，可能早早就没戏了。

技术专家黄华说："'讲真话、不唯上'是华为技术专家的风骨。"有位专家说，他现在给观点和建议前都会问问自己是否讲了真话，是不是有利于公司，得罪人是难免的，如果想得太多，就失去自我了。技术的发展趋势和时间节奏自有其道，只有长期沉浸在其中的专家才能把握住规律，只有坚持讲真话、不唯上，才能够经得起长期考验。

任正非认为，单纯用水泥修个房子是很脆弱的，水泥里加点沙子加点石头就很坚硬，你要搞混凝土工程。单项技术的研发能力，全世界很多公司和研究所都很厉害，但是整合能力还是华为最强，只有容天下才能霸天下。对于人才多样性，任正非还有种方法：通过刻意引入差异性人才，产生破坏性创新的想法，让他们敢为天下先。他常常说，颠覆这个世界的往往都是外行，即便是失败的项目中也会有英雄，有缺点的英雄也是英雄。我们的心胸要宽广，可以多路径吸收更多人才。华为的具体做法是：

· 在不确定性强的研发领域，可以有2～3年的探索期，允许50%

的失败率。

· 营造内部技术竞争氛围，如红蓝军对抗，对华为蓝军及一些特殊群体的考核给予保护。全球多路径间的竞争，也容许专家间的技术流派良性竞争。

· 制订"歪瓜裂枣"计划，寻找未来的华为领军者。在全世界范围内找有创新想法的博士、准博士，形成华为人才后备梯队。

……

看来，看好"歪瓜裂枣"在华为是有机制保障的。

为凤筑巢

"陈珠芳，你到底来不来？你不来我就请别人了。"1995 年 5 月，任正非亲自给陈珠芳打电话。

其实在 1994 年，任正非就授意郑宝用打电话给还在华中理工大学（现华中科技大学）任职的陈珠芳，请她来华为人力资源部工作。早在 1983 年，任正非与陈珠芳就认识了，1986 年，在华为成立的筹备阶段，任正非还曾邀请陈珠芳一起创业，家庭意识很浓的陈珠芳当时婉拒了。

任正非为何对陈珠芳"情有独钟"？仅仅是熟悉了解吗？任正非告诉陈珠芳，他需要的是一个可以跟高校领导对得上话的人力资源部部长，他要让高校成为华为发展的人力资源池。

1995 年 7 月，陈珠芳到华为刚两个月，任正非就要陈珠芳到华中理工大学招毕业生，一口气就招 200 人，而当时华为只有 800 多员工，这气魄把陈珠芳吓了一跳。为进一步得到高校的重视和信任，招到优秀学生，任正非提出与高校建立科研联合实验室，学生就可以在实验室做研究，到华为参观实习，以获得更好的研究条件。因此，华为在各理工院校中大受欢迎。1997 年，陈珠芳和徐文伟到东南大学移动方向研究生班招聘，一场宣讲会下来，全班31人都报了华为，任正非很是高兴。

华为一方面加大人才招聘力度，另一方面，20世纪90年代，深圳的经济发展还面临着诸多不确定性因素，许多科研人才不愿去深圳工作。为更好地吸纳人才，华为开始在全国各地成立研究所。1995年，华为成立北京研究所，北京是政治经济中心，且北京高校云集；其后是上海研究所、西安研究所、成都研究所、南京研究所、武汉研究所、杭州研究所……华为采用了"为凤筑巢"策略。

随着华为走向全球，"为凤筑巢"策略运用得更是淋漓尽致。

2014年6月13日，华为轮值CEO郭平拜访了爱尔兰总理恩达·肯尼。恩达·肯尼问："华为为何选择在科克（Cork）建立研究所，而非都柏林？"郭平回答："因为那里有一位网络架构的人才，他只愿意待在家乡，华为就专门在其家乡建立了一支研究团队。"和而不同，欣赏差异，尊重人才，围绕目标，聚焦工作，让全世界的优秀人才在华为展现才华，是华为的核心人才观。郭平口中的这位人才就是全球著名的商业架构师克里纳先生。如今，这个"一个人的研究所"也有了20多人的规模。

2019年1月17日，任正非在接受央视采访时充满自信，他说："我们的产品做得比别人都好，让别人不买都不行。"他进一步解释，比如华为的5G基站和微波技术是融为一体的，基站不需要光纤就可以用微波超宽带回传，这非常适合西方国家。因为西方国家建筑比较分散，想要网络快而稳定，那就需要买我们的设备。当然也可以不买，那就要付出非常昂贵的成本来建设另外的网络。

任正非所说的华为微波技术突破，涉及一个叫隆巴迪的意大利籍微波研究专家，华为为了他把微波研究所专门设在了米兰。他说："加入华为后来深圳见到了公司的高层，他们很直接地问需要怎么做才能支持到我的工作，我很震惊。在和高层沟通完2小时后，我开始陆续接到同事的电话，他们已经从高层那里接到了支援我工作的相关任务。这样的领导力和执行力深深震撼了我。"

很快，隆巴迪就以微波人才富集的米兰为中心，组建起了50多人的团队。面对团队的磨合，他告诫同事：不抱怨，多微笑，要看到事情积极的一面。很快，隆巴迪就获得了中国同事"你很华为"的评价。他说："从决定进华为的那一刻起，我就没想过离开。直到现在，我依然觉得自己来华为是幸运的，能和非常优秀的团队一起做着业界最前沿的研究，为华为贡献新的思路和想法。而华为米兰微波研究所从无到有，从有到强，就像我的孩子一样，已成为我生命的一部分。"

华为之所以坚持以开放思维"为凤筑巢"，是因为在任正非看来，人才离开了生长的环境，凤凰就不再是凤凰。事实上，每一个国家或地区，都有自己的优势产业、优秀人才，华为的策略就是因地制宜，在全球某类人才聚集的地方建立特色研究中心甚至是全球业务单元总部，一旦取得突破或有优秀案例，华为就将其在全球推广应用。

- **华为俄罗斯研究所**：俄罗斯专家的优势在于数学。正如华为的预想，国内算法团队把产品地基打牢，俄罗斯研究所的数学家瞄准上限进行任务突破，最终就实现了华为5G产品竞争力的遥遥领先。

- **华为法国美学研究所**：法国是国际艺术之都，世界一流艺术大师云集，研究所首席设计师之前曾是知名品牌的设计师。用户觉得华为手机越来越时尚、视觉效果越来越好、音乐越来越好听，这些都与华为法国美学研究所密不可分。

- **华为马来西亚业务投标中心**：华为曾经为撰写英文标书不标准而烦恼，在马来西亚吉隆坡设立全球业务投标中心后问题迎刃而解。因为马来西亚员工经常用双语交流，能够根据中文内容准确完成英语标书，华为国际业务的沟通效率得到大大提升。

- **华为全球合同谈判中心**：印度人在辩论和逻辑方面有很大优势，很多大型IT公司愿意聘用印度裔员工，因为他们在商务谈判领域很厉害。华为将合同谈判中心设在印度，让印度裔华为员工去和全球运营商谈判，他们更加熟悉西方人的思考逻辑，对各国的法律法规有更透彻的理解。

· **伦敦财务风险控制中心**：英国人崇尚规则制定，因此华为在伦敦网罗了一众资金、税务、账务等专家，作为华为财经的"第三只眼"，在财经体系中充当蓝军角色：发现风险、揭示风险，并且提出解决建议。

· **纽约宏观风险控制中心**：因为纽约的全球地位、格局及视野，华为对其定位是宏观经济上的风险"视界"，即从宏观层面审视华为可能面临的外部环境风险。以石油为例，华为有一个纽约团队专门研究全球石油价格波动，观察石油输出国组织成员国家的汇率变动趋势、外汇储备，以预判其货币汇率走向，以此指导华为相应的经营决策。

· **东京项目风险控制中心**：日本以崇尚工匠精神著称，日本人素以严谨闻名。因此华为在东京建立了项目风险控制中心，从微观的项目层面，审视作为最小经营单元的项目风险。

……

时任华为轮值CEO胡厚崑说："在资本、人才、物资和知识全球流动，信息高度发达的今天，'全球化公司'和'本地化公司'这两个过去常被分离的概念正变得越来越统一。华为的商业实践要将二者结合在一起，整合全球最优资源，打造全球价值链，并帮助本地创造发挥出全球价值。"

企业之强在于强人。一家企业的强大，关键在能不能凝聚全球顶尖的人才。任正非指出，华为这么大的平台，一定要有多种多样的人才进一步推动发展。我们要不分国籍、不分人种、万众一心，用宽阔的胸怀拥抱世界、拥抱未来！

人才有效管理

奋斗、选拔与淘汰

到 2010 年，随着国内国际市场的全面突破，华为越来越接近行业峰顶。这时组织很容易出现惰怠、自我感觉良好、不思进取等熵增现象。2010 年 1 月 20 日，任正非发表《以客户为中心，以奋斗者为本，长期坚持艰苦奋斗是我们胜利之本》的讲话，其中支撑华为取得胜利的关键因素——奋斗文化被总结成奋斗者宣言，具体落地为"华为奋斗者协议"。其中的"干货"是奋斗者需要承诺自愿放弃带薪年休假（但不影响请假，并有加班补偿）。

华为奋斗者协议，是华为知识型员工需要签署的一份宣誓型文件。当然，签署完全出于自愿，奋斗者协议一般都是手写，以体现自己自发的奋斗者精神。社会上很多人特别是媒体对此反响十分强烈，认为这是逆人性而屈打成招。其实，许多人并不理解这份协议真正想要表达的东西。

华为奋斗者协议，真正想要表达的意思有三：第一，华为需要你表达奋斗的态度；第二，华为要营造出集体奋斗的舆论氛围；第三，明确华为奋斗者的核心标准。这既是一种要求，也是一种约束，并警醒大家不奋斗就没有出路。这份"协议"并不具备任何法律效力，是个人的一种态度和决心表示，是个人与组织的一份心理契约。以此营造出人人奋勇、个个争先的职场环境，防止个人惰怠与组织疲劳。任正非认为，惰怠是最可怕的腐败，不奋斗、不作为、不思改进是一种人人皆有可能为之的腐败，而唯一能阻挡华为前进的就是腐败。奋斗者协议就是预防惰怠、落地奋斗文化的重要抓手，是对员工"分钱、分权、分机会和分荣誉"的基础和前提。

人人奋勇、个个争先、英雄辈出的组织还需要科学有效的有序管理，否则就很容易分崩离析。正如任正非所说："人才不是华为的核心竞争力，对人才进行有效管理的能力才是华为的核心竞争力。"《华为基本法》第二条写道：认真负责和管理有效的员工是华为最大的财富。华为认为，员工认真负责当然很好，但如果自以为是、个人自视甚高，不能融入团队，留不住他或者不能影响或改变他的不合理的要求和行为，这样的员工，还不是华为的财富。截至2021年年底，华为员工共有19.5万人，外籍员工约4万人。如何让这支庞大的知识分子队伍形成有序结构，激发他们的活力与创造力？过去35年，有人认为华为是唯一一家既用好了中国人才也用好了外国人才的中国企业。那么华为是如何做到的呢？秘密无他，任正非把握住的不过还是人性，他说："我只关注最前面的人，这样后面的人就会紧跟着前面的人。"人是需要区分的，这样大家就会竞争，竞争就会激发出活力，大家就会努力做到更好。

华为对人的区分，首先是从干部开始的，体现为"能者上、庸者下"的选拔与淘汰机制。既然是选拔淘汰，那就首先要有标准。华为的干部标准是：品德与作风是底线；核心价值观是基础；能力是关键成功要素；绩效是必要条件和分水岭。干部选拔的最高标准是实践，也就是"宰相必起于州部，猛将必发于卒伍"，要成为华为的干部，不光是"打赢过"，还得是持续"打得赢"，茶壶里的饺子倒不出来，华为是不认的，也就是华为内部常说："知识并不是力量，把知识应用于工作实践之中，并创造出相应的价值才体现出力量。"这就是"绩效是必要条件和分水岭"的含义。任正非说："我们以这个价值评价体系来度量所有人，我认为华为公司内部的矛盾才会摆平。"除了对操作层员工采用绝对考核，华为对干部都采用相对考评。也就是除了年初制定的目标要完成，还要自己跟自己过去比看进步了多少，同时要跑赢行业、跑赢对手的增长速度，最后还要和公司内部同事拉通评比。这是《华为基本法》中关于成长速度，即"我们追求在一定利润率水平上的成长的最大化。我们必须达到和保持高于行业平均的增长速度和行业中主要竞争对手的增长速度，以增强公司的活力，吸引最优秀的人才，和实现公司各种经营资源的最佳配置"的穿透落地。任正非说："我们坚持以有效增长[①]、利润、现金流、提高人均效益为起点的考核，凡不能达到公司人均效益提升平均线以上的，要对体系团队负责人、片区、产品线、部门、地区部、代表处等各级一把手进行问责。超越平均线以上的部门，要对正利润、正现金流、战略目标的实现进行排序，坚决对高级管理干部进行末位淘汰，改变过去刑不上大夫的做法。"

每年，华为所有干部都要根据年初制订的 PBC 加述职来进行绩效评定，评出 A、B+、B、C、D 五个绩效等级，并按一定比例强制分布，只有绩效达到 B+ 以上（占比前25%）才有可能升职。通过干部述职，华为希望要能看到企业在整体业务思考能力和管理水平上的螺旋提升。华为干部述职遵循以下三个原则：

①以责任结果为导向，关注最终结果目标的达成。
②坚持实事求是的原则，注重具体实例，强调以数据和事实讲话。
③坚持考评结合原则，考绩效、评任职，面向未来绩效的提高。

华为的绩效等级评定结果是刚性应用的，在干部的末位淘汰制度中有明确规定。

---

① 有效增长：指短期看财务指标，中期看财务指标背后的能力提升，长期看格局以及商业生态环境的健康、产业的可持续发展等。

- 每年不合格干部的淘汰率为10%，对未完成任务的部门或团队，比例还可以进一步提高。
- "胜败连坐"制：中高层管理者年底目标完成率低于80%的，正职降为副职或予以免职，其中副职不能晋升为正职。
- 已降职干部，一年内不准提拔使用，更不能跨部门提拔使用。
- 关键事件评价不合格的干部也不得提拔或要降职。

华为基层干部约有15000人、中层干部约2000人、高层干部约300人，以此来推演华为对干部的选拔与淘汰。

华为的基层干部主要从8万人的15～17级岗位的骨干员工中产生。按照10%的淘汰率计算，每年有1500名基层干部会被淘汰，加上华为还在不断发展，基层干部每年往上提拔约200人，那么，华为每年的基层干部缺口大约为1700人。这个缺口要从8万名15～17级岗位中绩效排名前25%的员工中产生，则基层干部的选择范围约为12选1。

华为中层干部按照10%的淘汰率计算，结合向上提拔情况，中层干部每年的缺口约为250人，而中层干部来自基层干部，1.5万名基层干部中，每年迈过绩效排名前25%门槛的有3750人，中层干部的选择余地范围约为15选1。

华为高层干部每年的淘汰率没有10%那么高，但加上业务不断拓展，每年高层的缺口大约为30人。2000名中层干部中跨过绩效排名前25%门槛的有500人，高层干部的选择范围约为16选1，竞争的激烈程度可想而知。图5-1是华为干部选拔机制示意图。

为什么要强制淘汰干部呢？任正非说："我要保证一线的人永远充满激情和活力。"由于华为形成了干部能上能下的文化，对于淘汰下来的干部，华为并不是辞退，而是让他进入公司人力资源池，去华为大学进行再赋能，重新接受组织的挑选，或者转入专家系列，这样就迫使干部不断加强自我学习，不能懈怠，降低个人熵增，极大地增强了干部队伍的韧性。

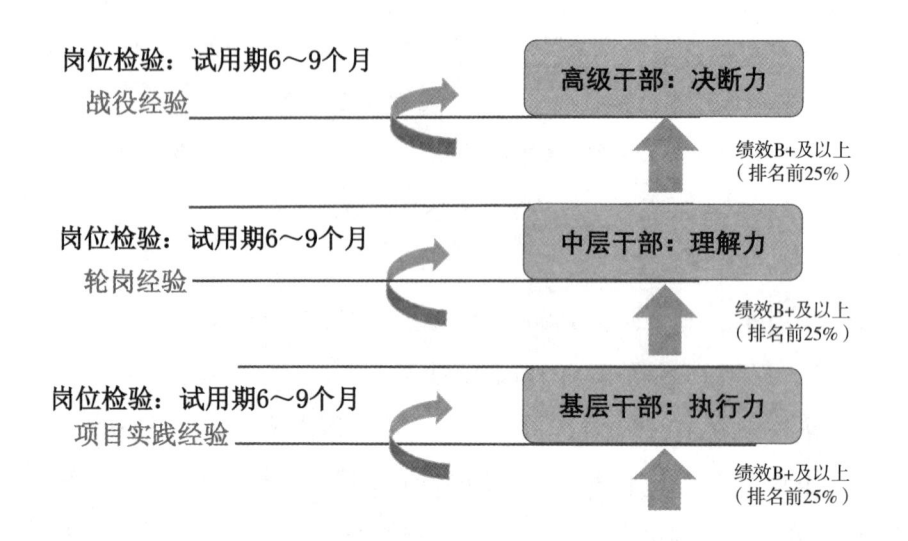

```
岗位检验：试用期6~9个月         高级干部：决断力
战役经验
                                        ↑ 绩效B+及以上
                                          （排名前25%）

岗位检验：试用期6~9个月         中层干部：理解力
轮岗经验
                                        ↑ 绩效B+及以上
                                          （排名前25%）

岗位检验：试用期6~9个月         基层干部：执行力
项目实践经验
                                        ↑ 绩效B+及以上
                                          （排名前25%）
```

图 5-1　华为干部选拔机制

任正非认为，管理人才重在选将，一定要选拔合适的人担任主官，一将无能，累死三军。2018年9月，华为借鉴陆军"考军长"的做法，又启动了新的干部考评机制。

- 考核形式：采用现场述职加问答形式。时长1~2小时，而且在华为内部实时网络直播，并接受主管、评委、同僚、下属以及周边实名或匿名提问。
- 考核内容：干部们用几页PPT梳理好自身过往技能积累、贡献产出以及面向未来的贡献设想，介绍对工作期望及当前差距的认识。
- 考核结果：评估组合议输出合议报告，然后与干部直接沟通，让干部制订自我改进计划，最后评估组发布考核简报。对现场表现不佳者评估组辅以快速周边调查，无法胜任工作的干部很快就会被调岗。

在 2019 年 1 月的华为市场工作大会上，华为核心管理层和各级干部汇聚一堂。消费者 BG 总裁余承东、运营商 BG 总裁丁耘、企业 BG 总裁阎力大、Cloud BU 总裁郑叶来分别上台发言，事后华为将大家对他们的评价在心声社区公开晒出来。群众的眼睛是雪亮的，市场大会是个练兵场，这几位领军人物有几斤几两兄弟们还是看得很清楚，这无异于是一场对他们的"考军长"。任正非要求："考军长就是要检验个人贡献与能力，是祛除平庸惰怠的一种重要方法，各部门要认真开展好。"这些举措让各级干部都不敢惰怠，时刻铭记自己的责任，时刻处于如履薄冰的奋斗状态。任正非说，华为要用干部队伍激活的确定性，去应对环境与商业变化的不确定性。

华为的人才储备主要从 985 或 211 理工类院校中排名前 30% 的应届生中补充，且不间断。即便是 2008 年受到金融危机影响，行业内全面压缩招聘规模，华为还是校园招聘了 2300 多人，为的是始终保持人才的新鲜度。任正非指出，要敢于在内部迭代更新，组织才会充满活力。华为不担心没干部，而是担心后备干部太多了，不好安排他的工作。后备干部多，在职干部就不敢惰怠，否则就很容易被别人取代。"人才密度"在华为是经常被提及的一个词，人才可以吸引人才，人才之间也可以良性竞争，有"涨落"才会有活力。华为对人才的价值评价从来都是动态的，考核结果是要公示的，干部可以看到彼此的考评结果，这样谁都不甘落后，谁都想争当优等生，这就营造出了"比学赶帮超"的组织氛围。也就是说，华为的各级干部都是在华为的高绩效文化赛马场上一级级"跑"出来的。华为现在董事会的 13 名董事中，平均在华为工作了 26 年，监事会的 15 名监事也不例外，都立下过赫赫战功。

为应对美国的极限打压，实现战略突围，华为目前组建了 20 个军团，并由任正非亲自督导。2021 年 10 月 29 日，华为在松山湖园区隆重举行第一批五个军团的组建成立大会，华为三位轮值董事长郭平、徐直军、胡厚崑、常务董事余承东与华为数字能源技术有限公司总裁侯金龙各自分管一个军团。在华为，即便是最高层领导，也还要继续"赛马"。任正非强调："华为坚持不坐下来讨论干部队伍建设问题，应在实战中调整，不合适的就要换人，这包括所有的高级干部，我们绝不会过于宽容。在华为，'大树底下好乘凉'的想法是错误的。"

领导担责在华为绝不是停留在口头，不是仅仅做个样子。众所周知，华为的高层领导善于自我批判，任正非自罚100万元的事情很多人都知道，但很少有人知道的是，华为的领导担责思想浸润到了什么程度。2012年，本书作者之一刘宏基刚入职华为不久。华为收购华为赛门铁克全部股份以全力投入自研存储。彼时华为存储刚刚上路，存在各种问题，有一次发生了一起比较严重的线上事故：因为要配合存储设备使用，就在Windows服务器上安装了一个自研驱动软件，把Windows去激活了，这样正版操作系统反而变盗版了。更要命的是，几乎差不多的时间里欧洲十多个局点都发生了同样的情况。华为一众技术人员连夜验证老版本的软件中不存在这个bug，立即替换局点软件；产品线总裁带着产品经理马上飞到欧洲，安抚客户并道歉；研发团队连续几天努力，终于找到了问题原因：新版本中改动了一个常见的Windows注册表参数。此前没有任何人发现，也没任何资料（包括Windows官方资料）提到，改动这个参数会让Windows正版验证不通过。

事故的定性很简单，表面上责任也很明确：软件测试团队没有测试到"激活后Windows"这个场景，简单来说，就是该由版本测试来背锅。然而回溯分析这个问题后，这条线上负责的17~20级领导全部被处罚，但测试团队员工却没有受到惩罚。因为事后分析发现：第一，这个问题在华为现有知识体系下无法被分析出来，不属于能力性漏测；第二，当时华为存储的内部测试环境没有激活后的Windows系统，场景也覆盖不了。这种问题不应该让底层团队承担责任，只能是领导层的错。新上任的领导发了一封邮件抄送存储产品线全员，并告诫各级领导：“不要把产品质量系在13、14级员工的裤腰带上。”一家公司的老板自我惩罚就很罕见了，而一家公司不光老板自我惩罚，还能让高中层领导也承担责任，不让底层员工背锅，这更是难上加难。华为的授权原则是"授权不授责"，把责任永远留在干部这里，这样员工才敢放开手脚去干，华为的活力就是这样炼成的。

面对激烈的外部竞争，华为通过无依赖的市场压力传递机制，在内部营造了一种良性的竞争氛围，激发出了干部队伍的活力。加之大家都是"股东"，也乐于见到有真本事的人扛起更大的责任。所以，华为的领袖是内生的、得到大家信服和支持的自然型领袖。任正非在EMT办公例会上说："苗子是自己钻出土面上来的，不是我拿着锄头刨到地下找到这个苗子。认可你，然后就给你机会，但能不能往上走在于你自己。"基于此，华为的人力资源政策中专门设置了破格升级通道：首先要有贡献；其次要有承担责任的能力；最重要的是要有牺牲精神。只要员工近三次绩效考评都得A，就能得到破格提拔的机会。员工可以自己申请破格升级，领导也可以推荐。坚持选拔制而非一般企业采用的培养制，这种以绩效责任结果为导向的赛马文化就是华为干部保持活力的关键。

华为干部选拔的其他三项标准很难量化，那么华为又是如何做的呢？

品德与作风是底线：在任正非看来，腐败是华为的"三大黑洞"（另两个是"山头主义"和"惰怠"）之一，更是组织之癌。他说："腐败的干部必须清除，绝不迁就，绝不动摇。如果我们今天不注重对优秀干部的培养，我们就是罪人。"

首先是"不想腐"。持续激发干部责任感与使命感，通过干部作风八条宣誓、自我批判等对内心进行约束。同时华为的薪酬体系设计保证持续奋斗的人一定能收获回报。

其次是"不敢腐"。信任不等于不要监督，监督也不等于不信任。华为在与金钱相关的岗位上一般选用老干部。这类岗位腐败风险高，华为规定，员工只要贪腐10万元以上，其股票就会被清零，而老干部持股多，损失可能达到上千万元，这极大地提高了腐败成本。

第三是"不能腐"。华为所有干部都要接受例行审计，通过抓个案形成"点"上的冷威慑；同时通过将权力放进端到端的流程中，流程中设立若干监控点，相关部门不断执行监察控制来形成"线"监督；道德遵从委员会营造风清气正的"场"能量，"点""线""场"综合发挥作用，这样留给干部犯错的空间就不大了。具体做法比如采购采用角色分离与互相制衡模式：技术质量认证部门负责选择优质供应商，跨部门的物料专家团负责商务和提高采购效率，使用部门则根据供应商服务质量确定采购配额，形成华为采购"铁三角"；员工去供应商处必须保证两人以上；干部的任前公示；员工监督举报；对贪腐干部的推荐人问责并承担三年连带责任等。

核心价值观是基础：核心价值观在华为主要是通过关键事件来检验。关键事件是指当公司经营出现危机、公司需要采取战略性对策、公司实施重大业务和员工管理政策调整、公司业务发展需要一定程度上牺牲个人短期利益，等等。华为干部必须在关键事件中表现出鲜明立场，关键时刻敢于站得出来、豁得出去，为公司利益而坚持原则。

华为看干部，很重要的一个维度就是看你经历了哪些关键事件，在关键事件中你的过程行为表现。比如，在利比亚战争中，有一个在战火中坚守了十个月的干部，当战争结束，总部让他回国"享福"时，他却坚持要留下来，因为"仗打完了，终于可以见客户了，为什么要走呢"？四个月后，这位干部把当地所有合同都包揽了下来，公司当即在火线给他提拔了两级。

能力是关键成功要素：华为干部的四种主要能力最为核心，即"决断力、执行力、理解力、人际连接力"。其中高层干部重在复杂商业环境下的决断力和人际连接力，中层干部重在理解力，基层干部重在执行力（见表5-1）。任正非强调，这四种能力也要在面临关键事件时表现出的关键行为来进行考核。

表 5-1　华为干部能力词典

能力项		内涵
决断力	战略思维	洞察市场、商业和技术规律,抓住主要矛盾和矛盾的主要方面
	战略风险承担	在风险可控范围内,敢于决策和担责,抓住机会,勇于开拓
执行力	责任结果导向	面向责任结果,有强烈的目标感,有计划、有策略、有监控,在问题和障碍面前不放弃,不断挑战并超越自我
	激励与发展团队	激发团队斗志,能够帮助他人成长,对人才充满热情
	组织能力建设	通过流程建设(一致性)、方向建设(有效性)和资源建设(可持续性),将能力建构在组织上
理解力	系统性思维	具备全面的业务视野和清晰的逻辑框架,能识别整体和局部之间的关系以及业务变化规律
	妥协、灰度	避免"非黑即白"地处理问题,在对方向和原则有正确认识的情况下,顾全大局,合理退让,寻求"迂回中的前进"
人际连接力	建立客户与伙伴关系	始终保持谦逊的态度,积极探索,及时响应,牵引、满足客户与伙伴的需求,建立基于信任的双赢关系
	协作影响力	能够协同配合他人,超越局部利益,服务于更高的共同目标
	跨文化融合	认识和尊重文化差异,积极融合不同文化,求同存异,让有不同文化背景的人成为同路人
辅助能力	学习能力	在快速发展和变化的环境中,持续保持好奇心,能够快速掌握新的知识与理论,不断提升自我

总之,对干部的选拔,华为坚决杜绝办公室将军,没有上过战场、没杀过敌的、没受过伤的都很难得到提拔;要想"升官",品德作风、核心价值观、能力经验和绩效四维度缺一不可,再加上在关键事件中的态度、立场和行为表现,华为选出来的干部就是又红又专又能打的了。

从2015年起,华为对一线干部和职能干部做出区分,一线的一把手不再叫主管,而叫"主官","主官"又细分为"作战主官"和"经营主官",主官的责任是永远盯着战略目标和胜利。2017年9月,华为进一步发现当前公司的干部标准是一个通用标准,没有差异化管理,而不同岗位的干部能力要求差异很大,不同业务发展时期对干部要求的差异也有不同,于是对"主官"与"主管"细化了不同的标准。见表5-2。

表 5-2 华为干部评价标准演化

分类		工作性质	评价标准	工作要求	能力特质
主官	作战主官	一线干部 不确定性业务	多打粮食,对胜利结果负责	从 -1 到 0 或从 0 到 1	决断力、战斗意志、自我牺牲
	经营主官		增加土壤肥力,对经营结果负责	从 1 到 N	抓主要矛盾和矛盾的主要方面,精细化管理
主管		职能干部 确定性事务	能力提升,资源效率,一线评价	盯着前线,及时、准确服务	平心静气,安稳踏实,做深做透,熟悉一线

任正非说:"我们的干部选拔要以李云龙、赵刚为标杆。各级主官均要从主战部队中的主战人员中选拔有战功、有持续贡献能力、有自我约束本事的。直至以后的轮值董事长、接班人,均从主战人员中成长。"

经过 35 年实践,华为在干部选拔标准基础上,还探索出了干部选拔的"三优先":优先在成功实践范例和成功团队中选干部;优先在主战场、一线和艰苦地区选拔干部;优先在影响公司长远发展的关键事件中发挥重要作用者里选拔干部。这一方面让大家看到榜样,同时成功经验得到迅速传播,优秀的文化得以传承。华为还有明确的干部"三不用"原则:坚决不用机关意识很强的人;坚决不用斤斤计较的人(比如吃饭长期不买单);坚决不用干什么事情都依赖别人的人。

华为激活人才的机制虽然很严格,甚至有时看起来很残酷,但这是通过组织形式来帮助员工对抗个人熵增,这个过程往往是逆人性的,但对激发员工潜能、实现个人成长却很有帮助。所以,选择华为,实际上就是选择了一种奋斗型生活方式,选择了一条在实践中持续精进之路。正如莎士比亚所言:"一个人的经验是要在刻苦中得到的,也只有岁月的磨炼才能够使它成熟。"华为的末位淘汰机制,其核心不在"淘汰"而在"末位"。人都是有自尊心的,通过实施这一机制,意在激发干部潜力。任正非说:"人生攒满了回忆就是幸福。"而最美好的回忆往往是笑中带泪的。

不仅仅是干部，在华为，专家也归属于直接作战团队，虽然没有硬性的淘汰比例，但一定要保持贡献增值。华为通过设置考核达标线，对专家反复考核，毫不留情，如果专家贡献达不到，职级也要降下去。普通员工如果连续两次绩效为 C，也会被调整岗位或离开华为，这个比例约为 5%。任正非说："虽然华为的管理很严格，施行的是末位淘汰制度，但这并不意味着华为对员工是不在乎的，正相反，华为从不轻易放弃任何一名员工，我们对每一名员工都是爱护的。"

华为通过营造群体奋斗的高能量场，不断地选拔与淘汰形成"涨落"，持续循环赋能。这些举措都意在传递危机意识，越是优秀的人才越要逼他前进，逼着他还要更优秀。逆熵增做功虽然有痛苦，但这才是对员工的大爱，也是华为始终充满活力的重要原因。而且，真正的人才，也不愿意待在一个平庸、安逸、缺乏挑战的环境中虚度光阴。

人才流动与成长

在华为的职位登记表首页，应聘者接受的工作地点有四个选项：

☐ AA 可以在全球各地工作
☐ A 可以在全球部分地区工作
☐ B 可以在国内各地工作
☐ C 可以在国内某些城市工作

这道题实际上是华为的第一道"筛子"，测试应聘者的工作态度、入职动机，应聘者很可能因此而被一票否决。因为华为要的，首先是应聘者立志艰苦奋斗的态度；其次，这也是华为业务遍及全球 170 多个国家和地区的业务特点决定的；最后，这还是落地华为核心价值观的关键行为体现。

"以客户为中心，以奋斗者为本，长期艰苦奋斗"的华为核心价值观，提炼出一个可衡量的关键行为动作，那便是能够做到"四海为家"。在华为，越是高级干部，越不可能自己设计人生，能够做到公司指哪儿打哪儿、随调随走是华为干部选拔的前提条件。

华为员工轮换模式一般有三种。一是业务纵向轮换，如研发人员去做中试、生产、服务，使他真正理解什么叫商品，那么他才可能成为资深技术专家。二是横向岗位轮换，也叫"之"字形成长。比如研发人员去做市场，然后再回到研发部门。由于华为是一家技术型公司，懂产品、懂技术是做好销售的基本前提，所以华为有每年研发体系需向其他部门输出10%人才的指令性调配计划，从而打通了人才流动链条。三是干部的调岗，这不仅有利于公司管理技巧的传播，形成均衡发展，也有利于优秀干部快速成长。

华为的干部是有任期的，尤其是销售岗位的干部，原则上在一个地区工作不能超过三年，特殊情况下可以延长一年。华为为什么要这样做？俗话说："流水不腐，户枢不蠹。""树挪死，人挪活。"道理很简单，如果一个人在一个地方待久了，闭着眼睛都能把手里的事情做了，就进入了舒适区，个人熵增速度加快，失去活力，成长也就停滞了。同时公司也无法培养锻炼新人，还容易形成"山头"，甚至滋生腐败。"山大王"有令不行、有禁不止，机关指令和现场脱节，形成两个阶级，企业离分裂就不远了。

许多企业担心一旦重要岗位换人，特别是销售岗位，将会对业绩带来冲击。任正非认为企业只有摆脱对人才的依赖、对资金的依赖、对技术的依赖，企业才能从必然王国走向自由王国。企业家都知道人才很关键，但任正非更深刻地认识到企业不能完全依赖某个人才，更不能迁就有功的员工。华为的逻辑是：如果一个岗位换了人后工作流程不畅，就说明组织建设出了问题，过于依赖个人能力，从长期看，这样的企业结构终归是不安全的，企业就被某个能人"绑架"了，而通过人员的流动换岗，逆向找到组织的问题所在，才能及时完善组织能力。任正非说："破除板结就一定要加强干部流动，流水的兵铸就铁打的营盘。"2016年11月30日，任正非在《人力资源政策要朝着熵减的方向发展》的主题讲话中强调："各部门的循环赋能、干部的循环流动千万不能停，停下来就沉淀了，就不可能适应未来新的作战。预备队方式的旋涡越旋越大，把该卷进来的都激活一下。这种流动有利于熵减，使公司不出现超稳态惰性。"

不仅人才要循环流动，华为还要求在流动中积极培养各级接班人。华为明文规定：对于中高级管理者，不能培养出本岗位接班人的，永远不能被提拔。每位干部在年终述职、总结年度KPI时都要写出两位潜在接班人的名字，并且这两人应达到相应的岗位职责、能力和资格要求。任正非强调，华为一定要有人才可替代性，不能产生人才稀缺性，华为接班人的产生来自实战，如果有人守株待兔，坐在那里等着接班，那他就是白日做梦。华为通过建立多梯队、多层次人才管道，让每个梯队都有继任者，形成人人都可以被替代，都能够被调动的局面，这样的企业才是一盘活棋。曾经，华为的"人才培养能力"占到高管任职资格权重的35%，在干部们形成接班人培养意识后才逐步降下来。多年来，华为形成了完善的三级后备干部梯队培养计划（见图5-2）。

针对关键岗位的继任计划，华为一般按照10个步骤制订执行方案：①明确战略和业务发展对干部梯队建设的需求，确定干部梯队的特征；②明确关键岗位；③盘点各关键岗位的继任梯队；④规划预期的干部变动；⑤明确可输出干部名单；⑥挑选高潜质干部名单，明确培养措施；⑦制订地区继任干部梯队建设的目标和整体策略，落实重点个体举措；⑧确定高潜质本地干部的培养计划；⑨继任计划总结；⑩制订后续执行计划。

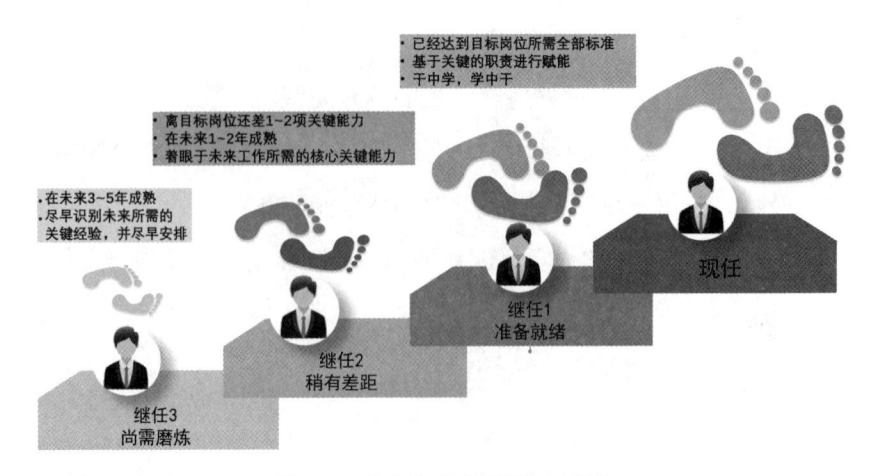

- 已经达到目标岗位所需全部标准
- 基于关键的职责进行赋能
- 干中学，学中干

- 离目标岗位还差1~2项关键能力
- 在未来1~2年成熟
- 着眼于未来工作所需的核心关键能力

- 在未来3~5年成熟
- 尽早识别未来所需的关键经验，并尽早安排

继任3
尚需磨炼

继任2
稍有差距

继任1
准备就绪

现任

图5-2　华为接班人梯队培养计划

发生人才流动时，为了实现平滑过渡，华为设计了完善的追溯机制。华为规定，换岗后，三个月内业务出了问题，前任干部负主责；三个月后业务出了问题，接任干部负主责。这样就在机制上使前任干部和现任干部之间会认真做好客情关系和工作交接，实现软着陆。又比如，华为考核产品线主管，不仅看当期的经营情况，还要看未来两年的发展，看这个主管离开两年后产品线是否还有可持续的增长和良好的市场竞争力，如果没有，说明他把产品经营的能力透支了。

华为的人才流动，主要体现在以下几个场景：

干部"之"字形成长　《华为基本法》明确规定："没有周边工作经验的人，不能担任部门主管。没有基层工作经验的人，不能担任科以上干部。"在实践中，华为发现烟囱式、直线型提拔起来的干部，往往缺少全面发展和协调性强的事务实践历练，遇到问题后，这类干部很容易出现本位主义思想，其思维模式往往比较片面，解决方法适应面窄，无法担负起更复杂商业环境下的干部重任。而当一个干部在研发、财务、人力资源等部门做过管理岗，同时又在市场一线、海外代表处做过项目，有了较为丰富的工作经历，无疑会帮助他更多地从端到端、全流程地考虑问题，从而找到更有效解决问题的办法。于是在华为干部任职资格中，设有明确的"之"字形成长要求。比如1998年时华为副总裁任职资格中的几条硬性标准是：必须做过产品研发、销售，担任过产品经理、省级办事处主任。走向海外市场后，华为副总裁的任职资格就升级为必须在非洲待两年，亚洲两年，欧洲一年，同时要有HR、财务部门工作经历等。任正非说："没有实战经验的人回到机关担任要职，碰到问题就开会，解决不了再开会，把大家折磨得半死不活。"干部"之"字形成长模式好处很多，同一岗位不同地点的调动，可以了解更多地区市场情况；不同岗位之间的调动，考察了人才的学习力；通过多岗位历练，还能看出干部的适应能力和潜力，杜绝运气的成分。

任正非说："我们一定要加强中高级干部和专家的多部门、多地点实践循环，在循环中开阔视野、增加见识、提高能力，这就是熵减。"在华为要升职，就必须流动起来。同时，随着形势发展，未来世界的创新点将越来越多地出现在边缘科学、交叉学科上，华为也在积极探索完善跨专业边界，打破岗位界限，通过人才的有序循环流动，培养复合型人才的方法。

干部能上能下、工作能左能右　早期的华为总裁办公会议，有六名是例行成员：在全国做得最好的三个产品经理和三个省级办事处主任。但具体是谁是动态的，需要大家在实战中"赛马"来决出参会名单。对于未完成任务的省级办事处主任，年底要写两份报告：一份是明年的行动计划，是述职报告；一份是辞职报告，愿意接受公司的一切处罚。公司批准其中一份报告。如果目标未完成，但明年的行动计划路径写得比较清楚，有可能还让你继续干主任的工作，但是职位降到副主任，工资降一半，这极大地磨砺了干部的韧劲。华为还使用过"英雄揭榜制"，如果你觉得公司定的目标完不成，你就让贤下来，由愿意挑战更高目标的人上。

华为的销售考核不搞提成制，原因有很多，一方面华为产品复杂，涉及多部门、多环节的协同，不是单靠个人能力能够搞定的。更重要的考量还是为了摆脱对人才的依赖，对抗熵增，激发员工活力，夯实组织能力。试想，在一个销量大、业绩好的成熟市场，老销售员把持了所有资源，将客户资源私有化，甚至公司管理层都很难接触到客户。有的销售人员甚至将客户资源带到竞争对手的公司，谋取更大的利益。而新入行的销售人员往往很难打开新市场，影响工作积极性，导致新人大量流失，这是许多企业的痛点。而华为根据市场突破的分段设计，通过科学的价值评价来决定奖金分配、配股的形式就很容易削掉"山头"。老销售员也会意识到一直待在成熟市场最终增长会乏力，还不如打开一个新市场成长快、奖金多，就愿意主动流动起来，客户资源也得到了释放，新人也就看到了希望和机会。

蜂群战略　开拓海外市场早期，华为总结出一个规律：倒下五拨人，才能起来一个市场。当时，华为遇到的第一个问题就是海外市场由谁来做。按当初设想，首先应排除的就是国内销售人员，因为语言不过关。但经过多番尝试证明，最后剩下的却只有外派国内员工这条路最有效。随后，华为开始把大量优秀销售人员"空投"海外，而正是这群敢于拼搏的老华为人克服了难以想象的困难，竟奇迹般地把海外市场轰开了。

2005 年，华为被沃达丰德国子网拒绝测试产品；2008 年，德国子网进行 3G 招标，几轮激烈竞争下来，华为在技术和服务都占优的情况下，客户还是对华为说"不"。投标失败后，时任沃达丰系统部部长彭博对德国子网 CTO 说："中国人有一些非常优秀的品质，就是我们有足够的耐力和毅力，无论项目得失。"2010 年年初，金融危机余波还在，德国率先启动 4G 建设，希望通过国家宽带拉动经济增长，沃达丰德国承担起了这一历史使命。华为敏锐地捕捉到机会，凭借对客户网络的深刻理解，开创性地向客户提出 2G、3G、4G 三网合一解决方案，极大地降低了客户投入成本。历经七年，沃达丰德国终于牵手华为。一位友商的主管曾说，我们可以挡华为一年、两年甚至三年的进攻，而大部分公司在三年还不成功的话，基本就放弃了，但是华为会七年换人轮番进攻，我们就难以抵挡了。

任正非渴望看到华为人才辈出的鲜活图景。他说："一定要加快人才的循环成长，我们要让最优秀的人来培养更优秀的人，更多的人深入市场，先了解需求，再学会研发。让优秀人才早一些感知市场，了解服务、生产、交付等环节，让人才的成长速度更快一些，早些放射光芒。"对听见枪声就想冲锋的年轻人，华为就给予他机会。人生青春几何，让优秀人才在最佳时间，以最佳角色，创造最多价值，给予最佳激励。人的生命很短，信息社会变化太快，早一些发挥人才优势，就可以让他多做一些贡献。

早期，华为从有产品的自主研发时起，就建立了一种人才流动机制。研发的新产品出来了，该项目经理就跟着流动到生产部去负责生产，或者到市场部去负责该款产品的销售。这种按照产品流向进行人才的流动，对华为的生产、销售都起了较大的推动作用，使华为各个部门都拥有较多来自研发的既懂技术又懂管理的干部，不至于出现人才短缺情况。通过不断完善，华为逐步建立起人才循环流动的常态化机制：

基层员工"认知型"周边流动　知晓工作场景、掌握岗位必备技能，熟悉周边岗位技能。

中层骨干员工"赋能型"前后流动　专家按需到一线作战、中基层干部按需在一线与机关间轮岗，以了解一线作业，积累专业能力。

高层干部"领导力发展型"流动　以任期及继任计划为牵引，进行跨业务、区域、职能流动，或通过阶段性承担重大项目的方式，促使高层干部了解一线，拓展业务视野、积累复合型领导经验。

华为的人才流动是个大原则，曾经在人才流动管理中有三个基线指标，即离职基线 5%、末位基线 5%、内部输送 5%（研发部门更高）。也就是一个部门每年至少要保持 15% 的人才流动。为此，华为建有内部人才市场和各种人力资源池，包括后备干部资源池、新员工资源池、待岗员工资源池等，用人部门可以快速在资源库中匹配到需要的人才，实现召之即来，来之能战。员工也能随时看到相关的职位空缺，也可主动去申请，华为鼓励人往高处走。华为的内部人才市场很好地促进了部门管理水平和员工工作效率的提升，使人才实现更好的优化配置从而激活沉淀层。35 年来，华为人才流动带来的积极效果是：无论人员如何调整，华为的组织系统都能良好运转，具有极强的自愈能力。组织是铁打的，而员工是非稳态、不断涨落的，这样组织就充满了活力。

华为大学持续赋能

1998 年，时任国务委员宋健参观华为，问任正非做企业最大的体会是什么。任正非的回答是："浪费！华为'浪费'了非常多的钱用于员工培训，也许下世纪才能看到这些苹果长熟。"

1996 年 11 月 21 日，任正非在《培训——通向华为明天的重要阶梯》的主题讲话中指出："华为的管理方式还很落后，合格的管理干部奇缺。华为有发展的潜力，关键是如何充分发挥出来。从这个层面上讲，培训工作很重要，它是贯彻公司战略意图，推动管理进步和培养干部的重要手段，是华为通向未来的重要阶梯。当时，华为明确培训工作由各部门的二把手负责推动，并强调每个干部都有培训下级的责任。任正非说："华为最大的浪费是经验的浪费。"为保证知识、经验的获得与快速复制，早期华为曾明确副总裁的七个行为准则，多与培训、人的学习成长有关。

· 每年出去听 60 节课；

- 听课后回来讲四节课（出去听课公司可以报销，回来不讲课，学费1万元罚款10万元；回来讲课，大家满意度低于75分，学费要自己出）；
- 每年开拓一个客户；
- 每年开发一个新产品；
- 每年优化一个流程；
- 每年培养两个接班人；
- 每年写一篇文章，在内刊上发表。

为进一步引导高层重视员工培养工作，华为曾规定高层每月必须自己掏钱请绩效评级为A的员工吃饭；高层必须申请兼职讲师为优秀员工讲课；鼓励干部编教材，把公司的教材库、讲师队伍充实起来，学习气氛搞起来。

21世纪初，华为业务刚覆盖20多个国家和地区时，公司就制订了五年内把业务快速拓展到180多个国家和地区的战略，海外代表处管理干部的快速培养就成了至关重要的一环。当时华为探索采用了后来广泛普及并进一步完善的知识萃取方法论。

第一步，收集问题

首先在五大洲中各选一位表现最好的市场代表，让他们分别提炼出拓展市场需要解决的5～8个关键问题，找出让他们持续取得成功的核心因素。华为将所有问题归纳起来，发现其中有近三分之二是重合的，最后整理出八九个大家公认的关键问题，包括关税、法律、当地建厂、政府关系、劳动用工等问题。经过讨论，五位代表一致认为，如能将这些问题解决了，就解决了华为海外市场拓展70%～80%的关键问题。

第二步，培训准备

关键问题找到后，接下来就是相关负责人把这些问题的解决方案编写成培训教材，以便能让参加培训的候选人快速掌握。华为将八个培训主题分配给五位代表，根据实际情况，每个人负责一两个主题的开发。华为请了培训领域的专家，提供专业的工具和模板，指导他们编写案例、制作课件和教学，并经过试讲不断改进、完善。

第三步，实战培训

正式培训时，华为将候选人集中起来，由这五位代表进行授课。培训是理论结合实际，主要采取案例教学形式，并布置实战案例进行分组讨论。一般每期学员在20人左右，分成四个小组，讨论完毕后上台发表，最后由老师归纳总结。培训后，每个学员都要进行结业答辩。答辩中评委提出的都是实战中可能遇到的关键问题，看学员能否给出行之有效的解决方案。只有通过答辩的学员才能获得上岗资格。

演化至今，华为培训中的理论教学比例一般不超过30%，且理论部分的课程需要学员利用业余时间在公司的线上平台自学，目前华为已有3万多个学习资源的iLearning数字化学习平台、1万多个知识社区。为节约时间，正式的课堂学习一般就不再讲基础理论，直接进入案例研讨，华为通过考试来检验理论自学效果，理论考试不通过的，取消本次学习资格。案例从哪里来？在实践中来。华为的做法是：对每个项目都进行严格复盘，深度挖掘失败教训与成功经验，进行知识萃取。

鉴于华为员工有常态化的流动机制，为保证每个岗位经验的快速复制，方便他人随时可学，防止经验的浪费，华为设计了相应的保障机制：员工职级晋升需要靠绩效和专业能力提升来支撑，后者也称"任职资格"发展路径。即便该员工绩效满足要求，具备提升职级的前提条件，但如果未取得上一职级的任职资格认证，也就相当于没取得该岗位的"驾照"，员工就不能晋级。而任职资格评审标准中必须有资料支撑和案例输出。华为专门建立了用于收集员工内部论文并进行评级的案例发表系统。这些论文基本上代表着员工在当前岗位上的智慧结晶提炼和经验总结，具备非常强的参考性与可复制性。而论文的发表并不是单向的，案例发表系统是一个严格的双向闭环系统。论文上传到系统，系统会安排华为内部专家评审团，最终给出论文的评级，级别高的会被其他员工高频转发，并留下评论反馈，经验也就得到了迅速复制。通过任职资格的导入，实现了用科学的评价体系，来很大程度避免以前靠拍脑袋、感情化的管理方式带来的弊端。

以华为铁三角中的关键角色客户经理为例，华为的任职资格标准非常明确地规定了每个级别应该掌握的专业知识、关键能力和专业贡献（见图5-3）。

专业知识	关键能力	专业贡献
LTC流程知识	客户关系拓展维护	案例输出
产品解决方案知识	销售项目运作管理	授课
商务、法务、财务	团队领导	担任导师
合同知识	客户群规划	流程优化
行业知识	沟通协调	专业建议
……	……	……

图 5-3 客户经理任职标准要求示例

任正非说："营销干部培训中心建立营销资格认证体系，与干部不分离，建两套体系；营销干部培训中心是科举制度，负责资格认证，干部部则负责干部上岗的选拔……"也就是说，华为实施的是"评聘分离"的做法，科举制要求"拿到执照才能开车"。但要拿到"执照"，是有条件的，所谓"是骡子是马，拉出来遛遛"，判断是马还是骡不是领导拍脑袋、不全是经验标准。标准只有一个，即"营销专业任职资格标准"。华为客户经理获得岗位"驾照"要经历以下几个环节：

- **考察**：对个人职业经验和以往工作业绩的了解；
- **考试**：对产品知识和营销业务知识的掌握；
- **行为认证**：对个人职业行为过程的衡量和评价；
- **评审**：对行为认证过程的客观公正性和规范性的评价。

在清晰的任职资格标准牵引之下，员工经过不断地学习、实践、总结，华为大学持续赋能，由客户经理个人申请或公司组织从三级到六级的任职资格评估，才能获得岗位"驾照"。在有岗位空缺时，干部部在取得该岗位"驾照"的人力资源池中进行选拔。相关晋升路径见图5-4。

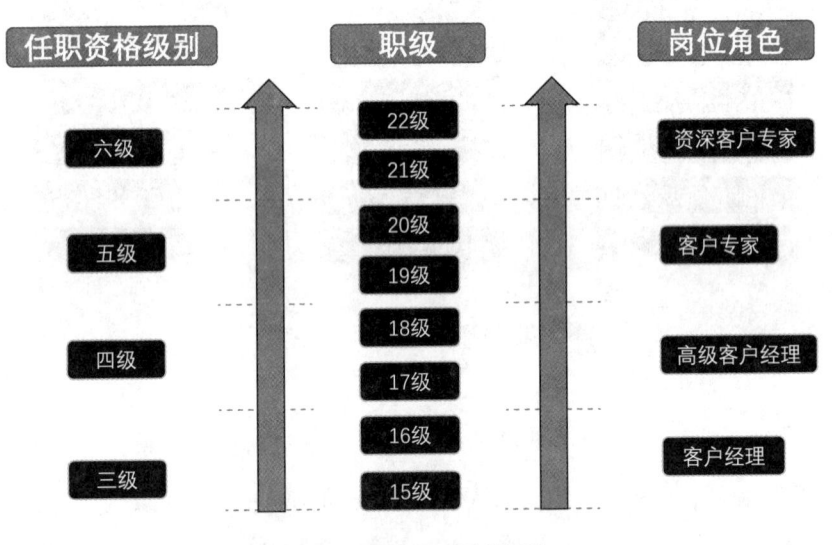

任职资格级别	职级	岗位角色
六级	22级 21级	资深客户专家
五级	20级 19级	客户专家
四级	18级 17级	高级客户经理
三级	16级 15级	客户经理

图 5-4　客户经理晋升通道

华为的任职资格管理有四个作用：一是镜子作用，即让员工照出自己的问题；二是尺子作用，即让员工量出自身与标准的差距；三是梯子作用，即让员工知道自己应该向什么方向发展和努力，牵引员工终身学习，持续进步；四是"驾照"作用，即一旦出现新的岗位，员工可以应聘相应职位。

任职资格标准是华为大学开发训战课程的基础，同时也建立起员工学习成长与人力资源体系之间的通道，极大提高了员工的学习积极性，有效降低员工个人熵。

华为对员工学习成长的重视是一贯的，投入是巨大的，早在1998年，华为就投资10亿元在深圳坂田基地建设了15.5万平方米的教学区，能同时容纳2000多人进行培训。2005年，华为海外销售收入首次超过国内市场，这对员工队伍的能力和素质提出了更高要求，华为大学正式注册成立。随着形势发展，华为大学在东莞松山湖又建立了新校区，总面积约为500亩。华为大学的特色就是训战结合，赋予学员专业作战能力，成为华为干部的摇篮。世界级知名企业几乎都有自己的企业大学，比如巅峰时期GE的克劳顿管理学院、惠普大学等。从华为组织结构看，华为大学的定位相当于一个BG，可见华为对人才培养的重视程度。华为大学也在实践中慢慢形成了训战结合的鲜明特色，成为华为开疆拓土的赋能平台。

第一，确保办学方向正确。华为大学设置了一个指导委员会，由任正非担任指导员，三位轮值董事长做委员，半年开一次会，讨论重大方向性问题。

第二，明确供需关系，实行有偿服务。一线的业务部门代表赋能需求方，华为大学是赋能供给方。华为大学坚持有偿服务，独立核算。一是促使华为大学不断提高教学质量，使教学与业务需求紧密结合，业务部门愿意来学，同时保证业务部门不会因无偿调用资源，降低学习积极性和认真程度；二是华为大学可以基于收支平衡，拥有一定话语权，摆脱羁绊，不因为超预算而业务被限制。

第三，清晰目标与任务。华为大学的主要任务是为华为主航道业务培育和输送人才，特色是训战结合，训练用的表格和工具与实际操作的一模一样，"所学即所得"，最终目的是提升实际操作成功率。华为大学在教会学员工作所需的知识及获取工作技能之外，其中，核心价值观渗透和传承永远是基础和底色，要覆盖所有学员。

第四，用最优秀的人培养更优秀的人。 华为大学的成败关键取决于教师水平，华为大学采用专职教师为辅、兼职教师为主的模式。兼职教师来自公司高层以及一线有成功经验的干部。华为坚持找会操作航母的人来教操作航母，同时用机制撬动最优秀的人培养更优秀的人。对于教师来说，他们有案例的著作权，可以获得授课报酬，而且教师的表现与级别评定纳入个人档案，作为提拔升级的重要依据。

第五，聚焦优秀人才，循环赋能。 与许多企业将培训资源投在落后者身上不同，华为人才培养的重点是关键人才和种子选手。华为通常是选择绩效评级排名前25%的员工进入战略预备队，在训战中再选择其中20%～30%表现好的人去集中投入最困难、不确定性最强的项目中去，然后根据实践选拔杰出人才。同时基于人才发展规律，培训不是一两次就结束，华为对项目实践效果好的人，敢于提拔，提拔了再去华为大学赋能，优秀种子又获得一次充电机会，经过这种持续正向循环，员工的能力有了，忠诚度也有了。

第六，培训与人力资源政策无缝结合。 不同于一般企业培训与业务脱节、与人力资源政策脱节的"两张皮"现象，华为建立了以下交叉任职与考评保障机制：

- 华为大学校长或常务副校长是公司人力资源委员会成员，参与公司人力资源战略规划制订。
- 华为大学领导兼任公司人力资源部领导。
- 华为大学内训管理部主管参加公司人力资源部例会，接受华为大学和公司人力资源部双重考核。
- 华为大学提出对公司业务部门负责人的年度培训绩效考核指标，

业务部门对华为大学的服务满意度纳入华为大学领导年度绩效考核指标。

同时华为在干部任用中实行"三权分立"原则，即业务部门具有干部的提名权，党委（海外叫道德遵从委员会）有弹劾权和一票否决权，而华为大学则具有对干部提拔使用的评议权。凡在华为大学干部培训班上提出不同看法并引起广泛讨论的员工，他们会被记录入系统；而那些不发言、不引发讨论的员工，就要再自费学习。每位学员的答卷、成绩、自我评价等都会公开，引导学员对自己的学习结果负责。华为大学还会推荐部分优秀学员给业务部门，他们将优先获得更多机会。同时将干部任职以及员工岗位职级晋升与培训挂钩，比如，首次任命的基层管理者需完成后备干部项目管理与经营培训；员工17级升18级需完成青训班的培训；管理类18级以上干部的晋升需参加管理者高级研讨班并结业等。华为的人力资源政策规定没经过严格训练的员工是不能上岗的，这样就形成了激励机制：只有进入华为大学学习后才有更多晋升机会，这就为业务扩张与替换不胜任者做好了人才储备。

第七，做公司重大政策出炉前的发酵池。 比如，《华为公司人力资源管理纲要2.0总纲》就在华为大学高级研讨班中进行了多次辩论、研究。任正非指出，现在市场形势变化太快，每隔一段时间，人力资源委员会要提出一个面向人力资源变革的主题，围绕这个目标，组织高级研讨班学员开放讨论。哲学是为改革铺垫的，人力资源要改革什么，需要具备什么样的思想基础，我们把艰难的部分先拿来辩论，就能减少改革时的障碍。

简言之，华为大学的工作主要围绕三件事展开：传承文化；提升能力（主要是管理能力、专业能力、项目管理能力）；总结升华知识资产，助力华为持续商业成功。华为大学开展了许多培训使能项目，据华为内部统计，华为员工每年平均有7%的时间用于培训。其中主要包括：新员工培训——帮助新人理解企业文化、快速融入工作环境；战略预备队培训——优秀员工循环积累专业能力；初级、中级管理者发展项目——完成管理者的能力提升；高级管理者研讨班——通过"启发式学习"开阔干部视野，深度理解企业战略，践行核心价值观等。与一般企业大学相比，华为大学对人才的持续赋能有三个十分特别之处。

1. 健壮体魄＋精气神凝练

没有健壮的身体，就无法胜任工作。在华为战略预备队，就有明确的体能训练标准。新员工入职训练中就包括了身体素质的锻炼。华为大学的校训是：健壮体魄、坚强意志、不折毅力、乐观精神、顽强学习、团结协作、积极奉献。可以看出健壮体魄是基础，其次是凝练人的精气神。任正非表示，所有战略预备队都要有精气神，保持组织必胜的信心。你们看，组织锻炼身体、喊喊口号看上去似乎显得很幼稚，但只要坚持这种精神并不断优化，总会找到一条路，这就是精气神。这正印证了拿破仑那句名言："世界上只有两种力量——利剑和精神。从长远说，精神总能征服利剑。"2015年9月7日，14支华为战略预备队的集体宣誓视频给外界留下了极其深刻的印象，华为人的精气神喷薄而出。其中华为大学自己的宣誓词如下：

胸怀全局，组织好训战结合的教学，让最优秀的人培养更优秀的人。

深入战场，善于总结，及时赋能，一线将士在，我们就在。努力学习，积极工作，生机勃勃，做全体学员的表率。

我们将满怀激情，使命必达，以公司的战略成功、学员成长为无上荣光！

铸精神，荟真知，训战结合育英才！

2. 成功经验 + 为心赋能

华为大学的兼职讲师除了有成功实践经验外，还特别倡导要有老师的情怀，以激发学员心力，助推精神升华，而这具有更为持久的力量，往往能够帮助学员在人生与事业的艰难时刻走出困境。

在战略预备队云场景班的一次培训中，讲师在授课时几度哽咽，课程几乎进行不下去了。那位老师来自市场一线，在课堂上分享自己拓展市场的心得。分享中老师回忆起当时的情景，忽然情绪涌上来，哽咽着说不出话来。

那一刻，教室出奇地静，只能听见空调的声音，所有学员默默地看着教室前面的老师。老师盯着教室的地面，眼睛湿润，握着无线话筒的手有些发抖，他努力控制着自己的情绪。过了一会儿，他擦了擦眼角的眼泪，抬起头看着面前的学员，缓慢而坚定地说："战略场景就是要突破自我的局限，完成看似不可能的事情。我们那时没有任何经验，凭着一股韧劲儿，也打拼出来了。经过这些摸索，总结了这些经验，公司也在加大投入，我坚信，你们一定可以做得更好！"班上响起热烈的掌声。接下来的课间休息时大家也神情凝重，沉浸在那份情愫之中。在后来的学习反馈中，很多学员提及那个场景给了自己力量。

3. 实战

2009 年之前，华为大学与一般的企业大学雷同，把主要精力放在了做通用精品课程上，严重脱离业务实际，遭到了任正非的严厉批评。从此，华为大学开始紧贴业务，对准关键区域，仗怎么打，兵就怎么练。经过不断探索，华为总结出了人才成长的"721"法则：即人才 70% 的能力提升来自实战，20% 来自主管领导、导师、周边同事及他人的帮助，10% 来自课堂的学习。所以即便是对实践经验已经非常丰富的高级研讨班学员来说，也同样强调要在更高层次上进行实战演练。

华为高级研讨班主要学习四门课：华为人力资源管理纲要、华为财经管理纲要、华为业务管理纲要、华为监管纲要，每门课集中学习八天左右。这些课很少讲理论知识，而是一个接一个的案例——华为研发体系、市场体系、竞争对手、跨行业相关案例……这些案例是华为大学的学习专家通过系统方法论精心萃取的成果，极大开阔了华为干部的视野，提升了战略洞察力，实践效果非常好。

任正非认为在后备干部培养中，华为大学的老师是组织者，不是传授者。如果他们是传授者，学员水平就会被限制在一定高度。华为的学习就是启发式学习，这里没有老师上课，只有争论，一个月后就各奔前程，不知道最后谁是将军，谁是列兵。我们要相信真理一定会萌芽，随着时间的增长，会有香醇的酒酿成。高级研讨班班实施流程见图5-5。

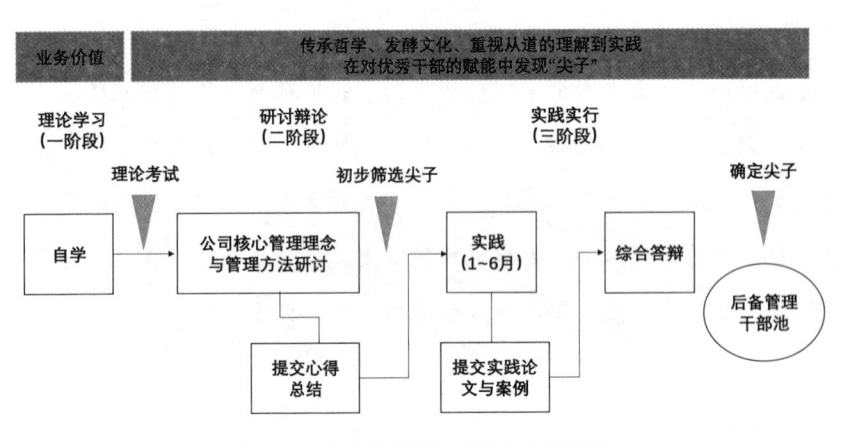

图5-5 华为大学高级研讨班实施流程

华为大学集中学习之后，就是在实战中进一步磨炼。学员几个月后带着实践中的体悟撰写一篇真实发生的案例作为结业论文，以强化理论学习与实践应用的结合。学员将自己的案例和心得，发布在公司案例平台"管理视界"上，供全公司管理者学习讨论和反馈。同时还需要回华为大学进行综合答辩，答辩不合格的话学费就算白交了，以后还必须再学习，答辩合格者进入更高一级的后备管理干部资源池。

在华为大学松山湖校区，大厅背景墙上的"从难，从严，从实战出发，以考促训；铸剑，铸心，铸英雄团队，以行践言"特别引人注目。

学习是一条获取外部能量和信息的捷径，学习已成为华为人的一种习惯和生活方式。早期，华为有一位清洁工曾写过一篇文章，文中说：在华为，扫地之余多看几眼墙上的管理文章，出去就能在小公司当个总经理。这句话说得有点过，但足以说明华为组织学习氛围之浓。正是深刻认识到教育赋能的重要性并用科学的机制保证用最优秀的人去培养更优秀的人，老师全力教，学员认真学，才破解了"华为最大的浪费是经验的浪费"这一难题，使华为的人才生生不息。任正非认为，西方公司的大裁员缺少继承性，华为如果抛弃这代人，重新找一代人，这是断层，历史证明不可能成功。华为要在有继承性的基础上不断改良人才培养模式，把有经验的人改造成新人。通过变化，赋予新能量，承前启后，传帮带，使新的东西成长起来。华为大学的持续循环赋能就是在不断改造华为的队伍，这种循环机制将是永恒的，不会停止。经过近20年的艰苦探索与实践，华为大学已成为承接华为"人力资本增值目标优先于财务资本增值目标"的重要载体，走出了一条华为先有人才、再有业绩的清晰路径。这是中国式现代化企业管理的根本支撑。

华为大学到底做了什么，做得又怎么样？任正非说："华为有什么？一无所有！华为既没有背景，也没有资源，除了人的智慧之外，一无所有。我们就是把一批中国人和一些外国人的智慧集合起来，才达到了今天的成就，这证明教育是伟大的。"

有不少华为员工认为，华为更像一所大学，虽然它是一家企业。还有人说，华为就像一部附带深度学习功能的智能机器。更有人说，如果华为只留下一个能力，那就是学习能力。

结语：呼唤有集体意识的英雄

在自然界中，没有高差就没有瀑布，没有温差就没有风，没有能量差就不能做功。在企业里，没有活力就是死水一潭，就会陷入"熵死"。正是每个华为人在践行核心价值观的过程中，个体英雄与集体秩序在平衡与不平衡、稳定与不稳定之间不断变化，组织总是充满着活力。

华为从几个人的小作坊起步，一成立就面临着跨国巨头的包围，在创业生存期，没有英雄血性就不可能杀开一条血路活下来。随着规模扩张，在从游击队到正规军的管理规范期，华为需要的是"千手观音"般的精准协同和科学化的流程化组织体系才能提高整体效率，但流程和惯性往往又是大公司丧失学习能力和应变力的主要原因，一旦环境发生较大变化或进入新的业务领域，原来的流程和惯性常常又会成为巨大的阻力。

对任何组织而言，个体创造和集体智慧都缺一不可。组织中的个体永远是创造力的第一来源，个体力量是集体力量的基础和关键。当处在机会或挑战来临的重大关口时，企业必须呼唤英雄，没有英雄的舍我其谁，企业就没有战斗力。正是英雄身上那种带着草莽气息的"狼性"，往往是构成企业成功不可或缺的活力元素，几乎可以肯定地说，没有英雄的企业一定会消亡。然而，遍地英雄的企业如果缺乏有效管理又必然导致山头林立，当英雄的个性不受企业的共性约束时，就会走向崩溃。而今在美国的极限打压下，华为既在呼唤"人自为战、村自为战""狭路相逢勇者胜"的英雄主义，也分外强调"胜则举杯相庆，败则拼死相救"的集体精神与群体智慧。集体立功，集体授奖，少数人破格，强调个人英雄与团队作战协同，成为华为战时的选择。

2018年11月9日，华为常务董事会做出决议，对员工的个人绩效考核机制进行调整。新的个人绩效考核导向包括"个人有效产出"、"为客户创造价值"、"对他人产出的贡献"和"利用他人产出的贡献"。这就像一支足球队，"个人有效产出"与"为客户创造价值"相当于个人进球，"对他人产出的贡献"相当于为队友助攻，"利用他人产出的贡献"相当于得到队友的助攻。这就去除了传统KPI考核的条块分割、内部资源争夺等弊端，引导团队成员不仅是提高个人绩效，还愿意去帮助他人，也愿意积极寻求他人的帮助，一起把蛋糕做大。任正非说："求助没有什么不光彩的，做不好事才不光彩，求助是参与群体奋斗的最好形式。"华为通过个人考核机制调整以及先考核团队再考核个人的模式将个人与集体的关系打通、固化下来。华为有一个"只有成功的团队，没有成功的个人"的产品内训课程。一个产品好不好，要以最后的实际效果和客户的反馈来论断。在失败团队中虽然也有绩效评级为A的个人，但失败团队中的绩效评级为A和成功团队中的绩效评级为A年终收益差距巨大，甚至赶不上成功团队的绩效评级为B者。华为认为，虽然失败团队中必然有能力超强的个人，但华为的评价体系是先评团队后评个人。华为虽然承认天才的作用，但也没忘记一个人的努力无法带来一个完整的产品，产品仍然是集体智慧的结晶。

华为35年的英雄剧场，上演的正是个人英雄与集体主义的交响乐。正是个体的激情、勇敢与冲锋带来了活力；而一个高凝聚力、高能量的组织则是个体力量的精神基础。个体与群体的信念、信心助长，能量相互叠加、涨落，是成就一家伟大企业的必然律——孤胆英雄难成大气候，压抑或埋没个人英雄，同样难成大伟业。个体性的"一枝先秀"与群体性的"百花齐放"交相辉映，企业发展就是一个在活力与秩序、呼唤英雄与群体共荣之间螺旋式上升的过程。从呼唤英雄到消灭个人英雄主义，再到呼唤有集体意识的英雄，这就是任正非的英雄观。

将耗散结构理论同构到企业管理，个人英雄相当于是触发系统变化的"微涨落"，企业的核心价值观（集体意识）是促成"微涨落"形成系统性"巨涨落"的条件，并且牵引着涨落始终朝着熵减的方向迁移，进而推动着组织从无序到有序持续进化。

马克斯·韦伯说："任何一项事业背后，必须存在着一种无形的精神力量。"对华为而言，这种无形的精神力量就是基于核心价值观的永不泯灭的群体奋斗精神，以此驱动着华为巨轮滚滚向前。

解析篇

第 6 章
企业家是企业的麦克斯韦妖

高手并不是能力比我们强，智商比我们高，定力比我们好。只是因为他们思考比我们深，见识比我们广，并由此看到了更大的系统。

——《跃迁》

我们不得不佩服任正非，他是华为后来居上、最终成为全球电信制造业后起之秀的主要因素。很可能任正非开创了评价中国企业家的一个新方法：坐标法。即企业家以自身为基准，牵引、调校企业内部人员的行为与实践。

——《华为人》报前主编 周君藏

麦克斯韦妖：从无序到有序的推手

"麦克斯韦妖"是物理学中著名的"四大神兽"[①]之一，是在物理学中假想的妖，能探测并控制单个分子的运动，它于1871年由英国物理学家麦克斯韦提出。

当时麦克斯韦意识到，在自然界中存在着与熵增相对抗的能量控制机制，但他无法清晰地说明这种机制，他只能诙谐地假定有一个神通广大的"妖"，能够按照某种秩序和规则把做随机热运动的微粒分配到一定的相格里，从而实现系统熵减，获得新的做功能力。麦克斯韦妖是耗散结构的一个雏形，可以简单地这样描述。

· 一个绝热容器被分成同样大小的A、B两格，格子中间有一个由"小妖精"控制的小闸门。

· 容器中的空气分子做无规则热运动时会向门上撞击，而这个"小妖精"本领非常强大，它能探测每个分子运动的速度并通过控制闸门，只允许快分子从A跑到B，慢分子从B跑到A。

· 在"小妖精"的管控下，两个格子的温差会逐渐加大，A的温度会越来越低，B的温度会越来越高，有了温差就能做功（见图6-1）。

[①] 物理学的四大神兽是：芝诺的乌龟、拉普拉斯兽、麦克斯韦妖、薛定谔的猫。它们分别对应微积分、经典力学、热力学第二定律和量子力学，是物理学家们试图用一些生活中具体的事物来形象表达抽象的物理知识时的创造。

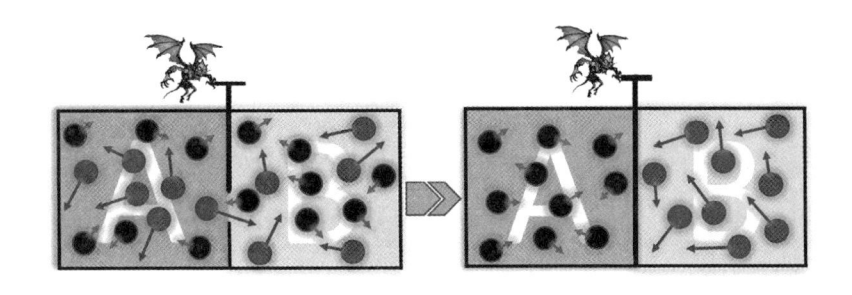

图 6-1 麦克斯韦妖

正如麦克斯韦所言:"热的部分变得更热,冷的部分变得更冷,这个过程无须做功,只用了一个敏于观察、手指灵巧的生灵所具有的智能。"

麦克斯韦妖影响深远,法国数学家亨利·庞加莱曾说:"只有像麦克斯韦妖这样拥有无限敏锐的感官的存在物,才能梳理这团乱麻,并扭转宇宙不可逆的走向。"就这样,由这个生物造成的温差可用来永续对外做功,能量守恒定律就被颠覆了。能量守恒定律历来是物理界的铁律,麦克斯韦妖却在逻辑上对这一定律发起了挑战,这困惑了物理学家一百多年。

那么,问题到底出在哪里呢?

1929 年,物理学家西拉德研究认为,麦克斯韦妖即使不做功,也要不停地观察分子,获得分子运动的信息并采取控制闸门的相应行动,这些都需要能量。西拉德认为,麦克斯韦妖必须是具有大脑的生命体才能实现麦克斯韦为其赋予的职责。也就是说,所有问题的关键就在于这个诡异小妖精利用"意识"控制闸门的"行为"上——小妖精在识别"快分子"和"慢分子"的过程之中必然要用"意识"去判断,而小妖精的大脑产生意识本身是需要消耗能量的。

就像一个正常人的大脑,虽然大约只占身体总重量的 2%,但每天消耗的能量一般占人体总消耗的 20%,约有 167 万焦耳,而脑力劳动者的大脑能量消耗甚至达到25%。可见，绝热容器里的温差，是小妖精通过脑力劳动控制闸门的行动消耗能量实现的，如果把绝热容器和小妖精看作一个整体，能量守恒定律就依然成立。也就是说，麦克斯韦妖要发挥作用，它本身只能且必须是一个可以从外部吸收能量的智能开放系统，而生命体在生命延续的过程中，靠的就是不断汲取环境中的有效能量来抵消身体内部的熵增。

1943年，薛定谔在"生命是什么"的演讲中，发表了"生命以负熵为生"的观点，这一下就使得麦克斯韦妖回到了生命体。在薛定谔看来，既然生命是非平衡系统并以负熵（代表有序性）为生，那么从某种角度而言，生命的意义就在于其具有抵抗自身熵增的能力。而随着生命科学的发展，科学家们发现，我们生命的正常运转，确实离不开麦克斯韦妖机制所发挥的巨大作用。

麦克斯韦妖是一个悖论，也是一个谜题，它挑战了宇宙的秩序与合法性，打开了装着关于秩序与混乱、成长与衰败、生与死的本质等谜题的潘多拉魔盒。尽管麦克斯韦是一位物理学家，但麦克斯韦妖实际上最符合的应用领域却不是物理学，而是生物学。其实仔细想想，人类不就是麦克斯韦妖吗？

人类就是地球、太阳系、银河系乃至宇宙这个大系统中的智能存在物，虽然是渺小的存在。

人类从思考自身存在的意义发展出哲学，从哲学又发展出现代科学。

人类发明放大镜、显微镜、望远镜……不就是为了观察吗？人类不断地去观察万物，然后采取行动，最终目的就是控制风险最小、抵达最远的地方。

企业家通过选人用人、排兵布阵、绩效考评、晋升与淘汰等不断对人进行观察，这不就是在识别企业这个系统中的"快分子""慢分子"吗？从而对真正的人才给予更多的机会与更大的舞台，以成就伟大的企业。熊彼特说:"企业家将生产要素从原有的重复不变的经济体系中抽调出来,以创新的方式重新组合,创造出新的生产力,迫使经济体系进入新的轨道。"经济学家弗兰克·奈特说:"滚滚红尘的每一种运动,都是也可以被视为趋向平衡的发展。水流趋向于同水平面,气流趋向于同气压,电流趋向于同电压,辐射趋向于同温度。每一种变化是对导致该项变化的力量的平衡……而自然界中之所以水流不止,风吹不息,这一切仅仅是因为阳光的普照,太阳产生的热能不断地制造着不平衡。"企业的自发演变趋势也是趋向衰落和平衡,企业里没有"太阳"散发光和热,也会很快熵死。

生命体不断地观察周围的环境,与外界进行物质、能量和信息交换,据此进行选择判断,并采取相应的行动,这不就是麦克斯韦妖做的事吗?!

麦克斯韦妖的存在是为了减少系统的熵,我们存在的目的同样如此。

微观上,个体存在的目的和意义就是减少自身生命系统及组织之熵。

中观上,企业家存在的目的和意义就是减少企业与社会系统之熵。

宏观上,人类存在的目的和意义就是减少地球甚至宇宙系统之熵。

所以——

企业家就是企业的麦克斯韦妖。

任正非就是华为的麦克斯韦妖。

任正非的"识别力"与"行动力"是实现华为这个组织从无序到有序的关键推手,很大程度上决定了"华为熵战"的成败。

任正非：华为的麦克斯韦妖

任正非的"胎记"

任总是一个很有趣的人。我认为他是一个哲学家、诗人，很有谋略，而且很幽默。任总是一个很恋旧、不忘本的人。他从未忘记自己的家庭以及在农村成长的经历。

——华为全球网络安全与用户隐私保护官 约翰·萨福克

1944年10月25日，任正非出生在贵州安顺市镇宁县的一个贫困小山村。一个人小时候所碰到的人、事、物会对他一生的性格、思维方式等产生影响。就像水有源，心有根，对一个人来说，心根培养是一件特别重要的事情，所谓"心根"就是一个人内心深处最根本的价值判断。心根培养，往往是在幼儿期看着父母的背影时就开始了，不知不觉中就会形成抹不去的"胎记"。任正非到底形成了怎样的"胎记"呢？

胎记一：活下去

我青少年时期并无远大的理想，高中三年的理想就是能吃一个白面馒头。我们家当时是每餐实行严格分饭制，是控制所有人的欲望的配给制，保证人人都能活下来。不是这样做，总会有一两个弟弟妹妹活不到今天。我真正能够理解"活下去"的含义。

——《我的父亲母亲》

任正非共有6个弟妹,他是家中老大。小时候深入骨髓的饥饿感让长大后的任正非时刻保持着要让华为"活下去"的危机感。

2001年,在《华为的冬天》一文中,任正非说:"十年来我天天思考的都是失败,对成功视而不见,也没有什么荣誉感、自豪感,而是危机感……我们大家要一起来想,怎样才能活下去,也许才能存活得久一些。"

2011年9月,任正非对到访华为的稻盛和夫说:"华为必死无疑。"

2012年在华为的一次国际咨询会议上,一位英国顾问期望任正非展望一下华为今后10年、20年的远景,任脱口而出:"20年以后的华为,我可以告诉你,两个字——'坟墓'。"

2015年8月,任正非在华为内部做关于战略预备队建设汇报讲话时说:"三十年河东,三十年河西,华为大限快到了。想不死就得新生。华为需要全方位的改革,需要新鲜的血液,否则就要垮台。"

2016年5月,在全国科技创新大会上,任正非忧心忡忡地说:"华为已前进在迷航中。随着逐步逼近香农定理、摩尔定律的极限,而对大流量、低时延的理论还未创造出来,华为已感到前途茫茫、找不到方向。"

事实上,在全球ICT行业上百年发展的惊涛骇浪中,摩尔定律令旗所指,所展现出来的就是一场"死亡赛跑","眼看他起朱楼,眼看他宴宾客,眼看他楼塌了"是这个行业的常态。身处其中的任正非不可能不时刻感受到危机的压迫。正是任正非小时候形成的无论如何都要"活下去"的"胎记",始终使华为保持着对内外环境的高度敏感,保持着一种警惕和临界状态。在美国的极限打压之下,2021年华为的年度主题词是"活下去,有未来";2022年是"活下来,有质量地活下来"。

胎记二：英雄

小时候，妈妈给我们讲希腊大力神的故事，我们崇拜得不得了。少年不知事的时期我们崇拜上李元霸、宇文成都这种盖世英雄，传播着张飞"杀"（争斗）岳飞的荒诞故事……当然这种个人英雄主义，也不是没有意义，它迫使我们在学习上争斗，成就了较好的成绩。

——《一江春水向东流》

《华为人》报曾刊登过一篇《谁是英雄》的短文，其中写道："爸爸只要一有空就会让我坐在他膝盖上，给我讲董存瑞、杨靖宇、刘胡兰、王二小的故事，大概是希望我能成为一个坚强的女孩……"该文的作者署名"晚舟"，文中的爸爸就是任正非。孟晚舟在加拿大被非法拘押期间，不卑不亢，从容淡定，经过1028天的顽强坚守，最终以不认罪的方式获释，孟晚舟用行动诠释了什么是英雄。而这，离不开小时候父亲任正非对她的教育。

任正非这样做，是因为自己小时候就是听着妈妈讲的英雄故事长大的。虽然经常饿肚子，成长环境也很艰苦，但英雄梦深藏在每个孩子的心中。为了激励任正非，母亲程远昭经常给儿子讲英雄故事和神话，让任正非印象深刻的是母亲讲的关于"大力神"的故事。"大力神"神勇无比，完成了别人无法做到的十二项英雄伟绩，并解救了为人类盗来天火却被囚禁的善神普罗米修斯。任正非当时年纪虽小，但也明白母亲希望他记住："大力神"之所以美名远扬，广受爱戴，是因为他为人类做了很多有益的事情。某种程度上，正是任正非童年的"英雄"情节放大造就了"英雄"的华为。

胎记三：学习

> 记住知识就是力量，别人不学，你也要学，不要随大流。
>
> ——任摩逊

在特殊年代异常艰难的岁月里，父亲任摩逊对任正非在学习上的叮咛让他终生难忘。

在中国企业家中，像任正非这样几乎不混圈子，读书之多、涉猎范围之广，恐怕很难有出其右者。在一次采访中，他说："我实际上是个'宅男'，我没有其他的生活爱好，下班就直接回家，不是读书就是看电视，看纪录片，浏览网页。我阅读速度非常快，书读得很多……"谈到为什么要坚持学习，他说："差不多有五十多年，我每天晚上都学习到将近一点……我要去学习，不学习就驾驭不了华为。"并非通信专业出身的任正非有时在内部戏称自己是华为的副总工，关键是还得到了华为一帮技术人员的真心认可。也许对产品的技术细节他不一定很清楚，但他能够把产品的架构、技术的方向讲得通俗易懂，很容易让人产生共鸣，这得益于他持续不断的学习。

在IBM辅导华为期间，任正非与IBM顾问有个约定：凡是在IBM工作20年以上的顾问，任正非一定要单独与对方吃饭交流。据华为前人力资源副总裁吴建国回忆，他在华为的最后一年，差不多每个星期都要陪任总见一两个世界500强的高管。在每次见面的过程中，任正非做的最重要的事就是焦点提问。任正非提出的问题通常都是自己亟待解决的问题，同时又与这些"大咖"所擅长的领域密切相关。比如：任正非曾经问IBM的技术负责人以后的路由器是否有可能嵌入计算机，实现CT（Communications technology，通信技术）与IT的融合等。任正非有针对性地求解限制自身发展的关键问题，向"明白人""过来人"请教学习，对华为的重大战略决策起到了重要的作用。

胎记四：不自私

我高三快高考时，有时在家复习功课，实在饿得受不了了，用米糠和菜和一下，烙着吃，被爸爸碰上几次，他们心疼了……后三个月，妈妈经常早上悄悄塞给我一个小小的玉米饼，使我安心复习功课，我能考上大学，小玉米饼起了巨大的功劳。这个小小的玉米饼，是从父母与弟弟妹妹的口中抠出来的，我无以报答他们。

——《我的父亲母亲》

美国开始制裁华为后，华为迅速进入"战时"状态，华为员工忙于"补洞"，加班加点就成为常态。某位华为员工正上小学的儿子看着父亲如此忙碌，于是父子俩有了这样一场对话：

儿子：爸爸，你为什么那么忙呢？
父亲：我们是为了守住阵地。
儿子：阵地丢了以后还可以再抢回来啊！
父亲：不，孩子，如果这次华为倒下了，以后再难出现华为这样的企业去对抗霸权。
儿子：？……

看着似懂非懂的儿子，这位父亲继续说：爸爸现在拼死守住这块阵地，是为了等你们冲上来……

这位父亲讲的其实是要组织起一家大型企业之难。华为近20万人之巨，绝大多数都是名校毕业的知识分子，而知识分子是规则与秩序的天然抵抗者与挑战者，任正非凭什么能把这帮知识分子从无序到有序高效地组织起来？核心就是不自私。任正非说："我创建公司时设计了员工持股制度，通过利益分享，团结起员工……创立之初我与父亲商讨过这种做法，结果得到他的大力支持。"截至 2022 年 8 月，任正非在工商登记注册的个人股份已降至 0.7%，其余全部分享给了员工。任正非说他还要向乔布斯学习，将自己的股份减持到与乔布斯一样的 0.58%。他说："只要我不要钱、少要钱，世界就是我们的；如果我要钱、多要钱，世界就缩到我家了。"

胎记五：灰度

我主持华为工作后，我们对待员工，包括辞职的员工都是宽松的，我们只选拔有敬业精神、献身精神、有责任心、使命感的员工进入干部队伍，只对高级干部严格要求。这也是亲历亲见了父母的思想改造的过程，而形成了我宽容的品格。

——《我的父亲母亲》

任摩逊给家中的长子取名是慎重的，取名"正非"，天然就有一种辩证思维。长大后的任正非拥有的不是黑白分明的对立思维，而是黑白兼容的融合思维，也就是"灰度"。

在《开放、妥协与灰度》的主题讲话中，任正非说："一个清晰方向，是在混沌中产生的，是从灰色中脱颖而出，而方向是随时间与空间变化的，它常常又会变得不清晰，并不是非白即黑，非此即彼。合理地掌握合适的灰度，是使各种影响发展的要素在一定时期里达到和谐。这种和谐的过程叫妥协，这种和谐的结果叫灰度。"在任正非看来，妥协绝不是软弱和不坚定的表现，而是一种非常务实、通权达变的智慧。他认为凡是人性丛林里的智者，都懂得在恰当的时机接受别人妥协，或向别人提出妥协。

华为的监管体系就充分体现了任正非的灰度思想：①华为的绝大多数人、绝大多数事是好的，个别违规的事情并不是由动机引起的，更多是由无知或无意引起的，只有少数人在主观动机上有违规的想法。基于这个原则，要从关爱的角度去实现监管。②要坚持实事求是，重事实、重证据，多站在对方的角度思考问题，不要主观臆断。凡事不能急，要让员工及干部感到氛围宽松，而不是恐怖。即使有问题的人，也有充分说明的机会、改过自新的机会。③坚持坦白从宽的处理原则。改过以后，要既往不咎，要给人一条出路，让人的主观能动性好的一面能释放出来，不这么做，会把许多人逼到绝路上去，产生对抗。④监管部门要成为公司团结人的组织，对待干部不能非友即敌，在"友"和"敌"之间还有很多层次，要掌握一定的灰度。

抱持"灰度"的任正非对内宽容、凝聚了一批"歪瓜裂枣"；对外团结了更多"友商"共同开拓信息社会的"黑土地"。即便面对美国的无理打压，任正非也坚持把政客与美国企业分开看，不把仇恨与别人的先进性混为一谈，坚持在山顶和美国"拥抱"，共同为人类社会的进步和发展做出贡献。任正非说："一定要东风压倒西风，或是西风压倒东风吗？为什么不可以东南西北风一起大合唱呢？"这是中国式现代化企业管理兼容并包的胸怀与境界。

任氏吸能器

任总时常找我们一帮教授聊天、讨论，甚至跟我们拍桌子辩论，老说我们的观点不对。辩论完了，隔了两三个小时，他又晃回来了，又跟我们辩论。这时候我们发现，之前遭到他批判的观点已经变成了他自己的观点，而且他经过融会贯通，再说出来比我们更接地气，更有质感，更有深度。

——彭剑锋

任正非知识面之广，看问题之深，蕴含的智慧之大，直面问题之勇不仅让外界惊讶，就是在知识分子云集的华为内部，任正非也是精神领袖般的存在。其中的原因，在《华为基本法》起草小组组长彭剑锋看来，是任正非特别善于学习，像一个巨大吸能器。

除了"行万里路""拜访高人无数"，任正非还通过书、电影、电视剧或文章等来不断拓宽自己的视野，提升自己的思维。他读的书籍主要集中在战争类，比如《战争论》《孙子兵法》《失去的胜利》等；历史类，比如《大秦帝国》《胡耀邦与平反冤假错案》等；哲学类，比如《王国维》等。

从任正非的学习内容来看，几乎很少涉及具体的管理之"术"。爱因斯坦说："我们不能用制造问题时的同一水平思维来解决问题。"战争使人懂生死；历史使人有纵深；哲学使人悟智慧；科学使人明规律；自然生命使人洞见成长进化的本质。任正非所关注的是比单纯的企业管理更高维度的东西，带着这些思维和长远眼光再去经营企业，某种程度而言就是一种降维打击。华为内部对任正非有个评价，相比于短期，任正非对5~10年后的东西往往看得更准。而正是那些高维智慧，让任正非往往能够看见常人看不到的世界。

碗里是农村、锅里是城市、田里是全球

许多人以为，华为的战略就是"农村包围城市"，但这只是表象。

2019年，任正非对索尼CEO吉田宪一郎说：从农村到城市不是我们的战略。最初，我们的产品达不到高标准，进不去发达地区市场，但是不等于我们把农村市场作为战略目标。如果把农村市场作为战略目标，即使我们把农村市场做好了，照样进不去发达地区市场。所以，我们在往发达市场前进的过程中，可以先"沿途下蛋"。如果我们把眼光只盯着农村市场，成功后再来盯发达市场，当你把农村市场开拓完时，就是被时代抛弃之日，因为时代发展太快。而只要华为的产品做好了，谁买就卖给谁。

早期的华为是做代理的，在代理产品被"卡脖子"，华为被迫走向自研之后，由于初期产品技术含量低、稳定性差，经常出问题，大多只能在县级邮电部门使用。与跨国同行竞争时，当时支撑华为"活下来"的是优质的服务。正是靠着"不要脸"（当时的不要脸主要是去接受客户的批评指责），采用 24 小时随叫随到的保姆式服务，甚至员工经常睡在客户的机房里来维护产品，华为才获得了生存的机会。随着实力的增长，华为逐年加大产品研发投入，从模拟到数字，从固网到无线，从 2G 跟随、3G 并行、4G 逐步领先到 5G 实现全面领先。任正非的持续学习使他成为少有的"吃着碗里、看着锅里、想着田里"的企业家。

海外市场的久久为功

2000 年 12 月 27 日，任正非在深圳五洲宾馆勉励一群年轻人：一个公司需要建立全球性的商业生态系统才能可持续；一个员工需要具备四海为家的觉悟和多种本领才能具备出类拔萃的职业生涯。随后，那群年轻人雄赳赳、气昂昂地登上了飞往世界各地的航班。

海外市场到底怎么开拓，任正非定下的战略是：跟随中国外交路线走，坚持久久为功。以华为进入俄罗斯市场为例，1996 年，华为携 C&C08 机参加了第八届莫斯科国际通信展。1997 年 4 月，华为改变打法，成立贝托—华为合资公司，采取了本地化经营策略，但颗粒无收。1998 年，华为猛将、俄罗斯市场新任总裁李杰刚到莫斯科时给手下打气：我们要把俄罗斯的每一个地区都跑一遍，竞争对手吃饭、睡觉、和家人团聚的时间我们都用来攻取阵地，一定能够闯出来。在全球 IT 泡沫破灭之后，国外巨头纷纷撤出俄罗斯市场，华为坚持了下来，并反其道而行之，李杰重拾在国内市场屡试不爽的"土狼战术"，采取压强原则，迅速组建了 100 多人的当地营销队伍，送到华为总部严格培训后，投放到俄罗斯市场,但当年还是颗粒无收。1999年终于接到一单38美元的"合同"。2000年,华为终于斩获俄罗斯市场两大项目,2001年销售额超过1亿美元……经过不懈努力和持续投入,华为终于与俄罗斯所有顶级运营商都建立了紧密的合作关系。

不仅仅是俄罗斯,华为在巴西市场花了整整13年才开始盈利;经过7年轮番进攻,华为到2010年才全面进入德国电信市场……

时任国务院副总理吴仪曾问时任华为董事长的孙亚芳,要她用一两句话描述华为拓展国际市场成功后的感受,孙亚芳脱口而出:"欲哭无泪!"如果是短期机会主义,缺乏长远战略思维,就不会有华为全球化的成功。

芯片与操作系统布局

面对美国的极端打压,华为为什么没有出现混乱?正是因为任正非很早就认识到,将来美国很可能会制裁华为,于是从2007年就开始储备依赖美国制造的关键零部件,给了计划采购部门5亿美元的额度,并且不考核库存周转,否则大家有绩效指标考核,就不愿意去储备零部件了。这个方案一直执行到2019年制裁前,并且逐年滚动增加储备额度。

2004年,华为成立海思芯片。2012年7月2日,任正非在与华为2012实验室干部、专家座谈时谈到了操作系统和芯片的战略布局问题。任正非指出,华为现在做终端操作系统和高端芯片是出于战略考虑,否则别人不让华为用了,就傻眼了。他说:"我并没有反对你们买美国的高端芯片。我认为你们要尽可能地用他们的高端芯片,好好地理解它。这样他们不卖给我们的时候,我们的东西稍微差一点,也要能凑合用。哪怕几十年都用不上,但是还得做,一旦公司出现战略性的漏洞,我们不是几百亿美金的损失,而是几千亿美金的损失……这是公司的战略旗帜,不能动摇的。"没想到,八年后一语成谶,要是没有超前准备,华为早就倒下了。

从人类文明的结晶中，找到解决世界问题的钥匙

在美国的极限打压下，任正非认为，投降是没有出路的，实力相当才可获得和平。华为的选择是"宁可前进一步死"，也"绝不后退半步生"。但这并不意味着华为要走向封闭的民族主义道路。

2018年9月29日，任正非在公共关系战略纲要汇报会上强调：借鉴世界和中国发展历史，只有不断解放思想、开放进取、自我变革，才能不断强大，公司走向封闭收敛是没有出路的。公共关系纲要中，哲学、历史、社会学和心理学等都要放进来，这些人类文明的结晶会带着我们找到解决世界问题的钥匙。公共关系要把华为的价值观讲清楚，大背景一定是"合作共赢"，华为要以高屋建瓴的方式，建立合作共赢的格局。如果没有这个纲领，那就容易被理解为要颠覆世界，世界就会排斥我们。领先者，可以只顾自己；领导者，就要顾及他人。

任正非说："我要超越个人、超越家庭、超越华为来思考这个世界上的问题，否则我就不客观了。""没有战略远见，没有清晰的目光，短期努力就会像几千年的农民种地一样，日复一日。"先天来自父母的积极影响，加之后天持续的学习，任正非这个极度开放的吸能器，永远都在更高维度、更长的时间长度上寻找解决华为问题的钥匙。

思想权与文化权

我想知道上帝是如何设计这个世界的，我是说他的思想，其他都只是细节问题。

——爱因斯坦

有一次几个华为员工陪任正非散步，任正非忽然停下来问了大家一个问题：企业最大的权力是什么？有人回答行政权，有人回答涨工资的权力，有人回答任用权，大家莫衷一是。任正非最后总结说，是思想权。

2015年1月4日，华为在全球许多机场及媒体投放了一组平面广告。广告主角不是什么影视明星，广告画面就是芭蕾舞者的一双脚，舞者左脚穿着芭蕾舞鞋，脚尖点地，光鲜亮丽；而右脚却是脱下鞋之后裸露出来的伤痕累累的"烂脚"。画的左边写着"我们的人生，痛，并快乐着。"2015年1月22日，任正非在达沃斯论坛上讲述了"芭蕾脚"背后的故事。这只"烂脚"是美国艺术摄影家亨利·路特威勒的作品集《芭蕾舞》中的一张。照片中的舞者，从一个稚嫩的少女，经过20多年奋斗，终于成为顶级的芭蕾舞者。这是她在练习厅休息时，被抓拍到的一张照片。据说这位摄影家跟拍这位舞者多年，拍摄了无数至美的照片，但都没获奖，而这张照片一刊登，就获得了大奖。

也许是任正非的小女儿从小就喜欢跳芭蕾，他对其中的艰辛有深刻认知。任正非说，他一看到这张照片就怦然心动。"芭蕾脚"所呈现的，就是芭蕾舞的极致美丽与背后的汗水，这不正是当下华为"痛并快乐着"的真实写照吗?！华为光鲜的背后，是十几万双"烂脚"孤独地行走在世界上！20多年来，华为人除了多干了点儿活儿，其实不比别人有什么长处。就是因为华为起步太晚，成长的时间太短，积累的东西太少，所以华为人就得比别人多吃一点苦。任正非相信，如果没有华为人的坚韧意志，就不会有今天的辉煌。一位经济学家看到那张照片时说了一句话："怪不得美国怕华为。"

据说这只"烂脚"广告在酝酿阶段，华为内部还广泛讨论过，持反对意见的人居然高达96%。当时，在华为心声社区上各种负面评论都有，但任正非"一意孤行"地拍板投放这条广告，因为这是一个组织思想和文化的价值导向问题。任正非说："我在华为最大的权力是思想权和文化权，我是华为的文化教员。"任正非在华为的财务签字权、事权早就交给别人了，但思想权与文化权，也就是任正非把十几万人黏结起来的"糨糊"却自始至终都捏在手里。

思想权、文化权固然重要，但事物都有两面性，比这还重要的是，这个思想权、文化权必须是正确的、符合行业本质的，否则就会把大部队带进坑里。任正非后来认识到：如果我们都只会英勇奋战，思想错了，方向错了，我们越厉害就越有问题。任正非是人不是神，他也经历过思想偏离正确道路的痛苦过程。

企业发展总会经历企业家"政教合一"的阶段，"政"是指企业的经营决策权，"教"是思想文化引导。在企业初创期，这种模式可以加快决策速度，高效执行。然而当企业发展到一定规模，面临的内外环境日益复杂，决策权再集中于一人，最终会不可避免地出现决策失误。华为也经历了任正非独断决策阶段，干部们事事请示汇报，任正非不吭声就不敢动。那段时间，任正非脾气暴躁、独断专行、不近人情……然而刚则易折，一系列决策失误让任正非疲于奔命。他说："我理解了，社会上那些承受不了的高管，为什么选择自杀……内外矛盾交集，我却无能为力控制它们。我的睡梦有半年时间都是噩梦，梦醒时常常哭。"

许多企业家就永远卡在这个维度，陷入死循环而不得脱身，企业从此停滞不前、苦苦挣扎甚至破产关门。企业家是企业发展的最大瓶颈，任正非也未能免俗。本质上，这是因为彼时任正非引领华为的指导思想并未随着企业的发展而与时俱进，未能把握到 ICT 行业的本质，也就是构筑任正非思想权、文化权根基的世界观出问题了。所谓世界观就是对世界本质的认识，是人生观与价值观的基础。我们每个人都生活在宏观世界之中，都不可避免会受到牛顿机械论世界观的影响，强调外力决定一切。

牛顿机械论世界观在企业里的体现是：中央集权强管控；金字塔科层式组织；企业家居于金字塔最顶端挥舞令旗指挥千军万马；企业

家是企业的唯一火车头；KPI指标从上到下层层下压；企业靠检查监督推动……然而企业熵增是永恒的，牛顿机械论世界观必然会导致以下结果：随着企业规模扩大，熵增加速，"大企业病"开始出现，部门墙厚重而协同困难，隔热层的推过揽功，小方格的各扫门前雪、对预算资源的内部争夺等。而且这台刚性的庞大机器往往没有自修复性和自适应性，在长期运行后必然故障频出，组织走向内耗，个人表现为低效、惰怠甚至腐败，企业越来越无序，最后走向崩坏。华为在2000年的内部创业中，在长期刚性、高压管理的惯性作用下，骨干不断流失，人心涣散，加上其他长期积累危机的集中爆发，处于崩溃的边缘，任正非进入了人生的至暗时刻。

其原因就在于，人心中原来所肯定、相信的经验和认知越坚定，尤其是这些经验和信念还曾经取得过巨大的成功。而一旦内外环境发生变化，这些经验和信念被现实击得粉碎时，势必会带来人心理层面系统性、结构性紊乱，也就是精神熵增会对人造成不可估量的伤害，正如玻尔兹曼的自杀一样。任正非那段时间得了抑郁症，问题就出在他坚信的机械论世界观在华为的强力运用中与现实产生了巨大碰撞所致。这在企业初创期和工业经济时代，企业规模小，大家都在老板眼皮底下工作，同时工业经济时代的组织内部之间相互作用小，企业家的强力推动往往能极大地提高企业运营效率。然而随着信息时代到来，组织内部之间的信息互联互通和相互作用变大，加之华为所处的ICT行业本身就是强信息交互、充满非线性作用和突变的，单纯靠线性的、确定性的机械论世界观去推动华为的经营管理必然会有巨大的局限性。华为要进一步发展，任正非的世界观、思维模式势必需要转型升级。

但这对成年人尤其是曾经的成功者谈何容易！当面对外在看得见的对立面时，我们是容易觉察的，也会及时采取改善措施。但如果将我们在实践中已经发现有问题的、看不见的认知类比为外在的对立面时，人们往往难以接受自己认知落后的现实。人的认知升级说来容易，但必须首先打破固有的僵化思维，通过系列重建、逆熵增做功才可能实现。任正非到底是如何穿越这个至暗时刻，实现世界观的转型升级的心路历程我们不得而知，也许是他的自我批判精神，也许是他强大的学习力，也许是他在西贝莜面村吃饭时受到"西贝歌手"①绽放生命的、能量满满的歌声撞击，也许是黄卫伟教授给他的热力学第二定律和进一步研究反熵增发现的耗散结构理论……总之，任正非又满血复活了。

任正非深刻认识到，由于熵增是永恒的，"活下去"不仅是华为的最低纲领，也是最高纲领，华为永远面临着死亡的威胁。企业家的生命不是企业的生命，企业家的责任就是做好接力棒，打造开放系统，不断实现与外界的物质、能量和信息交换……从此开放、妥协、灰度代替了强硬、刚性、不容置疑。在咨询公司的帮助下，华为从2004年开始了轮值制，任正非将经营管理权逐渐下放，自己只保留一票否决权、思想权与文化权，从"政教合一"中脱身，更多专注于仰望星空，做出假设，重点做好选人、用人、赋能予人的氛围营造工作，扮演好"麦克斯韦妖"的角色。不仅是他自己，任正非还要高层砍掉自己的"手脚"，引导曾在一线立下赫赫战功的高层干部成为思想家与战略家，做好"点兵（关注下属、选对人）、布阵（组织建设，团队成员优势互补）、请客吃饭（倾听客户声音，开放吸取他人能量）"的工作，成为各自分管领域的"麦克斯韦妖"。今天，反熵增的耗散结构体系演绎出的开放、妥协、灰度成为了任正非的新世界观，这是华为对抗死亡的有力武器，即便在美国连续三年的打压下依然顽强挺立。

遵循开放、妥协、灰度法则的任正非虽然总体上不是一个走极端的人，但在涉及公司的核心价值观方面，他的坚持则近于偏执。他无数次用"唯一""只能""宗教般的虔诚"来反复强调"以客户为中心"的华

---

① 任正非自述：2000年前，我曾是忧郁症患者，多次想自杀……直到2006年，我在西贝莜面村吃饭，我们坐在大厅，有很多内蒙古村庄的农民姑娘在唱歌，我请她们来唱歌，一首歌3美元。我看到她们那么兴奋、乐观、热爱生活，贫困的农民都想活下来，为什么我不想活下来？那一天，我流了很多眼泪，从此我再也没有想过要自杀。

为核心价值主张。为什么呢？因为，这是涉及近 20 万知识分子大军前进的方向性问题，企业家一旦妥协、不誓死捍卫，就会造成队伍迅速瓦解，带来企业最大的熵增。

任正非的思想权与文化权之所以有力量，首先他是合理的，符合 ICT 行业本质的；其次，他自己就是以行践言的代言人。

· 华为创业早期的一次庆功宴回来的路上，天黑还下着雨，公司的一辆车陷进了泥坑，进退两难。就在大家犹豫之际，只见任正非跳下车，脱掉皮鞋，挽起裤腿，迈进泥坑推车。众人见状，也纷纷下车，合力将车子推出了泥坑。任正非上车后，告诉大家：当一个公司像这辆汽车一样陷入困境的时候，不能犹豫，更不能退缩，只有大家齐心协力帮助它，才能使它走出泥沼，继续前进。

· 华为中东非洲片区总裁易翔回母校武汉大学招聘时讲了一个故事：2008 年 9 月 20 日夜，巴基斯坦首都伊斯兰堡发生大爆炸，死伤 300 多人，任总要求到巴基斯坦和阿富汗现场看望兄弟们。我作为当时的巴基斯坦负责人，以安全为由，反复建议任总不要过来，任总回复我一封邮件，让我无法阻止他，这封邮件力透纸背，我一生难忘，兄弟们看了都热泪盈眶："兄弟们能去的地方，我为什么不能去，谁再阻挡我去，谁下课！"

…………

2011 年 "3·11" 日本大地震发生后，华为部分员工家属呼吁华为调整政策，把员工从危险区域撤回来。任正非回复：华为已为全世界 20% 的人（当年度数据）提供通信服务，网络要求任何时候、任何情况下不中断，在这么宽广的地域范围内，随时都可能有突发事件发生，因此，员工在选择工作岗位时应与家人一同商量好，做好风险的控制与管理，不要有侥幸心理。华为并不仅仅意味着高工资，还意味着高责任。

第 6 章 企业家是企业的麦克斯韦妖

我们的职业操守是维护网络的稳定，这是与其他行业所不同的。豆腐、油条店可以随时关门，我们永远不能。任何地方、任何时候我们绝不介入任何国家的政治。但放弃网络的稳定，会有更多的人牺牲。因为我们这个行业的特殊性，在关键时候，我们必须扛得住，这是必须坚守的价值观。华为员工必须有斗士的精神，越是艰苦的地方，越需要你。

任正非最后表示，作为老板，不守住这个原则，我对不起企业。作为员工家属，你们这样要求也是合情合理的。你们可以要求你们的亲人从危险地区撤回来，但是，你们不能要求公司为此改变制度。公司应该把危险时刻坚守岗位的人提到更重要的位置，给他们涨薪、升职。这就是华为的价值观，这是我们必须坚守的原则。

当时的华为日本代表处，绝大多数员工选择了穿着防辐射服、迎着地震、核辐射云前进，深入灾区冒着风险在两周内帮助恢复了680个基站。在危机中，许多华为员工看到的却是，"爱立信撤下来了，我们的机会来了。"危难时刻见真情，平时异常难以突破的日本市场，客户被感动了。2012年，华为日本代表处就贡献了3亿美元的利润；2013年，华为在日本的销售额从2011年的不到5亿美元增长了4倍，接近20亿美元。

什么是企业的精神领袖？就是企业里那个始终誓死捍卫核心价值观的人。华为董事会首席秘书江西生说："任总让员工折服不是靠空话，靠空话只能暂时骗人，但是靠价值观的灌输加上身体力行完全可以做到。和任总在一起，我们觉得他的东西挺好，慢慢就接受了，他做思想工作很成功。"2016年10月，华为通过自愿报名的方式遴选2000名研发人员出征海外，实际报名人数远超2000人。最终取得出征资格的人在华为平均工作时间超过了15年，都是上有老下有小的老员工。华为人上前线是没有附加条件的，公司有个"三不承诺"：第一，不承诺去哪里，公司统一分配，个人不得有异议；第二，不承诺派驻时间，外派不是体验生活，不是象征性地待上一年，坚持一下就过去了；第三，不承诺升职加薪。在这"三不承诺"面前，大量的研发人员依然争先恐后，还要宣誓"就职"。以客户为中心的价值观已渗入大部分华为人的骨髓。

"狭路相逢勇者胜！"每一次危机、考验、挑战来临，不管是来自内部还是外部，不管是什么性质的，任正非都绝不惧怕，勇敢地选择正面面对。任正非以他誓死捍卫的思想权和文化权带来的勇气、智慧和自我批判精神将之一一化解。《时代》周刊曾评价任正非是"一个为了观念而战斗的硬汉"。任正非在华为内部为什么能得到广泛的尊重呢？因为他不但带领大家做成事，不断打胜仗，同时还牵引了华为人思想上的进步和升华。

2020年11月17日，华为断臂求生出售荣耀。在一年内实现问鼎中国市场前三的新荣耀内部流传着两句话：永远不要忘记，你曾经是华为人；要时刻记住，你已经不是华为人了。荣耀CEO赵明说："从华为继承到的价值观、文化和体系化作战的能力，比我们从华为继承来的资产要重要得多。"

组织建设

韦女士：对您来讲，最大的挑战是什么？

任正非：我们内部的组织建设、结构建设和文化导向，是对我最大的挑战。只要我们的内部机制充满了活力，管理有序且有效，文化导向与目标一致，那么我相信，我们一定会获得一个较大的发展机会。

——1997年任正非与HAY专家在任职资格考核会上的对话

在一次华为的EMT会议上，主持会议的轮值CEO临时插入一个议程，做了一个调查。当时他出了一个问卷，上面有四个问题：

1. 任正非懂技术吗？　懂□　不懂□
2. 任正非懂财务吗？　懂□　不懂□

3. 任正非懂营销吗？　懂☐　不懂☐

4. 任正非懂管理吗？　懂☐　不懂☐

投票者共 7 人，采用无记名投票，结果是：第 1 题，没人认为任正非懂技术；第 2 题，没人认为任正非懂财务；第 3 题，也没人认为任正非懂营销；第 4 题，有一张投的肯定票。

后来，在一次采访中，一位英国记者直接问任正非："据说你不懂技术，不懂财务，不懂营销，也不懂管理，那华为为什么需要你？你对华为的价值是什么？"任正非听完后笑了，他回答了两个字："糨糊。""糨糊"也许英国记者听不懂，用英语来说就类似于"glue"（胶水）。用在华为，本质就是指华为的经营哲学，是华为的核心价值观与企业文化，也就是任正非最为看重的思想权与文化权。

企业家的思想权与文化权要真正发挥"糨糊"的黏结作用，最难的是要得到干部员工的认同。华为第一次文化大认同发生在《华为基本法》诞生过程中。任正非认识到不经过民主讨论的《华为基本法》是得不到认同的，不认同就形不成合力，再美的语言都只是华丽的辞藻。他认为，《华为基本法》的起草是普及性的，要搞群众运动，重要的是讨论的过程。

1996 年 12 月 26 日出版的《华为人》报上全文刊登《华为基本法》第四版讨论稿，许多员工春节带回家读给全家人听并带回反馈意见。其间，为把《华为基本法》的讨论引向深入，华为各部门的主管想出了不少好办法。中研部采取的方法颇为新颖，他们针对《华为基本法》中的一些关键命题设计了几个辩论题，如"规范化管理是提高了开发效率还是降低了开发效率""产品开发是面向未来还是面向客户"等。辩论会吸引了不少员工参加，在激烈的辩论中，《华为基本法》中的核心价值主张如春雨润物一样，渗入了华为人的心田。资源会枯竭，唯有文化生生不息。任正非对华为文化的推广是不遗余力的，并会根据形势的变化，不断与时俱进。任正非坚信，企业文化始终是华为组织建设之魂。

尽管《华为基本法》很重要，华为有了"灵魂"，但在与跨国巨头的激烈竞争中，任正非发现，华为当时的人均效益和西方公司相比至少要低三倍，而研发投资效率更只有IBM的六分之一。这些百年跨国巨头背后还有一套华为没有的"端到端"的科学化流程体系。任正非意识到，如果不走流程化、责任结果导向的道路，在操作层面，员工还是会做"布朗运动"，形不成合力。他告诫所有华为人，如果没有良好的管理方法与手段，激情是不可持续的，最后必定效率低下，企业难免死亡。在IBM的帮助下，华为逐步建立起IPD、ISC等科学化的流程体系。即便在2000年全球IT泡沫破灭，2002年华为营收首次出现负增长，哪怕面临资金链断裂的风险，任正非宁可将几个在建研究所项目按下暂停键，也没有停止IBM的咨询"烧钱"项目。华为咬牙硬扛，拒绝回到草莽时代，坚定不移地打造华为"主干简洁、末端灵活"的与国际接轨的科学管理体系，构建起华为组织建设的骨架。

在近距离观察任正非多年的华为顾问田涛眼中，如果非要对任正非的思想版图做个比例切分，大致可以说美国咨询公司的影响占五成，军队的思想占三成，其他来源占两成。兼收并蓄的"吸能"大师任正非一手进行思想松土（《华为基本法》统一员工思想，确定边界，坚持做正确的事）；一手精确落地（IBM等帮助华为进行流程变革，高效地把事做正确），两手都在抓，两手都很硬。任正非在华为的组织建设上走了一条均衡发展、螺旋式上升之路。在组织规模从数百人增长到数万人的过程中，引领大家从无序一步步走向有序的进化之路。正是在这一过程中，华为干部队伍的职业化程度不断提高，逐渐成熟，成为华为拓展全国乃至全球电信市场的底气所在。

如今，华为的业务遍及全球170多个国家和地区，服务全球30多亿人，员工近20万人。如何为超大规模组织持续注入"灵魂"，有效对抗熵增，任正非通过讲话形成的会议纪要、文件等发挥着关键作用。

华为的内部文件可以说是整个公司的风向标，因为先有思想后有措施，始终不离经营一线的任正非将自己的思想融入业务形成文件，将枯燥无味的官方文件通过自己的润色变成充满朴素哲学色彩，言简意赅，动之以情晓之以理，变得让人愿意主动去阅读领会。因为思想永远是组织建设之魂，企业存在一天，对思想的渗透和坚守就不能停歇。

在组织建设的"骨架"层面，随着业务范围的拓展，在不断地实践过程中，华为一步步建成完善了大平台支撑精兵作战的经营管理体系。有了"灵魂"与"骨架"，组织建设还需要"神经"传导系统，这在华为主要体现为权力运行体系，其中最核心的是公司治理结构。华为员工持有的虽然是虚拟受限股，但毕竟是真金白银投资了，而股权激励的本质不仅仅是一个分钱机制，也是一个分权机制，普遍员工持股制度决定了华为需要采取集体领导与管理的制度。华为的股权结构如此分散，那么其"神经"传导又是如何有效运作的呢？

华为的工商注册股东包括华为投资控股有限公司工会委员会（法人股东）和自然人任正非两名股东，也就是说其他员工的股份由法人股东代持。在公司章程中规定，华为员工拥有的是"虚拟受限股"，享有"分红权"与"资产增值权"，最大股东华为工会委员会履行股东职责、行使股东权利的机构是持股员工代表会。持股员工代表会由持股员工代表组成，代表全体持股员工行使有关权利。持股员工代表和候补持股员工代表由全体享有选举权的持股员工选举产生，任期五年。持股员工代表缺位时，由候补持股员工代表依次递补。持股员工代表会一人一票选举产生公司董事会、监事会。持股员工代表会及其选举产生的公司董事会、监事会对公司重大事项进行决策、管理和监督（见图6-2）。

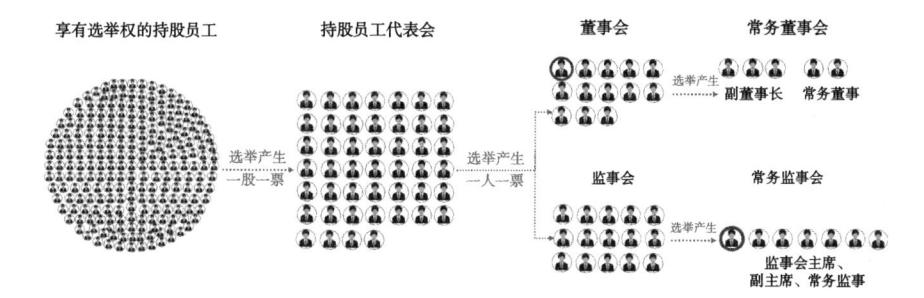

图 6-2　华为股权治理架构

董事长代表持股员工代表大会对常务董事会进行运作规则管理，监事会对其行为进行管理，这样就形成"王"在"法"（管理规则）下，"王"在集体领导中的机制，具体体现形式如下：

- 任正非拥有一票否决权。
- 轮值董事长在轮值期间是华为最高领袖，但他一个人说了不算，必须要征求其他两位轮值董事长的看法并得到支持。
- 三位轮值董事长达成共识后，还要经过常务董事会讨论，然后投票表决，少数服从多数。
- 常务董事会通过以后，还需要通过董事会表决，也是少数服从多数。

在华为业务战略决策层面，最高权力属于三大委员会：人力资源委员会、财经委员会、战略与客户委员会。委员会是负责战略的，华为的三位轮值董事长分别兼任三大委员会主任，任正非只是委员会成员，有投票权，但也只有一票。任正非认为重要的事情不能着急。有关战略的问题，一定要先在委员会进行理念碰撞，大家争论够了，经过妥协，最后达成共识。三大委员会得出的方案，还需要交给蓝军参谋部，由他们来挑毛病，帮助红军进行思考、发现漏洞，甚至让委员会不得不进行反复修改，最终形成更科学的决策。华为允许不同的声音出现，任正非认为，"反对意见就是一种战略储备"。同时，在形成制度过程中，华为会广泛征求基层意见。可以批评、可以反对，但一旦形成文件就没有任何商榷的余地，下面必须坚决执行，不执行就要被免职，这造就了华为可怕的执行力。也就是说，华为的"神经"传导模式是：思考、决策过程是慢的，但一旦决策，行动速度就是快的。

组织建设除了"灵魂""骨架""神经"系统，还需要"血液循环系统"，那便是财经体系。在华为有"财报每提前一天，价值多一个亿"的说法。曾经，华为各业务单元的月度经营分析会因为财务数据出不来，几乎总要推到下月月中甚至下半月才能召开，俗称为"追悼（倒）会"。过去，财经老是成为任正非批评的靶子，现在，华为在全球有200多家子公司，数千个项目在运作，每个月涉及2万多张财务与管理报表，华为实现了在5天之内出表。上月的财报一出，所有人的注意力就从过去转移到了未来，使公司可以加快决策，及时抓住未来的机会。

华为有一个在企业界几乎独一无二的财经作战指挥中心。截至2019年11月，华为财经已经上线了包括账务、资金、关联交易、经营和合规5块大屏，俗称"仪表盘"，实现了"一屏天下晓"。按CFO孟晚舟的构想，华为的财经数字化作业大屏让一线"战场"的状态实时呈现，业务结果实时、透明地集成到财经信息系统中；这些大屏还能承载"作战"指令，让指令可以垂直穿透、扁平下达，彻底改善以往指令层层传递导致时间浪费、信息衰减、贻误战机的弊端；同时，这些大屏还能与公司的电话或视频会议系统打通，一旦发现数据出现偏差或预警信号出现，就能第一时间找到最能解决问题的责任人。如今，只要一打开财经"仪表盘"，就能实时查看华为在全球的运营情况，同时还具备了对业务一线数据源质量的分析和定位能力，成为实时感知业务的"温度计"。

财经没有数据就是瞎子，血液循环就不畅通，无法及时给予业务正确反馈和指导。华为财经的智能、敏捷和快速响应从以下两个案例可见一斑：2004年，华为上线了自助费用报销系统，只要能上网，员工就可在全球随时随地进行费用报销，计算机根据既定会计核算规则直接生成会计凭证，并驱动银行付款指令生成，支付指令可以在两分钟内传递至全球任一开户银行进行付款；2013年，华为开启RFID（射频识别）资产物联之路，RFID标签贴在物料表面，每5分钟上报一次位置信息，让物品"开口说话"。现在，华为对全球数十万件的资产盘点只需要几分钟就能完成。

"业务为主导、财务为监督""合理授权、有效行权"。紧贴业务的华为财经充分保障了在一线战场的队伍拥有指挥权并敢于行权、积极行权，同时实现了有效的监督，大大控制了风险，保证了华为"有利润的收入，有现金流的利润"的经营以及经营结果的可持续性。

"大企业病"是全球规模以上企业面临的共同挑战，因为企业都生活在一定的环境之中，而环境又是不断变化的，组织的生存发展必然建立在不断地与其他系统进行物质、能量和信息交换的基础之上。根据玻尔兹曼熵公式计算，企业人数在规模上每增加一个量级，管理的复杂度便上升一个量级，必然需要更大的能量来维持有序。全球通信设备制造企业都面临一个诡异的"生死门槛"：企业在员工规模达到15万人左右时会迅速走向坍塌，摩托罗拉、朗讯、北电皆如此。华为有幸跨了过去。企业家是企业最大的"麦克斯韦妖"，"麦克斯韦妖"的"观察"将决定系统的演化。这显然与任正非本人在带领华为过程中逐渐成长、成熟从而提升了选择判断力有关。在华为首席管理科学家黄卫伟看来，任正非的思维方式有三个主要特征：①遵循满意原则，不追求完美；②强调"开放、妥协、灰度"，所谓灰度，就是在看似对立的事物之间求得平衡的恰当尺度；③主张改良、渐进，不主张激进的变革。

任正非坚持变革的方向坚定不移："我们要逐步摆脱对技术的依赖，对人才的依赖，对资金的依赖，使企业从必然王国走向自然王国，建立起比较合理的管理机制。"他坚信管理变革是可以主动而为的:"企业缩小规模就会失去竞争力,扩大规模却不能有效管理,又面临死亡。管理是内部因素,是可以努力改善的。规模小,面对的都是外部因素,是客观规律,是难以以人的意志为转移的,它必然抗不住风暴。因此,我们只有加强管理与服务,在这条不归路上才有生存的基础。"但他变革的步调却又循序渐进:"改善管理是一个持久持续的过程,不要太激进。如果每年进步0.1%,100年就能进步10%,持续长久改进下去是非常了不起的。"

任正非关于组织建设的理想是建立一种不依赖于个人的协同领导体系。他说:"在所有华为人中,我做的事情最少,我不处理具体问题,对权力的期待和执念最小,我只是想为每个人的发展创造一个有利的环境。华为的经营管理体系在核心价值观牵引下不断优化,将来即使我不在了,这个组织也不会终结,如长江奔流不息。"这是中国式现代化企业管理的企业家领导力修炼与企业可持续性发展的进阶探索。

任正非对组织建设的终极追求是无为而治。

攻入无人区

什么叫领袖?要在茫茫的黑暗中,把自己的心拿出来燃烧,发出生命的微光,带领队伍走向胜利。战争打到一塌糊涂的时候,将领的作用是什么?就是用自己发出的微光,带领队伍前进。

——克劳塞维茨

2016年5月30日,在全国科技创新大会上,任正非做了发言。他说:"华为正在本行业逐步攻入无人区,处在无人领航、无既定规则、无人跟随的困境。"一时间,"无人区"几乎成了年度热词。这里包含了三层含义。

一是在 2013 年，华为营收超越爱立信，成为行业第一。创业前 25 年，华为更多采用的是跟跑战略，在标准、产品方向基本清晰的情况下，采用压强原则，通过集成创新，将产品做得质量更高、外形更小、重量更轻、交付成本更低，而现在再采用跟跑的"机会主义"方式的可能性将越来越小。

二是在本行业中，支撑行业底层的科学定律已逐步逼近香农定理、摩尔定律的极限，而大流量、低时延的理论还未创造出来。华为现在的水平尚停留在工程数学、物理算法等工程科学的创新层面，尚未真正进入基础理论研究，而创立引导理论的责任已经来临。华为已感到前途茫茫，找不到方向。

三是在任正非看来，在未来二三十年的世界，会爆发一场巨大的技术革命，这是人类社会数千年来不曾有过的。其深度、广度我们还想象不到，华为再次面临着巨大的不确定性。

"无人区"绝不是一般人理解的自满和骄傲，而是面对"未知"的一种敬畏，在陌生、孤独与风险无处不在的危机中承担起引领行业甚至世界的责任。这涉及了产业面临何去何从与技术如何发展的方向性问题，而确定方向是企业家的首要课题。任正非说："企业领袖的关键作用是指引方向。不在于你是否扛锄头、挖战壕，而在于你是否能领导大家走出困境，找到前进的方向，要在多种不确定性中给出确定性的判断，尤其是在资源有限的情况下。当然这也包括模糊性判断，引领大家走出混沌。"

早在 1997 年，任正非就指出，华为总有一天会走到世界同行的前面，不再有人能够清楚地告诉我们未来会是什么，未来必须靠我们自己来开创。我们不走到悬崖边上是不可能的，而如果我们不想走到悬崖边上，也是没有出息的。而当这一天真的到来时，华为该怎么办？任正非采用了内外结合战略与多梯队攻击战术。

任正非认为，要领导世界，关键在于形成人才梯队。除主要负责进攻的第一梯队之外，华为还有内外结合的"黑天鹅"梯队、内部预备梯队与能工巧匠梯队。

一是外部"黑天鹅"梯队

- 人才可以"为我所知、为我所用，不一定为我所有"。华为坚定支持研究方向一致的科学家，全球科学家愿意在哪里生活就留在哪儿，不限制他们的人身自由，不需要他们来华为打卡上班。华为资助科学家不署名论文，不索取他的专利，甚至也不求成功，即便不成功也可以针对这个错误给华为员工讲讲课，华为员工就在他那里"去粗取精、由此及彼、由表及里"，从中归纳总结出经验教训，培养了华为员工对未来的敏感性。同时在世界上找一些有歧见的科学家并支持他，华为派一个团队跟着他研究，以夯实"黑天鹅"预备队的人才基础。华为建立外部"黑天鹅"梯队的目的是帮助华为看到"山外的青山，楼外的楼"。目前，华为与全球300多所高校、900多家研究机构合作，2021年在大学合作上投入了27亿元。

- 建立"歪瓜裂枣"计划，寻找未来领军者。在全世界大学里找那些"歪瓜裂枣"，找到一些博士、准博士……这种基础好的人，每年都要吸纳几十个，在全世界形成"黑天鹅"后备梯队。

- 建立并开放多个"黄大年茶思屋"，吸引各类专家就科学问题、技术问题来"胡说八道"，进行智慧碰撞。

- 充分把握每次与外部专家交流的机会，团结一切可以团结的力量。

二是内部"黑天鹅"梯队

- 建立"思想火花研究院"，设立专家委员会秘书处。以华为院士级专家为中心，不同领域专家间通过交叉、跨领域交流，多碰撞产生思想火花。任正非认为，华为战略不能由少数人来决定，不能由少数人来设计未来，也不因少数人的批判而改变方向。而应该是由几千、几万名专家通过打开边界，畅所欲言，相互启发，互相借鉴甚至是相互对撞，来研究未来的方向和走向未来的路径。而专家委员会秘书处是协助专家思想发酵的专门机构，通过发挥枢纽性作用，目的是促进专家们之间的交流，把专家观点聚合起来，把有价值的内容做成简报，在公司内促进有目的、有方向的再次发酵。

· 扩大蓝军编制。华为不仅要有公司级研究战略的蓝军，各大业务线和产品线也要建立站在客户、竞争对手立场、专职"唱反调"的蓝军。

· 积极倾听员工的声音，特别是批评的声音。心声社区就是一个免费免责的"罗马广场"，华为的干部专家要从那里发现思想的小火花。华为的战略技术研讨会更是一个免责的"罗马广场"。

历史规律表明，颠覆性的"黑天鹅"技术总会出现。华为"黑天鹅"梯队的目标就是要研究未来信息化、智能化社会的各种可能性。企业对未来的可能假设如果错误，一旦大规模盲目投入，损失的就不仅仅是资源，更重要的是浪费了时间，很多巨无霸企业就是这样被超越甚至轰然倒下的。

三是内部预备梯队

市场上直接作战的第一梯队没有足够的时间读书，那么这个梯队两三年、三五年就能量耗尽了。预备梯队就递补上去，前仆后继，高举前辈（第一梯队）的旗帜，承前辈的意志，继续前进。华为要在国内招聘一些学激光、物理、化学的顶尖学生，这些学生思维也快。预备梯队侧重点不在于重复前人做的工作，他要预判前面存在的问题，解决一些前人想不到的问题，或是想到了暂时做不到的问题。

四是能工巧匠梯队

再好的思想、设计，没有高品质的生产制造工艺支撑都是空中楼阁。华为坚持把全世界的能工巧匠集结过来，对某些国内做不出来的关键部件，就把部件的制造中心放在海外组装好了再发过来；对内部能工巧匠队伍，通过请德国、日本的老师手把手教、给机会实践的方式不遗余力地培养。

华为手机制造部有一个叫王君的"能工巧匠"，他创新性采用"帧级动作分析法"，极大地提高了生产效率。一次王君经过仔细观察发现手机组装安装同轴线工位，作业时间是35.92秒，与全流程统一的生产节拍时间仍相差7.11秒，明显这是个"卡脖子"的瓶颈工位。王君运用帧级动作分析法，按每帧0.03秒算，获得了该工序过程的详细数据。在完成数据分析后，又运用精益的专业知识对时间浪费进行分类，区分每个动作是否有价值，是否存在改进空间？如移动取料浪费0.64秒、重复扔离型纸浪费0.12秒、弯腰放空托盘浪费0.40秒……通过动作细化分析，此工位共发现了28个问题点，浪费时间8.62秒，占比24%。在详细分析基础上，王君有针对性地实施改善措施，包括搭建空盘回收架，方便员工顺手放空盘，耗时减少2秒/次；制作圆筒放置盒，同轴线呈立体放置，减少物品的交叉混放，取用时间从1.52秒降到0.24秒……就这样，通过对终端样板线50多个工位操作员的细微动作分析，找出几千个浪费点并落实改善措施，使整机装配效率提升60%。通过持续改善，到2019年下半年，华为手机生产线达到了惊人的每20秒就下线一部手机的水平。华为制造部提倡"工匠精神""技师文化"，鼓励生产线员工多想、多试，坚持大志小行，在生产车间的墙上贴着许多因改进而受到奖励的员工照片，在获奖事迹里，多是"每班次减少200次弯腰""节约6600秒每线"等描述。

在任正非的讲话中，2011年首次提到不确定性，2014年密集地提到不确定性，2016年总结出对不确定性要多路径、多梯队探索，对确定性目标进行饱和攻击的中心思想。企业的发展就是一个不断追求从不确定性到确定性的过程。任正非坚信，华为在无人区前行，只要多路径、多梯队前进，就不会出现惰怠。因为第一梯队在冲锋的时候，目标就聚焦在那个山头上了，所有外围的东西都不想了，一心只想冲上"上甘岭"、攻破城墙口，这时预备梯队视野广阔，关注星空，扫清外围。现在华为资金充足，不会赌一种方法，而这是小企业所不具备的，即使某一种路径"失败"了，也为华为培养了人才，而这些人作为丙种球蛋白再加入主航道，和主航道的思想有很多不一致，这种异化也可能使正确更加正确。如今华为重兵投入的智能汽车领域就采用了多路径、多梯队探索模式。

中国的《大学》强调"一人定国"，西方管理讲"老板封顶定理"，其实都说明了一个问题：组织的发展取决于组织的核心人物及其核心思想。作为华为这个大系统的"麦克斯韦妖"，自身坚持不断的学习，时刻保持与外界进行物质、能量和信息交换的任正非面对"无人区"的迷茫，他依然是坚定而乐观的。他说："我们的唯一武器是团结，唯一的战术是开放。华为既团结又开放，怎么能不世界领先呢？"这是中国式现代化企业管理的核心内涵，其本质是对常识和科学规律的尊崇与创造性运用。

华为不会因为外部环境变化，就改变公司的理想与追求。探索未来是科技公司最大的社会责任，华为要努力探索科学技术的前沿，与世界其他公司开放合作，突破基础理论极限和工程瓶颈，用ICT技术赋能千行百业，通过数字化、智能化升级和紧紧围绕碳中和目标，为各行各业创造增量价值，让每个人都从技术进步中受益。

"无人区"的探索往往意味着风险、未知与迷茫，但一个脚步最伟大的使命，是印刻在无人之地。

任正非的最后一战

> 我有一次问夫人和女儿，我是什么时候成熟的？她们说，58岁。其实在企业里我成熟得还要迟。过去我讲话都是碎片化的，现在比较系统化了。当然，也不能一直干下去。当自己思维不适应了，我会赶紧下台。
>
> ——任正非

2019年10月28日，欧洲新闻台采访任正非。谈及退休问题时，任正非表示：美国政府"批准"我的时候，我会退休。

2020年5月15日，在华为被美国列入出口管制"实体清单"一周年之际，美国商务部发布公告，升级了对华为的芯片制裁。这则公告意味着全世界所有使用美国技术的厂商，在向华为提供芯片设计和生产服务时都必须获得美国政府的许可。面对美国单方面针对华为直接修改世界通行的产品规则这一釜底抽薪式的做法，华为官方微博发文回应："除了胜利，我们已经无路可走！"并配上一张伊尔-2攻击机的图片。图中的伊尔-2攻击机，虽然已是弹痕累累，但依然坚持顽强飞行。2020年5月22日，华为官方微信公众号发布了题为《路》的文章，里面有三个小短片，开篇是这样的。

这是一条注定充满挑战的路。
为什么要走？
这是一条没人走过的路。
为什么敢走？

我们已经决定——

在全新的道路上，再次出发！进而有为！

正如美国白宫前首席战略顾问史蒂夫·班农说："干掉华为比达成中美贸易协议重要十倍。"不仅仅是班农有这种认识，美国前司法部部长巴尔 2020 年 2 月在某智库发表了一个演讲。他在演讲中，把所有冠冕堂皇的理由都扔到了一边，称 19 世纪以来，美国在创新和技术上的每一个领域都处于世界领先地位，正是美国的科技实力使美国繁荣和安全，中国的领先会让美国失去主导世界的权力。5G 技术处于未来技术和工业世界的核心，中国已在 5G 领域处于领先地位，这个领域如此重要，美国必须破坏中国 5G 的建成。

华为的生死保卫战真正打响了，这注定将是一场异常艰难之战，这也将是任正非企业家生涯的最后一战。"卡脖子"，这是一个对任正非、对华为都绝不陌生的词。在创建之初，刚刚把代理交换机生意做得风生水起，华为就面临了供货商的"卡脖子"困境，逼得"无米下锅"的任正非不得不走上自研的艰难道路。任正非曾说："我过去倒腾别人的东西，经常是受制于人，在要货的时候不给你货，或者随便加钱。"大概没几个人想到，任正非的最后一战也要以解决"卡脖子"来结束，历史的轮回不禁令人唏嘘。

稻盛和夫在 78 岁时受日本政府的再三邀请重新出山，历时 1155 天，成功拯救破产重建的日本航空。日航重新上市后，日本政府注资的 3500 亿日元获得了超额回报。稻盛和夫为日航重新"注入灵魂"并导入了阿米巴经营模式，日航一举创造了六项第一，分别是：利润历史第一、利润总额世界第一、利润率世界第一、准点率世界第一、重新上市速度日本第一和政府注入资本回收金额日本第一。81 岁时，稻盛和夫功成身退，媒体将此定义为"稻盛和夫的最后一战"。

2022 年 10 月 25 日已届 78 岁的任正非，也面临着自己企业家生涯的最后一战。这一战历时会多久？成与败的标志又是什么呢？

这一战从 2018 年 12 月 1 日孟晚舟在加拿大转机时被羁押，并准备引渡至美国时就正式开始了。与稻盛和夫拯救日航相比，已经超越了单纯的企业层面，这一战注定将历时更长，也必然更加艰巨。面对美国的极限打压，任正非强硬回应："我们不会像中兴那样，在美国的要求下改变我们的管理层，也不会接受监管。""宁可向前一步死，绝不后退半步生！"这是任正非的态度。早在 2003 年的思科案时，时任副总裁郭平带队赴美应战前，任正非就下达了"死命令"："要学韩信能忍胯下之辱，但是，你们要站着回来。"

这一战注定将更加不易。任正非说："美国一个文件下来，我们几千个电路板要改板，更换零部件，算法也不一样；刚改完，又要改到另外几千块电路板去；然后打压方式变换了，又要改到另一种形式，几千块板的反复迭代，有多少英雄豪杰熬得住啊！"此外，华为还需要面对海思芯片、海外员工、手机板块员工的重新配置调度，关系到好不容易建立起来的全球数千家手机门店的生死存亡等。

这一战也与 20 世纪七八十年代美国打压以东芝半导体为代表的日本高科技企业有所不同。当年日美的科技竞争发生在传统的制造领域，竞争的内容是生产效率，即谁能以更高效率、更低成本生产出有竞争力的产品。当时日本企业并没有突破美国设定的规则和技术标准，只是提出了更有效的制造解决方案。但如今的中美科技博弈，则涉及标准、规则、平台之争。郭平认为，在地缘政治作用下，未来一个世界出现两套系统，是可能的，但华为要成为先进的代表。

虽然这是一场不对称的反击战，但任正非依然坚信，只有实力相当才有真正的和平。2019 年 3 月 30 日，任正非在第四届持股员工代表会的讲话中说：我们要坚定战略崛起，再用二三十年时间，建立起意志统一、方向清晰、组织有序、顽强奋斗的群体，提高在连接、终端、云构建技术制高点的掌控力，打造突破封锁的铁拳，形成对产业的控制力及在产业链中的不可替代性；带领产业走上欣欣向荣的发展之途，推动人类社会向数字化、智能化发展，为人类社会创造出更多的财富。超越了儿女情长的任正非甚至说，他已经做好了再也见不到女儿的准备，悲壮而又决绝。

显然，这也将是一场对任正非和华为意志力的终极考验，其结局不外乎三种：一是在美国持续打压下，华为破产倒闭；二是选择投降，华为从此苟且偷生，变成一家卑微、不再受人尊重、可能还能赚点钱的平庸公司，但有血性的科学家和青年才俊再也不会投奔；三是摆脱对美国技术的依赖，取得最终胜利。华为的选择会是什么呢？"除了胜利，我们已经无路可走！"这既是任正非和华为的性格使然，又是一种客观和理性的选择。

那么，如果这场反击战取得胜利的话，其标志会是什么呢？

第一，华为突破高端芯片制造关，实现手机业务的王者归来。

第二，鸿蒙（Harmony OS）生态系统建成，华为在万物互联的智能世界实现新的"三分天下有其一"，成功转型成为一家生态型公司。

这两者其实是相辅相成的。在物联网时代，华为规划了"1+8+N"全场景智慧生活战略。"1"是智能手机，"8"是平板、PC、穿戴设备、智慧屏、AI音箱、耳机、VR和车机，这两个都是华为自己做。N为其他物联网产品，由生态伙伴做。这里的"+"不仅仅是简单的连接，而是打破单个硬件的壁垒，突破设备间的界限，将所有硬件的应用打通，甚至将它们的能力共享，以贯穿消费者的全生活场景，为他们带来全新的智慧生活体验。但这一切都依赖智能手机这一"超级终端"的优势再向外延展，通过智能手机来控制越来越多的智能设备，最终实现产品的无线接入，所以智能手机不可或缺。

美国表面上关注的是华为在5G领域的领先，它当然知道5G其实只是一个"透明"的管道，而且华为提出的标准已成为世界标准的一部分，难以撼动。美国实际看重的是基于手机的全球生态系统构建和基于

5G的工业互联网应用突破，以及未来6G的标准制定和核心专利等。

美国在数字时代非常强大，核心是有几家强大企业在支撑。如今谷歌已占据全球搜索领域的半壁江山，亚马逊成了电子商务的中心，脸书（现改为元宇宙平台公司）则成了世界上第一个拥有近25亿人的"国度"，而它们借助苹果手机形成了闭环，使得这个数据组合的壁垒更加坚不可摧。

2008年，在华为蓝军提出不卖手机业务的理由时，任正非就认识到，华为必须要懂得终端用户的需求。爱立信卖掉终端业务，就失去了端到端的感知与能力。只有懂得客户的客户（华为运营商业务的客户是电信运营商，电信运营商的客户是每个手机使用者），才能真正懂得客户，才能与客户一起发展。华为做终端的目的，就是要直接接触最终客户，把华为的根须深深扎在最终客户需求的沃土里。尽管面临巨大困难，2021年2月9日，任正非在接受采访时再次强调，华为永远不会出售终端业务。所谓万物皆数，未来很可能是软件世界，但软件毕竟是看不见摸不着的，不能抓在手上，终端（不仅指手机）是人类文明社会必需的显示器，为此华为甚至可以转让5G技术，也绝不会出售终端业务。而在6G时代，6G能力有望比5G提升10~100倍，实现将物理世界完全复刻到数字世界中，而移动终端更将成为通往数字世界的门户。

郭平说："全世界最大的三个工业领域，第一大领域是房地产，第二大领域是汽车，第三大领域是手机。华为不会去做房地产，但全屋智能，把家里所有东西通过鸿蒙系统连接起来，华为就跟全世界第一大产业建立了联系。汽车是全球的第二大产业，华为不造车，但为车厂提供增值ICT部件，帮车厂造好车。华为在手机领域会继续发力，期待随着芯片制造能力不断增强，手机王座也终将归来。"

余承东说："没有人能熄灭满天星光。"鸿蒙生态系统建设必须有更多生态伙伴参与，如果有了华为手机业务的支撑，就会有越来越多的生态伙伴借华为这艘大船走向全球市场从而调动其积极性，而手机业务关键又取决于芯片。只有芯片全产业链打通，不再被"卡脖子"，通过手机这个超级终端才可能实现更多连接，鸿蒙生态系统才会更加生机勃勃。

谈到美国的打压，郭平认为：美国对华为"卡脖子"涉及的不是爱因斯坦的问题，是成本问题、工艺问题和时间问题。这些问题，要靠有效地投入来解决。华为决定加强研发、加强投入，解决"卡脖子"问题，帮助产业链的伙伴解决供应连续和竞争力问题。为此，"华为将不惜打出最后一发子弹。"

不仅仅是任正非和华为高层的意志坚定。参与"松湖会战"①的华为员工望岳说："华为以前是一家伟大的硬件公司，现在有机会去跟世界顶级的软件公司、顶级的生态公司进行正面的竞争、同台竞技，在我们的努力之下，华为成为一个伟大的硬件公司、软件公司和生态公司，这对于我们来说很有成就感。"这样的一支队伍注定将很难被征服。正如斯蒂芬·茨威格在《人类群星闪耀时》一书中说："当强烈的个人意志与历史宿命碰撞之际，火花闪烁，那样的时刻从此照耀着人类文明的天空。"

开放式学习一切先进的东西，被美国打压后，再次冲上山顶与美国拥抱，共同为人类社会的进步和发展服务。这既是任正非的格局，也注定是他的宿命，还是任正非带领华为全力对抗熵增的有效途径，即便在美国的极限打压下依然保持着队伍的有序与活力。任正非说："熵减过程是痛苦的，但会得到一个更好的自己。"

2019年5月15日，华为被美国列入"实体清单"，不允许美国公司与华为合作之后，美国商务部于2020年6月不得不宣布将允许美国公司与华为合作制定5G网络标准。这是因为华为从2009年就开始进

---

① 2019年10月上旬，华为2000多名来自全球各地的工程师受召集结于东莞松山湖园区，对谷歌移动服务(GMS)受限带来的缺口进行紧急"补胎"。这场技术攻坚被认为是华为成立以来规格最高、参与人数最多、最具挑战性的一次内部资源合作，也被视为华为构建移动应用生态平台的里程碑事件。

行 5G 的前瞻性研究，截至 2020 年 2 月共提交了 3147 篇 5G 专利申请，排名世界第一，获得了在 5G 标准上牢牢的话语权。任正非说："和平需要实力相当才可获取，祥林嫂式的和平是不存在的。"

任正非最后一战的意义在于：

第一，由于"活下去"的本能与执念，很可能更深层次激发任正非的潜能，其企业家的生命周期得以延长甚至创造出新的纪录。

第二，若是翻过了美国"卡脖子"这座大山，任正非就从"百年一遇"的企业家跃升为"五百年一遇"的企业家。当然，早已看淡生死荣辱的任正非很可能并不在意，但会有更多人记住他，并在他们自身遭遇困难时，多一点克服困难的勇气。

第三，华为将变得更加强大，成为构建万物互联智能世界中的真正旗手。

第四，华为打破垄断与霸权，为这个世界的"数字基础设施"建设提供第二种选择。

华为在最新的愿景中，已经清晰表达了未来的畅想：未来，万物相互感知，相互联结，AI 如同空气、阳光，无处不在。人类抹去隔阂，地域抹去疆界，甚至连星际宇宙都抹去神秘。让我们一起把数字世界带入每个人、每个家庭、每个组织，构建万物互联的智能世界。

与熵共生

熵和生命活力,就像两支时间之矢,一头儿拖拽着我们进入无穷的黑暗,一头儿拉扯着我们走向永恒的光明。

——《华为之熵 光明之矢》

忒修斯是传说中的雅典国王。忒修斯号是以他的名字命名的一艘船,它标志着战争胜利的荣耀,被雅典人留作纪念。随着时间的流逝,忒修斯号船上的木板逐渐腐朽,而只要哪块木板老旧腐烂,雅典人就会立刻换上新的木板来替代。终于有一天,该船的每块木板都被换了一遍。古希腊哲学家就此发问:"这艘船还是原来的那艘忒修斯号吗?如果是,但它已经没有最初的任何一根木头了;如果不是,那它是从什么时候开始就不是了?"

不论哲学家们的回答是什么,人们只要看到这艘船,终归还是会想起一些什么。如果把企业类比为忒修斯号船,又会带给我们怎样的启示呢?

越大的东西一旦走向下行通道,就很难回头,结局常常就是快速分崩离析,就像恐龙曾经统治地球 1.6 亿年,最后都进了博物馆。而与它们同时代的老鼠和蟑螂,至今仍然活蹦乱跳。这种现象也普遍存在于大企业身上,其根本原因就是熵增,而大企业对抗熵增,需要注入更多有用能量,注定将更具挑战性。

然而伟大源于平凡,复杂终归还是来自简单。从平凡中的不平凡日积月累创造出伟大,从简单中的变异和积累演化出复杂,这是事物发展的基本规律。任正非说:"企业运作应该是一种耗散结构,应该让企业在稳定与不稳定、平衡与非平衡间交替,这样才能保持活力。"华为就是这样一步步从小到大,不断置换升级华为这艘大船上的"木板",还始终保持着活力的。这其中很大原因就在于对抗熵增已成为任正非的一种习惯。任正非曾为华为大学编著的《熵减——华为活力之源》一书做序:

水从青藏高原流到大海,是能量释放的过程,一路欢歌笑语,泉水叮咚,泉水叮咚,泛起阵阵欢乐的浪花。遇山绕过去,遇洼地填成湖,绝不争斗。若流到大海再不回来,人类社会就死了。当我们用水泵把水抽到高处的时候,是用外力恢复它的能量,这个熵减过程多么痛苦呀!水泵叶片飞速地旋转,狠狠击打着水,把水打向高处,你听到过水在管子里的呻吟吗?我听见过:"妈妈我不学钢琴呀!""我想多睡一会儿。""妈妈痛,好痛呀!我不要让叶片舅舅打我呀!我做作业了。"

人的熵减同样。从幼儿园认字、弹琴到小学学数学,从中学历史、物理到本科、硕士、博士,考试前的不眠之夜……好不容易毕业了,又要接受打 ABC 的考核、末位淘汰等的挤压。熵减的过程十分痛苦,十分痛苦呀!但结果都是光明的。从小就不学习,不努力,熵增的结果是痛苦呀!我想重来一次,但没有来生。

人和自然界,因为都有能量转换,才能增加势能,才使人类社会这么美好。

高科技企业对抗熵增往往会更加困难,因为迭代速度太快了,留给变革者的时间更有限。2007 年,乔布斯发布 iPhone 手机时,诺基亚的高管认为这款手机是给孩子玩的玩具。结局是什么呢?仅仅 6 年之后的 2013 年,曾经全球市场占有率高达 41%,市值超过千亿美元的诺基亚轰然倒下。诺基亚倒下之后,德国媒体写下了这样的话:"在科技面前,没有人能一直高高在上,时代会抛弃一切落伍者。"

对封闭、恋旧,任正非有天然的警觉。2001年3月,任正非访问日本,参观了著名的松下纪念馆。参观结束后,陪访的华为顾问吴春波向任正非建议:"华为也应该建一个这样的纪念馆,讲述华为的创业史,把产品都陈列在里面。"任正非不假思索地说:"华为不需要历史。"2017年,华为创立30周年。有人好奇地问任正非:今年是华为创立30周年,公司为何不搞庆典?任正非再次坚定地回答:"华为不需要历史,只需要铭记自己的核心价值观。一个高科技企业,绝不能对历史怀旧,绝不能躺在过去的功劳簿里,那样就很危险了。"在华为的展厅里,展示的永远是最新的产品与解决方案,当然,最醒目的是华为的核心价值观和历年来所获得的专利展示。

任正非认为永远不要忘记自我批判,我们就是要通过自我批判、自我迭代,在思想文化上升华,步步走高,去践行人生的摩尔定律。他还说:"创造一项事业,就是给自己创造一座坟墓。历史从来都是这样的,每个人干的都是埋葬自己的工作。在这个过程中,要主动学习,要经常进步,否则很快就会走到尽头。"

这是典型的熵减思维在指导他的行动。"禹、汤罪己,其兴也悖焉;桀、纣罪人,其亡也忽焉",这是著名的朝代更替的生命周期律。企业是社会的生产组织,是社会的经济细胞,它也有自己的生命周期律。虽然经济管理学中认为企业是有生命的,但这与生物生命还是有所不同。随着时间流逝,生物生命系统的基本组成单元——细胞会不断老化,以致不能继续分裂,进而不能继续转化和利用新流入的能量,不再能获得负熵,最后生命系统越来越混乱无序,生物生命就将终结,这是不可逆的自然规律。而企业系统演化过程是人为的社会组织过程,是一个不可逆与可逆交织的过程,也就是通过一代又一代接班人(麦克斯韦妖)的介入和干预,通过创新与有效管理的组织作用,不断置换企业的"木板"，企业可以与时俱进，持续与外在环境进行物质、能量和信息交换，从而实现长期存在。世界上最长寿的企业，日本的金刚组已经存活了1400多年。

早在1999年，任正非就这样说过："华为到底能活多久？如果从华为的现实情况来看，是一天不改进就会死亡，多改进一天，生命就多延长一天。只有我们不断去改进，生命才会不断延长。"为了持续改进，任正非选择的"武器"是自我批判。2008年，他在《从泥坑里爬起来的人就是圣人》的主题讲话中说："自我批判是无止境的，就如活到老学到老一样，陪伴我们终身。学到老就是自我批判到老。学了干什么？就是使自己进步。什么叫进步？就是改正昨天的不正确……正是因为我们坚定不移地坚持自我批判，不断反思自己，不断超越自己，才有了今天的成绩……自我批判，不是自卑，而是自信，只有强者才会自我批判。也只有自我批判才会成为强者……自我批判是一种武器，也是一种精神……是自我批判成就了华为，成就了我们今天在世界的地位。我们要继续提高竞争力，就要坚持自我批判的精神不变。"

2014年，在《遍地英雄下夕烟，六亿神州尽舜尧》的主题讲话中，任正非进一步提出了华为未来持续发展的三点主要要素。

第一，要形成一个坚强有力的领导集团，但这个核心集团要听得进批评。

第二，要有严格有序的制度和规则，这个制度与规则是进取的。什么叫规则？就是确定性，以确定性应对不确定性，用规则约束发展的边界。

第三，要拥有一个庞大的、勤劳勇敢的奋斗群体，这个群体的特征是善于学习。

经过35年发展，华为这艘船还是原来的"忒修斯号船"吗？这个问题实际上是在问，眼前的这艘船，是否还是那艘能唤醒华为人内心、由华为这个品牌符号所代表的精神之船？无形的精神象征功能，这是一个物体之所以是该物体的核心要素。作为纪念的忒修斯号船，已远远不只是一艘有形之船，精神象征这一功能已经完全取代了它本来的功能。当人们来到忒修斯号船面前，出现在他们脑海里的是忒修斯和其他雅典人的勇敢无畏，而不是船体设计得多完美和坚固，哪块木板是新的还是旧的。

华为之船何以承续？

2008 年 3 月，在印尼丛林密布的加里曼丹岛。当时，华为的 CDMA 新项目需要在这里大规模建站。勘察的第一天，华为员工和合作伙伴一行人，从班加马辛往巴利帕潘，跟随地图前行，却意外进入丛林深处，越野车深陷泥泞，动弹不得。大家纷纷跳下车，躺在泥水里，想尽一切办法：在轮底挖洞，用石头和木头垫在车轮底部……

2020 年 6 月，当时的合作伙伴又来到华为，他现在已是印尼 IMS 物流公司老板，拥有两个岛屿。回忆起当初选择华为合作的过往，他说，我喜欢推动事物前进，从 2007 年到 2012 年，华为做到印尼第一的位置，我以成为华为成功故事中的一部分而骄傲。人生如此美好，我们只有两种选择：成功或失败——行业的前两名才能占领市场。从一开始我就知道华为想成为冠军，我们要抓住与冠军合作的好机会。我们想打胜仗，而且知道我们是在与优秀者为伍。

听他讲述十几年前与华为人一起奋斗的历程，让人不禁感叹：正是华为为全人类服务的伟大理想，正是构建万物互联的智能世界的宏大愿景，才有全球这么多伙伴愿意与华为并肩作战，才让全球数字鸿沟得以逐渐消融。后来，当任正非看到当年大家躺在泥水里努力的照片后感慨不已，并写下按语：如果我们的一线伙伴都这样，下一个倒下的就一定不是华为。

2013 年华为市场大会的"优秀小国表彰会"上，任正非给高管徐文伟、余承东等颁发了一项特殊的奖项——"从零起飞奖"。任正非给他们颁奖后说：我很兴奋给他们颁发了从零起飞奖，因为他们都是在做出重大贡献后主动放弃年终奖的，他们的这种行为就是英雄的做法。他们的英雄行为和刚才获奖的那些人，再加上公司全体员工的努力，我们除了胜利还有什么路可走？

火车跑得快，全靠车头带，什么样的将军带出什么样的士兵，公司领导有这样敢于担当的胸襟和魄力，下一个倒下的就不会是华为。

任正非指出，我们对未来充满无知是无法解决的问题，但我们可以通过归纳找到方向，并使自己处在合理组织结构及优良的进取状态，以此预防。华为的死亡是会到来的，这是历史规律，我们的责任是不断延长华为的生命。面对潮起潮落，即使公司大幅度萎缩，我们不仅要淡定，也要矢志不移地继续推动组织朝向长期价值贡献的方向去改革。要改革，更要开放。要祛除成功的惰性与思维的惯性对队伍的影响，也不能躺在过去荣耀的延长线上，只要我们能不断地激活队伍，我们就有希望。

死亡是永恒的，华为何以与熵共生？

任正非说："资源是会枯竭的，唯有文化生生不息。"只要华为的核心价值观与自我批判精神在干部和员工中得到传承，并且有勇气不断替换掉华为这艘"忒修斯号船"上"腐朽"的木板，破除封闭和僵化，华为就能够持续进行"新陈代谢"，这就是答案。

结语：这世界有条路叫"任正非路"

1986年，"两弹"元勋邓稼先病重，弥留之际第一次也是最后一次乘红旗车绕行天安门广场。他对夫人许鹿希说了一句话："再过十年、二十年，还会有人记得我们吗？"

后来金一南到华为做讲座，看到"稼先路"三个大字，就问华为工作人员："这个是不是邓稼先的稼先？"当得到肯定回答后，金一南一时哽咽。他看到了，在全球第一通信设备厂家、中国第一高科技企业华为，天天都在纪念着邓稼先。

那么，若干年后，人们还记得任正非吗？

2019年央视记者董倩向任正非发问："美国压境的时候，人们觉得您是民族英雄，您愿意接受这样的称号吗？"任正非回答："不接受，狗熊。我根本就不是什么英雄，我从来都不想当英雄。"还是在2019年，CNBC记者问任正非："您之前有没有考虑过您想在身后留下什么东西？"任正非说："人走了以后就变成一壶骨灰，啥都不要了，还能留下啥？"随后，记者问任正非希望被世人记住什么。任正非回答："我希望别人把我忘了，用记我那些时间去学一些技术，去为国家做贡献，去想未来，想世界，忘了我这个糟老头子。"但人们又怎能轻易忘记他呢？金一南认为，华为5G技术领先世界，才引起美国"枪打出头鸟"，这是特别值得骄傲的！

为什么是华为？

有一个回答是：35年来，华为慷慨地对待每一个奋斗的个体，用科学机制释放了他们的生命力。华为用自己的实践,在中国人在高科技领域到底行不行这个问题上率先交卷,谱写了一曲无声的赞歌。

欧洲友商的一位高管说:"过去 20 多年里,全球通信行业的最大事件是华为的意外崛起,华为以价格和技术的破坏性创新彻底颠覆了通信产业的传统格局,从而让世界绝大多数人都能享受到低价优质的信息服务。"

这可能还不够。

有人问:"人类为什么能统治地球?"

有很多个回答,其中一个回答是:因为人类比普通动物更聪明、人类的大脑容量远超过普通动物;另一个回答是:人类学会了利用火,并能使用工具……以色列历史学家尤瓦尔·赫拉利的回答独树一帜,他在其畅销书《人类简史》中声称:这是因为人类能创造并且相信故事。他说:"如果一只大猩猩对另一只大猩猩说,你把这根香蕉给我,死后就会进入天堂,那里有吃不完的香蕉。大猩猩当然不会相信这样的故事。只有人类才有这种想象力,才会相信这样的故事。"

任正非怎样让这么多知识分子相信他讲的故事呢?在华为战略研究院副院长、1992 年就加入华为的张顺茂看来,任正非靠的是愿景和思想。他改变的是员工的思想,他指引的是一种方向,激发大家沿着他指点的那个方向去努力。正如安东尼·德·圣埃克苏佩里在《小王子》一书中说:"如果你想造一艘船,先不要把人们召集起来采集木材、分配工作和发号施令,而是要激发他们对浩瀚无边大海的向往。"

这可能也还是不够。

有人说,华为在组织形态的创新上与常常被资本"绑架"的上市公司相比更具公共性,是对管理越来越精英主义化的超越,这既颠覆了传统"劳资对立"的囚徒困境,又打破了平均分配的"大锅饭"桎梏,有望在世界商业史上,在组织形态领域做出开创性贡献,并超越特定的国家范围,走向世界。

还有人说，坚持不断开放式学习的任正非突破了工业时代牛顿机械世界观的局限，形成了不断演化、适应信息时代的"开放、妥协、灰度"的新世界观，在与熵共舞中，建立起能够进行动态新陈代谢的组织架构和机制。华为体量大，经历磨难多，却没有"大企业病"，仍然表现出旺盛的活力，这在世界范围内都是极为罕见的，是中国式现代化企业管理的创新探索，是中国企业对于全球商业发展的伟大贡献。

美国《时代》周刊曾经评价任正非是一个为了观念而战斗的硬汉。其实任正非的观念是十分朴素的，朴素得简直就是一种常识，他说："我们将一直与客户在一起，保障通信畅通。""我对于使用科技改善人们的生活，充满热情。""华为公司价值体系的理想是为人类服务，不是为金钱服务。"

那么，如果有这样一条路，今后人们在从"任正非路"走过的时候，他们会更加相信常识和科学规律的力量，他们会记得那个在苦难中长大，为了改变个人、家庭、企业命运，提升行业地位乃至影响了世界的人，曾以怎样的热情、动力，运用强大的叙事能力和科学创新精神，带领一批又一批华为人前赴后继地构建万物互联的智能世界的精彩故事，从而激励自己。

后记
任正非的熵思维与稻盛和夫的量子思维

作为现象级的企业家，企业界近年来学习任正非和稻盛和夫的不少，但鲜有取得明显效果者，原因何在？

据两位作者十年以上的观察研究，核心原因是大多只停留在学他们"what"（做了什么）或"how"（怎么做）上，而没学到"why"（为什么做），即他们的底层思维。由于两位经营大师的人生经历以及所属行业本质的不同，他们经营企业的底层思维虽有很多相似之处，但也各有所侧重：稻盛和夫抱持的主要是量子思维：为心赋能，强调工作的目的和意义，不断挑战高目标，追求实现人性的无限可能性；任正非主要是熵思维：不断激发人与组织的活力，约束人性的惰怠与组织疲劳，推动组织从无序向有序持续进化。

量子思维落地到企业，主要就是从科学角度探寻如何激发人的潜能的方式方法。稻盛和夫的座右铭是"敬天爱人"，他经常谈到人生的活法，工作是修炼灵魂的道场，很少谈及企业的生死。所谓"敬天爱人"，就是敬畏天理、关爱世人，落实在企业经营中就是相信每个员工都有无限可能性并将其激发出来，企业家要带领员工去他们自己从未去过的地方，看到从未看过的"风景"，让他们度过更美好的人生。

稻盛和夫从不主动淘汰员工，他主要通过营造一种氛围和能量场，让员工根据自己的价值观自行决定去留。比如在京瓷曾发生过"一日部长"的故事：某新事业部刚组建时，营业部长是从其他公司"空降"来的。上班第一天，恐怕是在原公司养成的习惯，这位部长一上班便翻开报纸读起来，读着读着竟还打起盹儿来。其他事业部的某位股长见状便来到他身边并直言不讳地告知："部长，我们公司没有人一大早就看报纸打瞌睡的。报纸在家读完了再来，如果困了麻烦上楼休息。"那位部长火冒三丈："小小股长竟敢如此嚣张！"当晚召开的欢迎联欢会上，此人便向稻盛和夫抱怨说，今天遭股长一顿训骂，公司怎么能有这种事。稻盛和夫答道："你还好意思说！上班第一天看报纸打瞌睡，股长提醒你，竟然还因此生气，哪是新上任的状态！你应该认为，他骂得好！"翌日起，这位部长再也没来上班。

稻盛和夫说："我不看好聪明人，因为他们自以为是、急功近利，事事都喜欢找捷径，缺少踏实肯干的精神。京瓷最终留下的都是没有更多选择，甚至连跳槽都没信心的平凡人。但正是这些愚钝的人才在10年、20年后都晋升为各部门的领导。那究竟是什么使像他们这样平凡的人成了非凡的人才呢？是孜孜不倦、默默努力的力量，亦即脚踏实地度过每一天的力量。"

京瓷是一家以制造精密陶瓷零部件为主的企业，属于无机化学范畴，当然，这并不意味着没有高科技。京瓷研发生产的新型半导体材料氮化镓，正是任正非念兹在兹的用于制造微电子器件和光电子器件的关键原材料，有着很高的科技含量。但总体而言，这个行业的变化速度远不及信息行业，遵循的还是工业时代的逻辑。2009—2021年间，京瓷每年的研发投入占营收的比例在3.37%~5.84%。

稻盛和夫基于自身行业本质，秉持持续为心赋能的量子思维，他坚信"人人都是经营者"，带领大家"以百米速度跑马拉松"，永无止境地去挑战高目标。稻盛和夫以"共同欢笑、共同流泪"的大家族主义和贯彻实力主义的阿米巴模式展开经营，激发出每个"量子"（员工）的潜能，使得他经营的三家世界级大型企业都能在市场的惊涛骇浪造成的巨大不确定性中，依然乘风破浪、历久弥新。

熵思维的本质是从科学角度研究生命体如何对抗死亡的根本方式和方法。"活下去"是华为的最低纲领也是最高纲领，任正非经常谈到华为的生死问题。如果说稻盛和夫倡导的"敬天爱人"侧重于"顶天"，任正非强调的"活下去"侧重的则是"立地"的底线思维（当然，稻盛和夫与任正非都具有"顶天立地"的贯通思维）。

华为的业务属于ICT行业，是IT与CT的融合。首先受摩尔定律支配：集成电路芯片上集成电路的数目每隔18个月就翻一番，同时价格下降一半。英特尔前CEO科再奇据此推演："如果汽车也以这样的速度发展，那么目前时速已达到30万英里，而成本只有4美分。"Google前CEO埃里克·施密特说："如果你反过来看摩尔定律，一个IT公司如果今天和18个月前卖掉同样多的、同样的产品，它的营业额就要降一半。这使IT行业中的任何一家公司都必须不断创新、追求质变，否则就会在不久的将来被淘汰。"

随着3G将人类带入移动互联网时代，以及4G、5G时代的到来，大数据洪水更是波涛汹涌。IDC发布的《数据时代2025》白皮书认为，全球数据量大约每两年就将翻一倍，这速度也不逊于摩尔定律。

任正非说："华为在茫然中选择了通信领域是不幸的。这种不幸在于，所有行业中，实业是最难做的，而在所有实业中，电子信息产业是最艰险的。"为应对行业的急速变化，华为每年将营收的10%~15%投入研发，近10年累计达到8456亿元人民币。

ICT行业还有着较高的智商门槛：华为多数员工都是985或211高校毕业，急速的变化要求从业者需要持续保持活力和奋斗精神，而随着年龄增长，个人的学习能力、反应速度都会下降，熵增难以避免。IT行业的技术平均每49天就刷新一次，西方IT界早就流行着一句名言："Finished at Forties"（四十多岁就完蛋），就是对IT行业本质的客观描述。因此，华为导向熵减的淘汰机制有其必然性。《华为基本法》第二条中确定的"不迁就有功的员工"的方针，就为人力资源政策定下了促进员工队伍新陈代谢、永葆活力的政策基调。但与一般企业不同的是，华为通过科学的利益分配体系保障了这种"吐故纳新"的合理性。

首先，华为60%左右的员工拥有公司的虚拟受限股或TUP，享有奋斗后公司的分红权和增值权；其次，华为坚守决不让雷锋吃亏的原则，倡导每个人在最佳时间、以最佳角色、做出最佳贡献，公司给予及时的肯定和回报；最后，在华为连续工作8年、年龄超过45岁可申请退休，经公司批准后可保留全部或部分股票，继续享受公司发展的收益。华为的利益分配体系覆盖了员工整个职业生涯周期甚至保障了员工退休后的体面生活，消除了员工与公司的博弈，减少了员工的后顾之忧，在相当程度上，那些奋斗者就是在为自己干。因此，即便在巨大的工作压力和淘汰机制下，华为员工也保持着高敬业度。

埃隆·马斯克坚信，在创新的道路上，历史不重要，同行不重要，自然规律最重要。他说："物理学是基础，其他都是建议。我见过很多违反法律的人，但从没见过可以违反物理学的人。"天体物理学家卡尔·萨根说："科学超出了知识本身，它是一种思维方式。"熵思维与量子思维都是基于坚实的科学基础衍生出的思维方式。两位经营大师用自己的企业实践对此进行了有力证明。在当前"百年未有之大变局加速演进"之下，能否把握住行业的本质规律并运用相应的科学思维去认识和解决问题，往往决定着员工的幸福与企业的生死。因为科学规律就是客观世界的"道"，而"道生一，一生二，二生三，三生万物"。

天行有常，不为尧存，不为桀亡。说的是大自然的运行是有规律的，这个规律不因尧的圣明或者桀的暴虐而改变。企业进化发展当然也有其规律性，遵循规律并不意味着企业就会一帆风顺，但失败则必然是对规律的背叛。站在市场经济前沿的企业家务必要睁大一双慧眼，提升自己的认知水平，这是人道有为的出发点。以此，成为更好的企业家，成就更美好的企业。

致谢

熵战≠商战。

商战只是表象，表现为纷繁复杂；熵战才是本质，代表着规律的一面。

牛顿曾说，从复杂到简单，可以发现新的规律；从简单到复杂，可以拓展新的领域。从商战到熵战又回到商战，就是那些卓越企业家引领企业从实践到理论，又从理论到实践的不断往复循环、螺旋式上升的过程。

任正非与华为就是其中的典型代表。

从必然王国迈向自由王国一直是任正非先生的执念。所谓必然王国就是规律总在起作用，但你不知道，导向的却是一种必然。然而因为未知，过程中总有不安甚至恐惧；自由王国就是你已知晓了规律，按照规律办事，就不迷茫，效率就高，质量也好。哪怕过程曲折，但内心却是笃定的。

任正非在2000年《活下去是企业的硬道理》一文中说："如果一个企业的发展能够顺应自然法则和社会法则，其生命可以达到600岁，甚至更长时间。中国古人所讲的'道法自然'就是这个道理，我们现在讲的实事求是也是这个道理，企业的经营管理必须'法'（遵循）自然法则和社会法则，必须不断地求'是'（规律）。"

无论是"熵战"还是"商战"，其中都有"战"，有"战"就有成败。"熵战"就是不断向下扎根，加深对规律的理解，寻找到企业的确定性；"商战"则是不断向上生长，结合企业面临的内外环境，不断探寻更好的方法论，争取最好的结果，此谓企业的不确定性。执掌经营之舵的企业家们在今天剧烈变化的背景下，坚守以规律的确定性应对环境的不确定性比任何时候都要紧，这是穿越恐惧与迷茫的关键。

笔者带着1998年第一次读到《华为基本法》受到的震撼与触动，一路行来，得到了太多朋友的滋养和启发，所以才有了本书。纸短情长，感谢的话不多说，你们的名字甚至音容笑貌都已深刻在笔者心中。当然最应该感谢的是任正非先生带领的华为所进行的艰苦而宝贵的探索，并且前方的挑战仍大，路依然长，更艰苦的探索还必须继续下去。但以客户为中心的信念最坚，从无序到有序的奋斗最美，长期艰苦奋斗的背影最酷，坚持自我批判最值得敬佩，祝福最真，结果最好！

本书在创作过程中借鉴了许多华为顾问和前华为人的观点，使用了华为心声社区的部分案例，鉴于资料来源十分广泛，可能未能注明出处，在此表示衷心感谢。需说明的是，由于内外环境的变化，华为的一些具体做法迭代进化速度很快，书中的一些描述涉及不同年代，核心是抓住华为方法论背后的底层逻辑。当然不得不说，因水平所限，书中的错漏之处在所难免，那一定全是笔者的责任。真诚希望大家不吝指正，以便再版时修正完善。

参考文献

[比]伊·普里戈金、[比]伊·斯唐热:《从混沌到有序》,上海:上海译文出版社,2005年5月。

[美]杰里米·里夫金、[美]特德·霍华德:《熵:一种新的世界观》,上海:上海译文出版社,1987年2月。

[奥]薛定谔:《生命是什么》,北京:商务印书馆,2018年10月。

冯端、冯少彤:《溯源探幽:熵的世界》,北京:科学出版社,2022年9月。

任佩瑜:《从自然系统到管理系统》,北京:科学出版社,2018年9月。

[美]米哈里·契克森米哈赖:《心流》,北京:中信出版社,2017年12月。

[英]尼克·莱恩:《生命的跃升》,北京:科学出版社,2017年5月。

黄卫伟、吴春波:《走出混沌》,北京:人民邮电出版社,2002年8月。

黄卫伟:《管理政策》,北京:中信出版集团,2022年4月。

田涛、吴春波:《下一个倒下的会不会是华为》,北京:中信出版社,2017年9月。

田涛:《华为访谈录》,北京:中信出版社,2021年1月。

田涛：《华为访谈录2》，北京：中信出版社，2022年10月。

吴春波：《华为没有秘密3》，北京：中信出版社，2020年9月。

华为大学：《熵减：华为活力之源》，北京：中信出版社，2019年7月。

邓斌：《华为成长之路》，北京：人民邮电出版社，2020年9月。

邓斌：《华为学习之法》，北京：人民邮电出版社，2021年9月。

兰涛：《华为智慧》，北京：人民邮电出版社，2020年3月。

吴建国：《华为团队工作法》，北京：中信出版社，2019年11月。

庞金玲、蒋国强：《板凳要坐十年冷》，北京：中信出版社，2021年5月。

胡赛雄：《华为增长法》，北京：中信出版社，2020年6月。

冉涛：《华为灰度管理法》，北京：中信出版社，2019年11月。

卞志汉：《科学分钱》，北京：电子工业出版社，2021年2月。

何绍茂：《华为战略财务讲义》，北京：中信出版社，2022年4月。

王民盛：《华为崛起》，北京：台海出版社，2019年9月。

庞涛：《华为训战》，北京：机械工业出版社，2021年1月。

夏忠毅：《从偶然到必然》，北京：清华大学出版社，2019年8月。

范厚华：《华为铁三角工作法》，北京：中信出版社，2021年11月。

王维滨：《没有退路就是胜利之路》，北京：机械工业出版社，2022年1月。

杨爱国、高正贤：《华为财经密码》，北京：机械工业出版社，2021年9月。

杨爱国：《华为奋斗密码》，北京：机械工业出版社，2019年6月。

卓雄华、俞桂莲：《股动人心》，北京：中信出版集团，2022年3月。

戴辉：《华为通信科技史话》，北京：人民邮电出版社，2021年12月。

田涛、殷志峰：《黄沙百战穿金甲》，北京：生活・读书・新知三联书店，2017年9月。

张利华：《华为研发》，北京：机械工业出版社，2017年9月。

袁建东：《供应铁军》，北京：机械工业出版社，2020年9月。

曾志、王程宇：《纵深》，北京：中信出版集团，2022年8月。

汤圣平：《走出华为》，北京：中国社会科学出版社，2004年3月。

李玉琢：《我与商业领袖的合作与冲突》，北京：当代中国出版社，2006年5月。

华为2010—2021年报（https://www.huawei.com/cn/annual-report）。